국제조세판례연구

Case Studies in International Tax Law

한국국제조세협회 YIN

박영사

추천의 글

Young IFA Network(YIN) Korea의 『국제조세판례연구』 발간을 진심으로 축하드립니다. YIN은 40세 이하의 신진 조세전문가들이 서로 교류하고 성장하기 위한 목적에서 설립된 International Fiscal Association(IFA) 산하 글로벌 네트워크입니다. YIN Korea는 YIN의 한국지부로서 2016년 1월 창립되었는데, 개인적으로는 당시 2018년 개최 예정인 IFA 서울연차총회의 준비업무의 일환으로 YIN Korea의 창단작업을 맡았던 인연이 있습니다. 현재 YIN Korea는 제7대 회장을 배출하였고 100여 명의 넘는 신진 조세전문가들의 참여 하에 국내외에서 활발하게 활동하고 있습니다. 2020년에는 『국제조세연구』라는 독자적인 정기학술지를 창간하여 국제조세 학계의 주목을 받았는데, 이번에 국제조세 분야의 주요 판례에 대한 평석을 담은 『국제조세판례연구』를 출간하여 YIN의 학문적 역량을 다시금 보여주게 되었습니다.

『국제조세판례연구』가 세상에 공유되기까지는 여러분들의 노고가 있었습니다. YIN Korea 제6대 윤준석 회장의 진두지휘로 2023년 초 국제조세판례연구 편집위원회가 구성되었고 이정렬 편집위원장을 비롯한 8명의 편집위원 및 40명의 집필진의 각고의 노력으로 51여 편의 연구 성과물을 담은 『국제조세판례연구』가 모습을 드러내게 되었습니다. 집필진의 면면을 보면 조세법 교수, 판사, 로펌과 회계법인의 변호사, 회계사 등의 다양한 직역의 촉망받는 신진 연구자들로서 장차 우리나라의 국제조세 분야를 이끌어 갈 라이징 스타들입니다. 『국제조세판례연구』에는 1992년 선고된 고정사업장의 원천소득에 대한 대법원 판례부터 2022년 선고된 국외공모투자기구의 경정청구에 관한 대법원 판례까지 30년 동안 선고된 국제조세 분야 주요판례 51여 편에 대한 평석이 수록되어 있습니다. 거주자와 국내원천소득에 관한 국제조세법의 기본규정, 외국납부세액공제 등에 관한 이중과세조정규정, 이전가격세제 등에 관한 조세회피 방지규정 등 국제조세법의 전반적인 규범을 아우르는 중요판례가 체계적으로 정리되어 있습니다. 개별 판례평석의 제목만 보아도 국제조세 쟁점의 시대별 흐름을 손쉽게 파악할 수 있고, 판례평석마다 해당 쟁점의 핵심적인 사항을 쉽게 이해할 수 있도록 구성되어 있어 국제조세 분야의 필독서로 크게 각광을 받을 것으로 생각합니다. 특히 국제조세실무의 현장에서는 복잡하고 어려운 국제조세법이 살아있는 법으로 기능하는 판례를 접하는 것이 중요한데『국제조세판례연구』가 독자들의 실무적 분석능력을 제고하는 데 크게 일조할 것으로 확신합니다.

그동안 조세분야에서는 중견 연구자들이 주도하여 조세판례백선 1, 2와 같이 조세법 판례 일반에 대한 판례평석집이 발간된 적은 있었으나 '국제조세'라는 보다 전문적인 분야를 대상으로 한 판례평석집은 별달리 없었습니다. 이번에 YIN Korea의 회원들이 합심 단결하여 이루어 낸『국제조세판례연구』는 '국제조세판례백선'으로 불러도 손색이 없는 학문적 결과물로서 선배들의 과업을 후배들이 앞당겨 달성해 냈다는 점에서도 의미가 크다고 할 것입니다.

작금의 국제조세 분야는 중대한 변혁기를 맞이하고 있습니다. 디지털 경제시대의 조세문제에 대응하기 위해 OECD와 G20은 1세기 전 국제연맹의 주도로 마련되어 작동해 온 전통적 국제조세규범을 새롭게 정비하여 필라 1, 2의 가이드라인을 도출해 냈고 그 신국제조세 규범이 각국의 국내세법에 실효적 조항으로 편입되고 있는 전환의 시대입니다. 이러한 중차대한 시기에『국제조세판례연구』를 통해 국제조세 분야의 연부역강(年富力强)한 신진연구자들의 역량을 확인한 것만으로도 든든한 마음이 크며 국제조세 분야의 새로운 변화의 물결을 잘 헤쳐 나가고 전도양양(前途洋洋)한 앞길을 만들어 내는 데 YIN Korea의 큰 역할 수행을 믿어 의심치 않습니다.

다시 한번 YIN Korea의『국제조세판례연구』의 발간을 축하하며 YIN Korea의 장도(壯途)에 무궁한 발전과 영광이 있기를 기원합니다.

2024년 1월
한국국제조세협회 이사장 백 제 흠

머 리 말

  YIN Korea는 만 40세 이하의 조세 실무가들이 모여 국제조세 분야를 연구하고 교류하는 Young IFA Network(YIN)의 한국지부입니다. YIN Korea는 2016년 창립 이래 학술행사 등을 통하여 활발한 학술활동을 이어나가고 있고, 2020년 이후부터는 매년 그 학술 및 연구활동의 성과물로 학회지인 『국제조세연구』를 발간하여 왔습니다.

  다른 조세 분야와 마찬가지로, 국제조세 분야를 연구함에 있어서도 최종 심급이자 지침이 되는 대법원 판결의 중요성은 아무리 강조하여도 지나치지 않을 것입니다. 대한민국이 OECD에 가입한 1990년대 이후부터 여러 과도기를 거쳐 디지털 경제 하에서 국제조세의 제도적인 환경과 그 구성이 대대적으로 변화하는 현재에 이르기까지의 대법원 판례들을 전체적으로 조망해보는 것 또한 큰 의미가 있을 것입니다. 이번에 발간한 『국제조세판례연구』는 YIN Korea의 전·현직 회원들이 모여 1990년대부터 최근까지 선고된 국제조세 분야의 판례들 중 주요 판례 약 50여 개를 소개하고, 관련 국제조세 쟁점들을 간략히 해설한 결과물입니다. 이 책을 통하여 독자분들은 국제조세 분야의 판례들을 접하고, 조세조약상의 소득구분, 원천지 판정, 정상가격 산정, 거주자 판정, 수익적 소유자 등 국제조세 고유의 개념과 논의들을 이해하며, 약 30년간의 판례의 흐름을 파악해 보실 수 있을 것입니다. 이 책에 담긴 YIN 회원들의 노력의 결과물이 국제조세 분야에 관심을 가진 많은 분들께 참고가 되고, 유익한 자료로 활용되기를 기대해 봅니다.

  또한 『국제조세판례연구』는 국내 최초로 국제조세 분야의 판례들만을 모아 평석한 평석집이며, 청년 전문가들이 주축이 되어 집필한 판례평석집이라는 점에서도 더욱 의미가 크다고 할 것입니다. 앞으로도 YIN Korea는 회원 분들의 협조 아래 계속해서 활발한 학술활동 및 국내외 판례평석집의 발간 업무를 이어나

갈 것입니다. YIN 회원들의 열정과 지혜가 모인 『국제조세판례연구』가 앞으로
도 국제조세 분야에서 청년 전문가들이 활발한 학술활동을 펼치는 데 중요한 디
딤돌이 될 수 있기를 바랍니다.

  마지막으로, 『국제조세판례연구』가 발간되기까지 정말 많은 분들의 노력과 지
원이 있었습니다. YIN의 창단부터 현재까지 물심양면으로 도와주시고 조언을 아
끼지 않으신 백제흠 국제조세협회 이사장님, 이 책이 출간되기까지 바쁜 업무
속에서도 시간을 내어 기꺼이 옥고를 작성하여 주신 집필자 분들께 깊은 감사의
마음을 전합니다. 더불어 이 책의 발간을 기획하여 주신 윤준석 전 회장님, 편집
위원장으로 애써주신 이정렬 변호사님을 비롯하여 편집위원으로 이 책을 내는
데 도움을 주신 김영완 판사님, 신상현 회계사님, 안현국 변호사님, 이강 변호사
님, 이준일 변호사님, 정일영 변호사님의 노고에 진심으로 감사드리며, 이분들과
출간의 기쁨을 함께 나누고 싶습니다.

2024년 1월
한국국제조세협회 YIN 제7대 회장 방 진 영

감사의 글

한국국제조세협회(International Fiscal Association, IFA KOREA) YIN(Young IFA Network)은 전 세계 세법 전문가들의 단체 중 가장 권위 있는 국제조세협회(IFA) 의 회원들 중 40세 미만 회원들로 구성된 하부 조직인 YIN의 한국 지부입니다. 2016년 창단 이후 8년째 분기별 정기 세미나 개최, 자체 학술지인 국제조세연구 발간 등 왕성하게 활동하고 있습니다. 40세 미만의 젊은 실무가들이 주축이 된 단체로서 다른 학회에서는 좀처럼 찾아보기 어려운 청년 학술단체입니다. 그 회원들의 면면을 보아도, 법원, 과세관청, 법무법인, 회계법인 등 국제조세 문제와 관계된 거의 모든 직역의 실무가들과 대학의 연구자들이 함께하고 있습니다. 이 책 역시 판사, 교수, 과세관청 공무원, 변호사, 공인회계사, 세무사 등 다양한 분야의 전문가들이 참여했습니다.

이 책을 처음 기획하게 된 동기는 다음과 같습니다. 대한민국은 1990년 후반 OECD 가입을 계기로 전반적인 국제조세법 체계를 선진국 수준으로 정비했습니다. 그리고 이어진 외환위기 즈음 외국자본이 국내에 내야 할 세금을 최소화하는 방식으로 국내 투자를 하자, 과세관청이 이를 적극적으로 과세하면서, 불복절차로 이어진 경우가 많아졌습니다. 이러한 시대적 배경 아래 국제조세 쟁점에 관한 법원의 판단이 상당히 쌓이게 되었습니다. 그럼에도 그동안 선고된 국제조세판례만을 한곳에 모아 집중적으로 다룬 문헌을 쉽게 찾기는 어려웠습니다. 비록 지면의 한계로 개별 판례별로 아주 심도 있는 분석을 하지 못한 아쉬움은 있지만, 그래도 최대한 해당 판결과 관련된 논의를 압축해서 전달하고자 했고, 1990년대 후반부터 지금까지 선고된 국제조세판례들 중 나름 의미가 있는 판례들을 한 번 조망할 수 있다는 점에서 충분히 학술적 가치가 있다고 평가할 수 있을 것입니다.

이 책은 기본적으로 한국국제조세협회 YIN 회원들이 2023년 한 해 동안 이룬

학회 활동의 결실이지만, 한편으로 이 책은 새로운 실무가들이 국제조세 분야에 입문하는 데에 도움을 주기 위한 글이기도 합니다. 세법 자체가 그렇기도 하지만, 그중에서도 국제조세법은 그 진입장벽이 더욱 높다고 느낄 수 있는 분야이기도 합니다. 조세조약과 그 해석론 자체가 생소할 수도 있고, 외국의 법률이나 판례까지 공부해야 하는 경우가 많기 때문입니다. 그 진입장벽을 조금이나마 낮춰 보고자, 국제조세판례를 이해하는 데에 필요한 최소한의 국제조세법 지식과 그 판례가 가지는 의미를 전달하는 데에 주안점을 두었습니다. 국제조세 입문서로서 기능을 해서 그 다음 단계, 즉 본격적인 국제조세 실무가 또는 연구가의 길로 들어서는 데에 조금이나마 도움이 된다면, 그 목적을 다한 것입니다. 이는 그 경력의 초기 단계부터 다른 국제조세 전문가들과 학문적 교류가 이루어질 수 있도록 해서 자연스럽게 후속세대를 양성하려고 하는 YIN의 설립 목적과도 맞닿아 있습니다.

이번 국제조세판례연구의 발간이 일회성 작업으로 끝나지 않고, 계속 이어져 나가기를 희망해 봅니다. 이 책에서 소개된 판례는 약 50여 편입니다. 앞으로 판례가 누적되면, 제2권의 발간도 기대할 수 있을 것이고, 이 책은 국내 판례만을 다루었으나, 해외 사례들을 다루는 작업도 가능할 것입니다.

정말 많은 분들의 도움으로 이 책을 발간할 수 있었습니다. 그분들이 계시지 않으셨다면, 발간을 엄두도 내지 못했을 것입니다. 늘 아낌없는 지원과 지지를 해 주시는 백제흠 국제조세협회 이사장님, 제가 벌여 놓고 떠넘기시피 한 발간 업무를 훌륭하게 끝마쳐준 방진영 YIN 회장님, 그 누구보다 이 책의 발간에 진심이었던 이정렬 편집위원장님과 편집위원님들, 바쁘신 중에도 옥고를 제출해 주신 YIN 회원님들께 이 자리를 빌려 다시 한번 고마움을 전합니다. 그리고 어려운 출판시장에도 불구하고 이 책을 흔쾌히 발간해 주시고 멋지게 편집해 주신 박영사 관계자 분들께도 감사를 드립니다.

2024년 1월

한국국제조세협회 YIN 제6대 회장 윤 준 석

편집후기

국제조세협회 YIN이 일반 독자를 상대로 출간한 첫 책이 일 년에 걸친 발간 작업 끝에 출간되어 감회가 새롭습니다.

이 모든 것을 기획하신 윤준석 전 YIN 회장님과 그 과업을 이어받아 지지를 아끼지 않으신 방진영 YIN 회장님, 아무런 대가 없이 오로지 좋은 책의 출간을 바라는 마음으로 발간 작업에 최선을 다해 주신 편집위원 분들께 감사와 존경의 말씀을 드립니다.

하나의 기록물로서 소명을 다하고, 앞으로 있을지 모를 국제조세협회 YIN의 새로운 발간 작업을 위해 그간의 발간 경과를 정리하는 것으로 편집후기에 갈음하고자 합니다.

2023년 초 윤준석 전 회장님의 구상으로 회원들의 연구논문을 모집하여 정기 학술지를 발간하는 기존 방식에서 벗어나 가능한 많은 회원들이 참여하고, 일반 독자를 대상으로 하는 판례평석집을 발간하자는 데에 운영진들이 뜻을 함께하였습니다.

이에 제가 발간 작업을 위해 필요한 실무를 책임지기로 하고, 신상현 미국회계사님(법무법인 화우)을 부위원장으로, 윤준석 전 회장님과 이강 변호사님(법무법인 광장), 김영완 판사님(서울남부지방법원), 안현국 변호사님(법무법인 태평양), 이준일 변호사님(법무법인 화우), 정일영 변호사님(법무법인 화우)을 편집위원으로 하는 편집위원회를 구성하였습니다.

편집위원회는 2023년 2월 22일 제1차 편집회의를 갖고, 일반에 공개된 국제조세 관련 대법원 판결들을 개략적으로 분석하여 이를 주제별로 분류한 다음 각 편집위원에게 배분하여 해당 판결의 요지와 중요도 등을 보다 상세히 분석하기로 합의하였습니다. 2023년 3월 27일에는 제2차 편집회의를 갖고, 각 편집위원들이 분석한 내용을 중심으로 평석 대상판결 약 50개를 확정하고, 개략적인 집

필요령에 대해 합의하였습니다.

2023년 4월 윤준석 전 회장님과 제가 YIN 회원을 중심으로 집필진을 섭외하였고, 그 결과 소속과 직역을 망라한 총 40분의 전문가들께서 집필 참여의사를 밝혀주셨습니다. 이에 편집위원회는 이 분들께 원고 청탁, 제출기한 관리, 원고의 1차 검토를 담당할 편집위원과 위 1차 검토내용에 대한 교차검증을 담당할 편집위원을 각각 확정하였습니다.

편집위원들은 원고 청탁에 앞서 구체적인 집필요령을 확정하고, 집필 과정에서 있을 애로 사항을 확인하기 위해 개략적으로 합의된 집필요령에 따라 샘플 원고를 각 1편씩 작성하였고, 이를 토대로 2023년 5월 19일 제3차 편집회의에서 구체적인 집필요령을 확정하였습니다.

편집위원회는 2023년 5월 29일 집필의사를 밝혀주신 분들께 정식으로 원고 청탁을 드렸고, 집필 기간을 넉넉히 드리지 못했음에도 불구하고 2023년 8월 초순경 이미 대부분의 저자들께서 원고를 보내주셨습니다. 편집위원회에서는 2023년 7월 7일 YIN 하계 세미나에서 회원들께 그간 발간경과에 대해 중간보고(신상현 부위원장)를 드렸습니다.

편집위원회는 2023년 9월 초순경 수집된 원고에 담긴 집필의도를 최대한 훼손하지 않는 범위 내에서 해당 원고가 집필요령에 따라 적정하게 작성되었는지에 대해 1차 검토 및 교차검증 작업을 마쳤습니다. 2023년 9월 19일에는 제4차 편집회의를 갖고 법령과 용어의 표시방법 등 검토 과정에서 발견된 세부적인 사항에 대해 합의하고, 이를 바탕으로 9월 하순경 전체 원고를 1차 확정하였습니다.

편집위원회는 경험 많은 출판사를 통해 양질의 서적을 출간하는 것이 집필진의 노고에 보답하는 유일한 길이라는 데에 뜻을 모았습니다. 이에 우리나라에서 가장 권위 있는 법률도서 전문출판사인 '박영사'에 출간의사를 타진하였고, 박영사 측에서 그 내용이 쉽사리 수익을 보장할 수 없는 서적임에도 불구하고 기꺼이 출간을 도와주시겠다는 의사를 밝혀주었습니다. 그 덕분에 국제조세 분야에서 가장 유망한 전문가 40분이 보내주신 총 51편의 원고가 '국제조세판례연구'라는 이름으로 출간될 수 있었습니다. 편집위원회는 2023년 11월 10일 YIN 정기총회에서 발간보고(윤준석 전 회장)를 마침으로써 공식적인 활동을 종료하였습니다.

　40명에 달하는 청년 전문가들이 뜻을 모아 특정 분야에 대한 전문서적을 출간하는 것은 쉽게 선례를 찾기 어려운 의미 있는 일입니다. 그 결과물 자체의 가치가 높음은 물론 발간과정에서 청년 전문가들의 교류가 한결 더 활발해지고, 서로의 견해를 교류할 수 있는 단초를 제공하였다는 데에 더욱 큰 의미가 있습니다.

　늘 청년 조세 전문가들 간의 교류를 활성화하기 위해 애정과 조언을 아끼시지 않는 백제흠 국제조세협회 이사장님과 어려운 조건에서도 기꺼이 출간을 허락해 주신 박영사 조성호 이사님, 꼼꼼한 교정과 편집으로 출간작업을 마무리지어주신 박영사 윤혜경 대리님께 지면을 빌려 감사의 말씀을 전합니다.

2024년 1월

편집위원회 위원장 이 정 렬

약 어 표

국내법
• 국제조세조정법: 국제조세조정에 관한 법률

조세조약
• 한·네 조세조약: 대한민국 정부와 네덜란드왕국 정부 간의 소득에 대한 조세의 이중과세회피와 탈세방지를 위한 협약
• 한·독 조세조약: 대한민국 정부와 독일연방공화국 정부 간의 소득과 자본에 대한 조세의 이중과세회피와 탈세방지를 위한 협약
• 한·룩 조세조약: 대한민국 정부와 룩셈부르크대공국 정부 간의 소득 및 자본에 대한 조세의 이중과세회피와 탈세방지를 위한 협약
• 한·말 조세조약: 대한민국 정부와 말레이시아 정부 간의 소득에 대한 조세의 이중과세회피와 탈세방지를 위한 협약
• 한·미 조세조약: 대한민국 정부와 미합중국 정부 간의 소득에 관한 조세의 이중과세회피와 탈세방지 및 국제무역과 투자의 증진을 위한 협약
• 한·벨 조세조약: 대한민국 정부와 벨기에 정부 간의 소득에 대한 조세의 이중과세회피 및 탈세방지를 위한 협약
• 한·불 조세조약: 대한민국 정부와 불란서공화국 정부 간 소득에 대한 조세의 이중과세회피와 탈세방지를 위한 협약
• 한·싱 조세조약: 대한민국 정부와 싱가포르 정부 간의 소득에 대한 조세의 이중과세회피와 탈세방지를 위한 협약
• 한·아 조세조약: 대한민국 정부와 아일랜드 정부 간의 소득 및 양도소득에 대한 조세의 이중과세회피와 탈세방지를 위한 협약
• 한·오 조세조약: 대한민국 정부와 오스트리아 정부 간의 소득 및 자본에 대한

조세의 이중과세회피와 탈세방지를 위한 협약

- 한·영 조세조약: 대한민국 정부와 영국 정부 간의 소득 및 양도소득에 대한 조세의 이중과세회피 및 탈세방지를 위한 협약
- 한·일 조세조약: 대한민국 정부와 일본국 정부 간의 소득에 대한 조세의 이중과세회피와 탈세방지를 위한 협약
- 한·중 조세조약: 대한민국 정부와 중화인민공화국 정부 간의 소득에 대한 조세의 이중과세회피와 탈세방지를 위한 협약
- 한·형 조세조약: 대한민국 정부와 형가리 인민공화국 정부 간의 소득에 대한 조세의 이중과세 회피와 탈세방지를 위한 협약
- 한·호 조세조약: 대한민국 정부와 호주 정부 간의 소득에 대한 조세의 이중과세 회피와 탈세방지를 위한 협약

기 타

- OECD 모델조세협약: OECD Model Tax Convention on Income and on Capital
- UN 모델조세협약: UN Model Double Taxation Convention between Developed and Developing Countries

목 차

[1] 고정사업장의 국내원천소득 의미와 귀속소득의 계산

【대상판결】 대법원 1992. 6. 23. 선고 91누8852 판결

【사실관계】 원고는 독일에 본점을 두고 기계, 철구조물, 운송기계, 차량, 제철소설비, 압연공장설비 등의 제조, 조립, 판매 등을 사업목적으로 하는 외국법인으로 1985. 3. 6. A주식회사 사이에 국내에 건설하는 냉연공장 합리화설비 공급건설계약을 체결하였다. 원고는 A사에게 해외기자재의 공급, 국내조달기자재의 분담공급, 공장의 건설·정비 및 조업에 필요한 도면·문서 및 교범의 제공, 공장의 건설공사·가동 및 성능보장시험에 대한 기술감독용역의 제공, A사 기술요원에 대한 교육·훈련용역의 제공을 담당하기로 하고, 독일 마르크화로 그 대가를 수취하기로 약정하였다(이하 '이 사건 설비건설판매계약'이라 한다). 이에 원고는 1985. 11. 28. 냉연공장 공사에 착공하여 1986. 7. 31. 준공하고 감독용역을 완료하고, 같은 해 9. 30.까지 훈련용역 제공을 완료하였다. 피고는 원고가 국내사업장을 가지고 그 사업장을 통하여 재화 및 용역의 공급사업을 하여 국내원천소득을 얻은 것으로 보고, 플랜트건설판매업 과세기준 등을 활용하여 원고의 국내사업장 귀속소득을 추계방식으로 계산한 후 이 사건 법인세를 부과·고지(이하 '이 사건 처분'이라 한다)하였다.

【판결요지】 1. 외국법인이 내국법인의 국내공장에 대한 설비건설판매계약을 하고 그 계약이행을 함에 있어 계약내용에 따라 일부 기자재를 해외에서 조달하여 공

급하고 조립, 설치와 감독 및 훈련용역까지를 공급한 이상, 그중 해외기자재를 공급함에 있어 이를 F.O.B. 조건으로 공급하는 형식을 취하였거나 또는 그 훈련용역의 제공수단으로 포철직원을 국외에 나가도록 하여 거기에서 기술연수토록 하였다고 하여 그 소득의 원천이 국외에 있다고 볼 수는 없는 것이므로, 그로 인한 소득이 모두 국내원천소득에 해당한다. 2. 외국법인의 과세소득산정방식에 있어서도 실지소득의 조사결정이 가능하면 그에 의하여 국내원천소득 중 원고의 국내사업장에 귀속되는 소득을 산정하여야 하고 소득을 추산하는 경우라 하더라도 조약 및 법인세법과 그 시행령이 정하는 바에 따르는 것이 합리적인 추계방식이라 할 것이지만, 외국법인이 어느 소득의 원천은 국내에 두고 있으나 그 소득활동의 수행과 소득의 실현이 국내외에 걸쳐서 이루어짐으로써 국내에서 그 실지비용액을 조사, 확정하는 것이 사실상 불가능한 경우에는 과세청으로서도 소득의 실액에 가장 가깝도록 추산해 내는 방법으로 과세할 수밖에 없다고 할 것인데 그 추산하는 방법에 있어 조세조약의 추상적 규정이나 법인세법과 그 시행령의 규정(소득표준율의 적용 내지 동업자권형 등)만으로는 이와 같은 외국법인의 특수계약형태의 판매거래로 인한 소득을 산출하는 것은 사실상 불가능하다고 보아야 할 것이므로 외국법인인 원고의 국내원천소득 중 국내사업장에 귀속되어야 할 소득금액은 결국 원고의 국외소득과 국내소득의 합계소득액 중 순수하게 국내에서 발생한 소득이 차지하는 비율에 의한 대응부분이라고 보고 한 산식에 의하여 국내사업장 귀속율을 산정하였다 하여 위법하다고 할 수 없다.

【해설】

Ⅰ. 들어가는 말

법인세법은 외국법인의 경우 국내원천소득에 한하여 납세의무를 부담한다고 규정하고, 국내사업장이 존재하면 그에 귀속되는 소득을 국내원천소득으로 과세할 수 있다고 정하고 있다(법인세법 제3조 제2호, 제98조 제1항). 한·독 조세조약은 일방체약국 거주자가 타방체약국에서 거둔 사업소득은 타방체약국에 고정사업장을 둔 경우에만 그 타방체약국에서 과세할 수 있다고 정하고 있다. 이때 타방체약국이 과세가능한 고정사업장의 소득은 그 고정사업장에 귀속되는 소득이어야만 한다.

대상판결의 쟁점은 국내사업장을 가진 외국법인이 국내외에 걸친 사업활동을 통하여 소득을 얻은 경우 국내원천소득의 의미(쟁점 ①)와 고정사업장 귀속소득 계산에 있어 추계 방법을 사용할 수 있는지 여부(쟁점 ②)이다.

Ⅱ. 외국법인의 국내원천소득의 의미(쟁점 ①)

1. 의의

대상판결 사안의 경우, 이 사건 설비건설판매계약상 원고가 A사에게 계약상 급부를 제공하기 위한 사업활동이 국내외에 걸쳐 이루어졌다. 해외기자재 공급과 훈련용역 등이 국외에서 이루어진 반면, 국내기자재 공급과 기술감독용역은 국내에서 이루어졌다. 피고는 원고의 국내업무관련 수입뿐만 아니라 해외업무관련 수입도 국내원천소득으로 보아 이 사건 처분을 하였다.

그러므로 원고가 이 사건 설비건설판매계약을 통하여 A사에게 해외기자개 공급, 기술감독용역, 훈련용역 등의 급부를 제공하고 받은 소득의 원천이 국내원천소득인지 국외원천소득인지 문제가 될 수 있다.

2. 대법원의 태도

외국법인의 국내원천소득이라 함은 법인세법 제55조 제1항 각호에 열거된 소득으로서 그 소득의 발생원천지가 국내인 것을 말하는 것이고 그와 같이 소득의 발생원천지가 국내인 이상 그 소득활동의 내용이 된 급부의 이행이나 소득의 실현이 국내지점에서 이루어졌거나 막바로 외국의 본점 또는 지점을 통하여 이루어졌거나 구별할 것은 아니라고 할 것이다(대법원 1992. 1. 21. 선고 91누3703 판결).

대상판결은 원고가 이 사건 설비건설판매계약 내용상 실질적으로 플랜트 단위의 하나의 건설판매계약이 국내에서 이루어진 것이라는 전제에서 그에 관련한 원고의 소득이 모두 국내에서의 사업활동에 관련한 소득임을 인정한 원심의 판단을 수긍하였다. 즉, 원고가 계약서상 정해진 계약내용에 따라 일부 기자재를 해외에서 조달하여 공급하고 조립, 설치와 감독 및 훈련용역까지 공급한 이상, 일부 기자재의 인도조건 및 훈련용역의 제공지가 국외임에도 불구하고 원고의 소득은 국내원천소득에 해당한다고 보았다.

Ⅲ. 고정사업장 귀속소득 계산에 있어 추계 방법을 사용할 수 있는지 여부(쟁점 ②)

1. 의의

법인세법 및 한·독 조세조약은 귀속주의에 입각하여 고정사업장의 소득을 계산한다. 귀속주의란 고정사업장에 실질적으로 관련이 있는 사업소득에 한하여 고정사업장 소재지국에서 과세하는 방법이다. 이때 귀속소득은 독립기업원칙에 따라 정상가격 산출방법에 따라 결정된다.

대상판결은 원고 국내사업장 귀속소득을 계산 시 실지 소득금액 계산이 어려운 경우 추계방식으로 소득계산을 활용할 수 있는지 여부가 문제되었다.

2. 대법원의 태도

원칙적으로 실지소득의 조사결정이 가능하면 그에 따라 외국법인의 국내사업장에 귀속되는 소득을 산정하여야 하고 소득을 추산하는 경우라 하더라도 법인세법령 및 조세조약이 정하는 바에 따르는 것이 합리적인 추계방식이다. 그런데 외국법인이 어느 소득의 원천은 국내에 두고 있으나 그 소득활동의 수행과 소득의 실현이 국내외에 걸쳐서 이루어짐으로써 국내에서 그 실지비용액을 조사, 확정하는 것이 사실상 불가능한 경우에는 법인세법령이나 조세조약의 규정만으로 소득을 산출하기 어렵고, 과세관청으로서도 소득의 실액에 가장 가깝도록 추산해 내는 방법으로 과세할 수밖에 없다.

대상판결은 피고가 실제 국내원천소득을 계산하기란 사실상 불가능하여 소득추산방법(원고의 국외소득과 국내소득의 합계소득액 중 순수하게 국내에서 발생한 소득이 차지하는 비율에 의하여 안분)을 사용한 사정을 인정하고, 그 추산방법이 합리적이라고 판단하였다. 그러므로 이에 근거한 이 사건 처분은 적법하다고 판시하였다.

Ⅳ. 대상판결의 의의

고정사업장 귀속소득 계산문제에 있어 외국법인과 고정사업장과의 관계에 대하여 일체설과 개체설의 대립이 있었다. 일체설은 외국법인과 고정사업장은 하나의 법인이므로 고정사업장 귀속소득 계산시 외국법인 소득을 안분하는 방식을 취한다. 반면 개체설은 고정사업장을 별개의 독립된 기업처럼 보고 독립기업원칙에 따라 그 귀속소득을 산정하는 방식을 취한다. 종전 OECD 모델조세협약 해석에 관하여 일체설과 개체설이 엇갈렸으나 2010년 OECD 모델조세협약이 개체설을 택하면서 논의가 정리되었다.

대상판결은 위와 같은 고정사업장 귀속소득 계산방법에 대한 국제적 논의가 정리되기 전 국내원천소득에 대한 판정기준을 명확하게 하고, 추계방식의 고정사업장 소득 계산 방식의 합리성을 판단한 판결이다. 자본수입국인 우리나라 입장에서 국내원천소득 판정은 과세권 배분에서 중요한 의의를 갖는다. 대상판결은 외국법인이 소득활동의 내용이 된 급부의 이행(재화나 용역의 제공장소)이나 소득의 실현(대금수령장소)이 해외에서 이루어졌는지 여부와 무관하게 그 사업활동으로 인하여 창출된 소득이 국내와 관련성을 갖는 한 그 발생원천지가 국내라고 보았다는 점에서 의의가 있다. 이러한 대상판결의 법리는 대법원 2016. 2. 18. 선고 2014두13829 판결(소위 인천대교 판결)로 이어졌다.

또한 대상판결은 고정사업장 소득 계산에 있어 외국법인 고정사업장에 귀속되는 실제 국내원천소득을 확정하기 어렵다는 과세실무상 한계를 인정하고, 관련 법령 및 조세조약의 한계를 벗어나지 않는 한 합리적 추계방식(일종의 일체설의 관점)에 의하여 외국법인 고정사업장의 귀속 소득금액을 계산할 수 있다고 보았다.

〔참고문헌〕서기석, 외국법인에 대한 과세문제, 특별법연구 제5권, 사법발전재단, 1997.

이의영, 다국적기업의 고정사업장에 대한 과세에 있어 독립기업의 원칙, 외국사법연수논집(32), 법원도서관, 2013.

[필자: 서울지방국세청 국제거래조사국 변호사 심창현]

[2] 외국법인이 제공한 단기 건설감리용역의 조세조약상 소득구분

【대상판결】 대법원 1995. 8. 25. 선고 94누7843 판결

【사실관계】 원고는 플랜트 설계, 감리 등의 기술용역을 영위하는 일본법인(한국에 등기된 지점 존재)으로 내국법인에게 공장 건설을 위한 감리용역을 제공하기로 약정하였고, 이에 따라 대부분의 용역은 원고가 공급하고, 용역의 나머지 부분은 일본의 하도급업체 소속 기술자들을 파견 받아 제공하였다(이하 '이 사건 용역'). 이 사건 용역 제공 기간은 6개월 미만이었다. 이와 같은 용역의 제공 대가로 원고는 1987. 4. 13.부터 1988. 3. 24.까지 일본 하도급업체들에게 약 4억 5천만 원(이하 '이 사건 용역대가')을 지급하였다. 피고는 이 사건 용역대가를 외국법인의 국내 원천 인적용역소득이라고 판단하여 원고에게 약 1억 원의 원천징수 고지분 법인세 부과처분을 하였다. 이에 원고는 이 사건 용역대가는 구 한·일 조세조약(1999. 11. 22. 개정되기 전 조약) 제12조의 인적용역소득이 아니라 제4조 및 제6조에 따른 사업소득에 해당하는 것으로서, 국내에서 일본 하도급업체들이 용역을 수행한 기간이 6개월 미만이므로 과세대상이 아니라고 주장하였다.

【판결요지】 조세조약에 있어서 건설·건축·설비 또는 조립공사와 관련된 감독·기술 등의 인적 용역(이하 '건설관련용역')을 고정사업장 또는 항구적 시설과 결부시켜 규정하고 있는 경우에는 건설관련용역을 건설공사 등을 수주한 자(이 사건의 경우 일본법인) 이외의 제3자(이 사건의 경우 일본 하도급업체)가 제공하고 얻는

소득을 건설공사 등을 수주한 자의 건설소득과 같은 방법으로 과세하기 위하여 사업소득으로 간주하여 항구적 시설 과세원칙을 적용하고자 하는 취지이므로, 그 건설관련용역소득에 대하여는 조세조약상 사업소득에 관한 규정이 적용되어야 한다. 이 사건에 적용될 구 한·일 조세조약 제4조는 항구적 시설을 "고정된 사업장으로서 거주자 또는 법인이 사업의 전부 또는 일부를 영위하고 있는 것"을 말한다고 규정하면서, 같은 조 제4항에서 항구적 시설이 없더라도 타방체약국 내에서 건축·건설·설비 또는 조립의 공사에 대한 계약과 관련하여 6개월을 초과하는 기간 동안에 수행하는 감독·기술용역 등을 제공하는 경우 항구적 시설을 갖고 있는 것으로 간주한다고 규정되어 있다. 따라서 일본 하도급업체들의 용역기간이 6개월을 초과하지 않는 이상, 해당 사업소득은 국내에서 과세되지 않는다. 원심은 일본 하도급업체들이 제공한 건설관련용역이 구 한·일 조세조약 제4조 제4항 (b)(i) 소정의 건설관련용역이 아니라 제12조의 인적용역으로 판단하였는바, 이에는 법리오해의 잘못이 있다.

【해설】

Ⅰ. 들어가는 말

구 한·일 조세조약 제4조 제1항에 따르면 "항구적시설"이라 함은, 고정된 사업장으로서 일방체약국의 거주자 또는 법인이 사업의 전부 또는 일부를 영위하고 있는 것을 의미하고, 같은 조 제4항은 간주고정사업장에 대해 규정하며 "건축, 건설, 설비 또는 조립의 공사에 대한, 계약에 관련하여 6개월을 초과하는 기간동안 수행하는, 감독, 기술 또는 기타의 전문적인 용역과 같은 인적용역"을 제공하는 경우 항구적 시설, 즉 고정사업장이 형성되는 것으로 간주하고 있었다. 이와 같이 간주고정사업장이 형성되지 않는 경우, 예를 들어 건설관련용역 제공기간이 6개월을 초과하지 않을 시에는 구 한·일 조세조약 제6조에 따라 간주고정사업장이 형성된 체약국은 위와 같은 용역을 제공하고 받은 소득에 대하여 과세권을 행사할 수 없었다. 한편, 조세조약 제12조 제2항 (a)에서는 "개인이(피고용자로서 또는 독립적인 자격에서) 자기가 인적용역을 수행하고 수령하거나, 또는 타인의 인적용역을 공급하고 수령하는 소득과 법인이 그의 피고용자 또는 타인의 인적용역을 공급하고 수령하는 소득은 그 용역이 수행되는 체약국내의 원천에서 생기는 소득으로 취급"하여 같은 조 제1항에 따라 해당 체약국이 인적용역 수행에 따라 얻은 소득에 대하여 과세권을 행사할 수 있도록 규정하고 있었다.

Ⅱ. 건설 감리용역의 구 한·일 조세조약상 소득구분

본 판결의 원심인 부산고등법원 1994. 5. 20. 선고 93구3769 판결은 구 한·일 조세조약에서 건설관련용역을 수급한 자가 6개월을 초과하여 그 계약 도급인의 고정사업장인 공사현장에서 자신이 직접 건설관련용역을 제공하는 경우 그 용역 제공의 장소적 시간적 수단적 특성을 중시하여 고정사업장이 형성되는 것으로 의제하려는 것이고, 6개월 이하의 기간에 걸쳐 제공되는 인적용역을 과세에서 제외하거나 공사계약체결 당사자가 아닌 제3자가 수급인과 인적용역 공급계약을 별도로 체결한 경우까지 고정사업장 간주 규정의 적용 대상에 포함시키려는 것이 아니라고 보아, 6개월 미만의 기간에 걸쳐 제공된, 이 사건 용역은 구 한·일 조세조약상 "인적용역"으로서 국내에서 과세되어야 한다고 판단하였다.

그러나 대법원은 본 판결을 통하여 조세조약에서 건설관련용역을 항구적 시설 또는 고정사업장과 결부시켜 규정하고 있는 것은 그와 같은 용역을 당해 건설공사 등을 수주한 자 이외의 제3자가 제공하고 얻는 소득을 직접 수주한 자의 건설소득과 동일한 방법으로 과세하기 위한 것으로, 위 제3자의 경우에도 간주고정사업장과 사업소득에 관한 규정이 적용되어야 한다고 판단하였다. 그러므로 이 사건의 일본 하도급업체와 같이 직접적으로 한국 거주자 또는 내국법인과 계약을 체결하고 건설공사를 수주한 자가 아니라고 하더라도 구 한·일 조세조약 제4조 제4항에서 규정하는 건설관련용역을 하도급 등을 통하여 수행하는 경우, 이러한 용역의 대가로 얻는 소득은 조세조약 제12조의 인적용역으로 분류되는 것이 아니라 제4조 및 제6조에 따른 사업소득으로 분류되어야 하는 것이다.

Ⅲ. 대상판결의 의의

구 한·일 조세조약 외에도 우리나라가 중국, 영국, 일본, 독일, 네덜란드 등 주요국과 체결하고 있는 조세조약은 건설관련용역을 다른 인적용역과 달리 취급하여 일정 기간 이상 건설관련용역이 제공될 것을 고정사업장 성립을 위한 요건으로 규정하고 있는데, 이는 OECD 모델조세협약 제5조 제3항과 동일한 내용이라고 할 수 있다. 일반적인 인적용역의 경우에는 현재 우리나라가 체결하고 있는 조세조약들은 대상판결에서 문제가 되었던 구 한·일 조세조약 제12조와 같이 소득의 원천지국에서 과세할 수 있도록 하거나, OECD 모델조세협약 제5조와 같이 일방체약국에서 연락사무소, 재고 보유 등의 단순 기능 수행을 제외한 용역이 제공되는 경우 해당 국가에서 고정사업장이 형성되는 것으로 보아 그 국가에서 사업소득으로서 과세할 수 있도록 하고 있다(홍콩, 싱가포르와의 조세조약과 같이 최근에 개정된 조세조약들은 OECD 모델조세협약상 고정사업장을 통하여 인적용역에 대한 과세권을 규정하는 것으로 보이나, 오래전 체결하였거나 개정된 조세조약의 경우 여전히 고정사업장 규정이 아닌, 별도의 인적용역에 대한 조항을 두어 인적용역 소득에 대한 과세권을 배분하고 있는 것으로 보인다. 중국, 필리핀 등과의 조세조약은 이에 해당한다). 그러나 건설관련용역의 경우 OECD 모델조세협약 및 이를 따르는 조세조약과 OECD 모델조세협약을 따르지 않는 조세조약 모두 일정 기간 이상 용역 제공이 계속되는 경우만을 과세대상으로 삼고 있다.

그렇다면 당연히 조세조약에서 규정한 기간보다 짧게 적용된 건설관련용역의 제공에 대해 고정사업장이 없음에도 불구하고 용역이 제공된 국가에서 과세를 할 수 있는지가 문제되는데, 본 판결은 이와 같이 단기간 건설관련용역이 제공된 경우, 용역 제공지인 국가에 과세권이 없다는 점을 명확히 한 데에 그 의의가 있다. 본 판결 이전 과세관청은 다수의 유권해석을 통하여 6개월 초과하지 않은 건설관련용역을 "독립적 인적용역"으로 구분하여 과세하여야 한다고 하였으나 이를 대법원이 인정하지 아니한 것이다. 이는 건설관련용역을 다른 인적용역과 구분하여, 일정 기간(6개월 또는 12개월) 동안 계속하여 건설관련용역이 제공되는 경우에만 고정사업장이 형성되어 해당 용역이 제공된 국가의 과세권을 인정하고 있는 현행 OECD 모델조세협약의 태도와 그 뜻을 같이한다고 할 수 있다.

[필자: 삼일회계법인 변호사, 공인회계사 이홍명]

[3] 비교가능 제3자 가격방법의 적용 및 정상가격에 의한 과세조정 관련 구 국제조세조정법 규정과 법인세법 규정의 적용 우선순위

【대상판결】 대법원 2006. 9. 8. 선고 2004두3724 판결

【사실관계】 원고는 특수관계자인 A사가 자본금 및 운영자금을 전액 출자하여 해외 한국어방송의 품격향상, 정책홍보능률 제고 등을 위하여 미국에 설립된 국외 특수관계자인 B사에 A사의 프로그램 케이블티비 방송권 및 비디오 복제배포권을 일괄하여 공급편수나 시간의 제한 없이 1997. 1. 1. 부터 1997. 7. 31.까지는 매월 미화 15,000불에, 1997. 8. 1.부터 1999. 12. 31.까지는 매월 미화 22,000불에 공급하면서 부수적으로 미국 및 캐나다 전역에서 케이블티비 프로그램 공급권 및 비디오 복제배포권에 대한 독점공급권을 부여하였다. 한편 원고는 특수관계가 없는 제3자 해외 공급처에는 비디오 복제배포권과 케이블티비 프로그램 공급권을 각각 별도의 계약에 의하여 공급하고 개별단가도 공급 시간당 단가를 책정하여 산정하고 있다. 비디오의 경우 120분 기준 대리점별 제공단가가 일본 160,000원, 호주 80,000원, 독일 70,000원, 태국 44,000원, 인도네시아 40,000원으로, 해외 교민대상 케이블티비사에 대한 프로그램 공급의 경우 60분 기준 제공단가가 괌 42,000원, 사이판 20,000원 스페인 40,000원으로 책정되어 있다. 피고는 원고가 B사에 A사의 방송 프로그램을 제공함에 있어 비디오 부분은 일본 소재 대리점 C사에 대한 공급가격을, 케이블티비부분은 괌 소재 방송국 D사에 대한 공급가격을 유사한 거래상황에서 특수관계가 없는 독립된 사업자 간의 거

래가격으로 보아 이를 기준으로 법인세 부과처분(이하, '이 사건 처분'이라고 한다)을 하였다.

【판결요지】 원고는 미국 소재 국외특수관계자인 B사에게 A사의 방송 프로그램 케이블티비 방송권 및 비디오 복제배포권을 일괄하여 공급편수나 시간의 제한 없이 공급하면서 부수적으로 미국 및 캐나다 전역에서 A사의 방송 프로그램에 대한 독점공급권을 부여하였고, 비디오 부분에 관하여는 원고와 일본 대리점 C사와의 거래가, 케이블티비 부분에 관하여는 원고와 D사와의 거래가 원고와 B사와의 이 사건 방송 프로그램 공급 거래의 거래 상황과 가장 유사하다고 할 것이므로 피고가 원고와 이들 C사 및 D사와의 각 거래가격이 구 국제조세조정법(2002. 12. 18. 법률 제6779호로 개정되기 전의 것) 제5조 제1항 소정의 비교가능 제3자 가격방법에 의한 정상가격에 해당하는 것으로 보고 이를 기준으로 과세표준 및 세액을 경정한 것은 적법하다. 또한 위와 같이 원고와 B사 사이의 이 사건 방송 프로그램 공급 거래는 구 국제조세조정법상의 정상가격에 의한 과세조정의 대상에 해당한다 할 것이고, 이러한 정상가격에 의한 과세조정에 관한 구 국제조세조정법의 규정은 부당행위계산 부인에 관한 법인세법 규정에 우선하여 적용된다 할 것이므로 원고와 B사 사이의 이 사건 거래가 법인세법상의 부당행위계산 부인 대상에 해당하는지 여부에 대하여는 따로 판단할 필요가 없다.

【해설】

I. 들어가는 말

대상판결의 쟁점은 방송 프로그램 공급 거래에 대한 국제조세조정법상 정상가격 결정 방법 중 비교가능 제3자 가격방법 적용의 합리성(쟁점 ①)과 정상가격에 의한 과세조정에 관한 구 국제조세조정법 규정과 부당행위계산 부인에 관한 법인세법 규정의 적용 우선순위(쟁점 ②)이다.

이외에 원고가 특정 대리점, 원고의 각 부서나 임원, A사의 임원, 유관기관, 거래처에 무상으로 제공한 비디오테이프 및 방송프로그램 제작 등 업무와 관련하여 출연자, 작가, 번역자 등에게 지출한 식사비와 술값 등을 기획진행비 등으로 손금 처리한 금액의 법인세법상 접대비 해당 여부와 영화방송권 구입대행용역 저가공급에 대한 경제적 합리성 관련 부당행위계산 부인대상 해당 여부에 관한 쟁점도 있는데, 이는 국제조세와 관련된 직접적인 쟁점은 아니므로 소개를 생략한다.

Ⅱ. 비교가능 제3자 가격방법 적용의 합리성(쟁점 ①)

1. 의의

구 국제조세조정법 제2조 제1항 제1호, 제8호, 제9호, 제4조, 제5조 제1항 제1호의 규정 등에 의하면, 과세당국은 거래당사자의 일방이 국외특수관계자인 국제거래에 있어서, 그 거래가격이 거주자와 국외특수관계자 간의 당해 국제거래와 유사한 거래상황에서 특수관계가 없는 독립된 사업자 간의 거래가격인 비교가능 제3자 가격방법에 의한 정상가격에 미달하거나 초과하는 경우에는, 이러한 정상가격을 기준으로 거주자의 과세표준 및 세액을 결정 또는 경정할 수 있다. 대상판결에서는 원고와 B사 간 방송 프로그램 공급 거래에 대한 정상가격 산출 과정에서 비교가능 제3자 가격방법의 적용의 합리성이 문제되었다.

2. 대법원의 태도

대법원은 원고와 특수관계가 없는 독립된 사업자인 다른 해외 공급처와의 거래 중에서 비디오 부분의 경우 일본 대리점 C사, 케이블티비 부분은 괌 소재 방송국 D사와 거래가 이 사건 방송 프로그램 공급 거래 상황과 가장 유사하다고 할 것이므로, 피고가 원고와 이들 C사 및 D사와의 거래가격이 비교가능 제3자 가격방법에 의한 정상가격에 해당하는 것으로 보고 이를 기준으로 과세표준 및 세액을 경정한 것은 적법하다고 판단하였다. 또한 원고와 C사 및 D사 사이에 각기 구 국제조세조정법상 국외특수관계가 있다는 취지의 원고 주장과 이 사건 방송 프로그램 거래에 대한 저가 공급은 당시 문화공보부의 지시에 의한 것이라는 취지의 주장을 배척한 원심 판결이 정당하다고 판단했다.

Ⅲ. 구 국제조세조정법 규정과 부당행위계산 부인에 관한 법인세법 규정의 적용 우선순위(쟁점 ②)

1. 의의

구 국제조세조정법 제3조에 따르면, 국제조세조정법이 국세 및 지방세에 관하여 정하고 있는 다른 법률에 우선하여 적용된다고 규정하고 있다. 즉, 국제조세조정법은 법인세법에 대하여 특별법적 지위에 있다고 볼 수 있다. 대상판결에서는 정상가격에 의한 과세조정 관련 구 구조법 규정과 부당행위계산 부인에 관한 법인세법 규정의 적용 우선순위가 문제가 되었다.

한편, 2002. 12. 18. 법률 제6779호로 개정된 구 국제조세조정법에 제3조 제2항이 신설되어 국제거래에 있어서는 국제조세조정법만을 적용하고, 소득세법 및 법인세법상 부당행위계산 부인규정을 적용하지 않게 되었다. 따라서 구 국제조세조정법 제3조 제2항이 시행된 2003. 1. 1. 이후부터는 국제거래에 대해 같은 법 시행령에서 정하는 자산의 증여 등에 해당하는 경우를 제외하고는 부당행위계산 부인규정의 적용이 배제되었다.

2. 대법원의 태도

대상판결에서 대법원은 구 국제조세조정법에서 규정하는 정상가격 산출방법에 의한 정상가격에 미달하거나 초과하는 경우에는 해당 정상가격을 기준으로 거주자의 과세표준 및 세액을 결정 또는 경정할 수 있고, 이러한 정상가격에 의한 과세조정에 관한 구 국제조세조정법의 규정은 부당행위계산 부인에 관한 법인세법 규정에 우선하여 적용된다 할 것이라고 판단하였다. 또한 원고와 B사 사이의 이 사건 거래는 구 국제조세조정법상 정상가격에 의한 과세조정 대상에 해당한다 할 것이고, 따라서 원고와 B사 사이의 이 사건 거래가 법인세법상의 부당행위계산 부인 대상에 해당하는지 여부에 대하여는 따로 판단할 필요가 없다고 판시하였다.

Ⅳ. 대상판결의 의의

정상가격 산출방법으로 비교가능 제3자 가격방법을 적용하기 위해서는 상당한 수준의 비교가능성이 전제되어야 하며, 특수관계가 있는 자 간의 국제거래와 정상가격 산출방법의 적합성이 높아야 한다. 특히 비교대상 재화나 용역 간에 동질성이 있는지 여부와 관련하여 거래 시기, 거래 시장, 거래 조건, 무형자산의 사용 여부 등에 따른 차이가 합리적으로 조정될 수 있어야 한다. 이와 관련하여 대법원은 비교가능 제3자 가격방법의 비교대상거래에 특수관계가 없는 독립된 사업자 간의 거래 중 국내거래도 포함되는지 여부에 대해 특수관계가 없는 독립된 사업자 간의 거래가 국내거래일지라도 당해 국제거래와의 차이를 제거할 수 있는 합리적인 조정이 가능하다면 이를 굳이 비교대상거래에서 원천적으로 배제할 필요는 없다고 보아 비교가능 제3자 가격방법에서의 비교대상거래에는 특수관계가 없는 독립된 사업자 간의 거래 중 국내거래도 포함된다고 판시한 바 있다(대법원 2011. 10. 13. 선고 2009두15357 판결 등 참조).

대상판결은 비교가능 제3자 가격방법이 일반적으로 적용되는 원유, 농산물, 광물 등 공개시장에서 거래되는 재화가 아님에도 비교가능 제3자 가격방법에 따른 정상가격을 기준으로 과세표준 및 세액을 경정한 사례로 의미가 있다.

[필자: 법무법인 화우 미국회계사 신상현]

[4] 이중거주자 여부에 대한 증명책임 문제

【대상판결】 대법원 2008. 12. 11. 선고 2006두3964 판결

【사실관계】 A는 1997년부터 2001년 사이에 미국 과세당국에 세무신고를 했고, A와 그 처는 미국에서 의료보험에 가입한 적이 있으며, A의 자녀들은 미국에서 직장을 다니면서 미국 정부에 세금을 납부했다. B와 C는 주일대한민국대사관의 재외국민등록부상 주소지가 일본국 동경으로 기재되어 있다. A, B, C는 모두 문제된 과세기간 동안 국내에 입국했다가 출국하기를 반복했고, 2과세기간에 걸쳐 183일 이상 국내에 거소를 두었다. 한편 은행업을 영위하는 원고는 예금주인 위 A, B, C에게 이자소득을 지급하면서 그들이 비거주자에 해당한다고 보아 대한민국과 각 체약국(미국, 일본) 간의 조세조약상 제한세율을 적용해 이자 소득세를 원천징수하여 납부했다. 피고는 위 예금주들이 거주자에 해당하여 소득세법상 거주자에 대한 세율을 적용해야 한다는 이유로 과소납부분에 관하여 징수처분(이하 '이 사건 처분'이라 한다)을 했다.

【판결요지】 1. 개인이 소득세법상의 국내 거주자인 동시에 외국의 거주자에도 해당하여 그 외국법상 소득세 등의 납세의무자에 해당하는 경우에는 하나의 소득에 대하여 이중으로 과세될 수도 있으므로, 이를 방지하기 위하여 각국 간 조세조약의 체결을 통해 별도의 규정을 두고 있다. 납세의무자가 이와 같은 이중거주자에 해당하는 사실이 인정된다면 그 중복되는 국가와 체결한 조세조약이 정

하는 바에 따라 어느 국가의 거주자로 간주할 것인지를 결정하여야 하고 그 조세조약에 따른 거주지국 및 그 세율의 결정은 과세요건에 해당한다. 다만, 국내 거주자인 납세의무자가 동시에 외국의 거주자에도 해당하여 조세조약이 적용되어야 한다는 점에 대하여는 이를 주장하는 납세의무자에게 그 증명책임이 있다.

2. 소득세 징수방법의 하나인 원천징수제도가 국가의 세수확보 및 조세징수의 편익에 기여하는 등 공익적 요청에 부합하는 점에 비추어 볼 때, 소득세법이 이자소득을 지급하는 자에 대하여 이자소득자가 납부할 이자 소득세를 원천징수하여 납부하도록 규정한 것이 헌법상 보장된 과잉금지의 원칙 또는 비례의 원칙을 위반하여 재산권을 침해한다고 볼 수는 없다.

【해설】

Ⅰ. 들어가는 말

거주자이냐 비거주자이냐에 따라 납세의무의 범위가 다르다(소득세법 제2조 제1항). 거주자란 국내에 주소를 두거나 183일 이상의 거소를 둔 개인을 말하는데(소득세법 제1조의2 제1항 제1호), 국내에 거소를 둔 기간이 2과세기간에 걸쳐 183일 이상인 경우에는 국내에 183일 이상 거소를 둔 것으로 본다[구 소득세법 시행령(2015. 2. 3. 대통령령 제26067호로 개정되기 전의 것, 이하 같다) 제4조 제3항].

한편 미국은 미국 영주를 허가받은 자, 해당 과세기간의 체제일수가 31일 이상이면서 일정한 공식(당해 과세기간 체류일수 + 전년 체류일수의 1/3 + 전전년 체류일수의 1/6)을 적용한 값이 183일을 초과하면 거주자로 보고 있다[미국내국세입법 제7701조 (b)항]. 또 일본은 국내에 주소를 가지고 있거나 계속해서 1년 이상 거소를 가지고 있는 개인을 거주자로 보고 있다(일본 소득세법 제2조 제3호). 따라서 A, B, C가 미국 또는 일본 세법에 의해 미국 또는 일본 거주자에 해당할 경우, 대한민국과 미국 또는 일본 모두의 거주자에 해당하여 양국에 이중으로 납세의무를 부담할 수 있다. 이러한 이중과세 또는 이중거주자 문제를 해결하기 위해서 각국은 조세조약을 체결하고, 그 조세조약에 그 판정 기준을 두고 있는 경우가 많다.

대상판결의 쟁점은 조세조약상 거주자 판정 규정을 적용받기 위해서 납세의무자가 이중거주자 지위에 있음을 증명해야 하는지(쟁점 ①)와 이자소득을 지급하는 자가 이자 소득세를 원천징수하여 납부하도록 한 것이 헌법에 위반되는지 여부(쟁점 ②)이다.

Ⅱ. 조세조약상 거주자 판정 규정의 적용을 받기 위한 납세의무자의 증명책임(쟁점 ①)

1. 의의

대상판결 사안의 경우, 과세관청은 A, B, C가 국내 거주자임을 전제로 소득세법상 거주자에 대한 세율을 적용하여 이 사건 처분을 하였으므로, 원칙적으로 A, B, C가 국내 거주자라는 과세요건사실에 관하여 증명할 책임을 부담한다. 그런데 각 조세조약상 제한세율은 소득세법상 거주자에 대한 세율보다 낮은 경우가 많은데, 위 조세조약의 적용을 받기 위해 이중거주자에 해당한다는 사실에 관하여는 납세의무자가 증명해야 하는지 문제된다.

2. 대법원의 태도

과세처분의 위법을 이유로 그 취소를 구하는 행정소송에서 일반적인 증명책임과 관련하여, 대법원은 처분의 적법성 및 과세요건사실의 존재에 관하여는 원칙적으로 과세관청이 그 증명책임을 부담하지만, 경험칙상 이례에 속하는 특별한 사정의 존재에 관하여는 납세의무자에게 증명책임 내지는 증명의 필요가 돌아간다는 입장이다(대법원 1992. 3. 27. 선고 91누12912 판결, 대법원 1995. 7. 14. 선고 94누3407 판결 등 참조). 특히 원고가 피고의 과세처분이 이중과세이므로 과세권의 행사가 배제되어야 한다고 주장하는 이상, 자신이 미국의 내국세입법에 의하여 부과되는 연방소득세의 납부의무자에도 해당한다는 사실을 주장 증명하여야 한다고 판시한 바 있다(대법원 1994. 4. 26. 선고 94누1005 판결 참조).

대상판결은 조세조약에 따른 거주지국 및 세율의 결정 역시 과세요건에 해당한다고 보면서도, 납세의무자가 이중거주자에 해당한다는 사실이 인정되면 비로소 그 중복되는 국가와 사이에 체결된 조세조약에 따라 어느 국가의 거주자로 간주될 것인지를 결정하여야 하고, 그 이중거주자에 해당한다는 사실에 관하여는 납세의무자가 증명책임을 부담한다고 판단했다. 위 사안에서 A, B, C가 들고 있는 사정만으로는 미국 또는 일본의 거주자에 해당한다는 사실을 인정하기 부족하다고 판단한 원심 판결이 정당하다고 했다.

Ⅲ. 원천징수의무제도의 위헌 여부

1. 의의

국내에서 거주자나 비거주자에게 이자소득 등을 지급하는 자는 그 소득세를 원천징수해야 한다(소득세법 제127조 제1항). 원천징수의무자는 그 납세의무자가 거주자인지 비거주자인지 판단하여 국내 세법상 원천징수세율 또는 조세조약상 제한세율을 적용해 소득세를 원천징수해야 한다.

그런데 대상판결의 사안처럼, 원천징수의무자가 거주자인지 비거주자인지 또는 조세조약의 거주자 판정 규정을 적용받는지 여부가 불분명한 경우가 있을 수 있다. 만약 거주자 판정이나 세율 적용을 잘못해서 과소납부하면, 과세관청이 그 과소분에 관하여 징수처분을 할 수 있고, 나아가 가산세까지 부과할 수 있다(국세기본법 제47조의5 제1항). 원천징수의무자가 원천납세의무자를 상대로 그 추가 납세분에 대하여 구상권을 행사할 수 있으나(대법원 2016. 6. 9. 선고 2014다82491 판결 참조), 실제 그 집행이 어려울 수 있고, 그 가산세 부분에 대해서는 부당이득으로 반환도 구할 수 없다(대법원 1979. 6. 12. 선고 79다437, 619 판결 등 참조).

이처럼 원천징수의무자가 징수해서 납부해야 할 세액의 판단에 어려움이 있음에도 원천징수의무자에게 원천징수의무를 부담시키는 것은 헌법상 과잉금지의 원칙 내지 비례의 원칙에 위배되는 것인지가 문제된다.

2. 대법원의 태도

종전에 대법원은 조세징수의 편익을 도모하기 위해 소득세를 원천징수하여 납부하도록 규정한 것이 헌법에 위반된다고 할 수 없다고 판단한 적이 있고(대법원 1989. 1. 17. 선고 87누551, 552 판결 참조), 대상판결 역시 원천징수제도가 국가의 세수확보 및 조세징수의 편익에 기여하는 등 공익적 요청에 부합하는 점을 들어서 헌법상 과잉금지의 원칙 내지 비례의 원칙에 위배되지 않는다고 판단했다.

Ⅳ. 대상판결의 의의

과세관청은 국내 세법상 과세요건사실, 즉 납세의무자가 국내 거주자에 해당하고, 그에 따른 세율을 적용했음을 증명하면 되고, 조세조약의 적용을 위한 이중거주자에 해당한다는 사실에 대해서는 납세의무자가 증명해야 한다. 만약 이중거주자에 해당한다는 사실이 인정되면, 그때 비로소 조세조약의 적용이 문제되고, 그 조세조약에 따른 거주자 및 세율은 다시 과세요건사실이 되므로, 과세관청이 다시 처분의 적법성 및 과세요건사실의 존재에 관한 증명책임을 부담한다고 할 것이다.

또 원천징수 세액의 판단이나 사후적인 구상청구의 어려움 또는 가산금 부담과 같이 원천징수의무자에게 불이익이 있는 문제가 있기는 하지만, 그보다는 세수확보 및 징수의 편의 등 그로 인해 얻을 수 있는 공익이 더 크다고 보아 원천징수제도는 위헌이 아님을 다시 한 번 확인했다.

〔**참고문헌**〕김범준, 이중거주자 여부에 대한 입증책임 및 원천징수제도의 위헌 여부, 조세판례백선 2, 박영사, 2015.

[필자: 수원지방법원 성남지원 판사, 법학박사 윤준석]

[5] 이전가격세제에 있어 '특수관계'의 인정 요건

【대상판결】 대법원 2008. 12. 11. 선고 2008두14364 판결

【사실관계】 원고는 미국에 본사를 둔 A사가 100% 출자하여 한국에 설립한 기업으로 폴리우레탄 주원료의 제조업을 하면서, 국외특수관계회사로부터 상품을 수입하여 이를 국내고객에 판매하는 도매업 등을 영위하였다. 피고는 원고가 영위하는 도매업 등과 관련하여 국외특수관계회사로부터 구 국제조세조정법(2006. 5. 24. 법률 제7956호로 개정되기 전의 것) 제4조에 규정한 정상가격을 초과하여 상품을 구입한 것으로 보아, 국제조세조정법 제5조 제1항 제2호에 의한 재판매가격방법으로 정상가격을 산정하는 과정에서 B1~B6의 6개 업체를 비교대상업체로 선정하여 매출총이익률을 산출하고, 이를 토대로 계산된 이전가격 소득조정액을 익금에 산입하는 방법으로 법인세부과처분을 하였다. 하급심에서는, B1은 2003 사업연도에 외국법인인 C사로부터 전체 매입액 중 53%를 매입하였으므로 C사와 사이에 특수관계에 있고, B2는 대표이사가 1998. 3. 이후 D사의 대표이사를 겸임하고 있으므로 D사와 사이에 특수관계에 있다는 점을 들어, B1, B2를 비교대상업체에 포함하여 정상가격의 범위를 산정한 것은 위법하다고 판단하였다.

【판결요지】 구 국제조세조정법 제2조 제1항 제8호는 "'특수관계'라 함은 다음 각 목의 1에 해당하는 관계를 말하며 그 세부 기준은 대통령령으로 정한다"라고 규정하면서, (다)목에서 '자본의 출자관계, 재화·용역의 거래관계, 자금의 대여 등

에 의하여 거래 당사자 사이에 공통의 이해관계가 있고 거래 당사자의 일방이 타방의 사업방침을 실질적으로 결정할 수 있는 관계'를 들고 있고, 구 국제조세조정법 시행령(2005. 2. 19. 대통령령 제18706호로 개정되기 전의 것) 제2조 제1항은 "법 제2조 제1항 제8호에서 '특수관계'라 함은 다음 각 호에서 정하는 관계를 말한다"라고 규정하면서, 제4호에서 '거주자·내국법인 또는 국내사업장과 비거주자·외국법인 또는 이들의 국외사업장과의 관계에 있어서 일방이 다음 각 목의 1의 방법에 의하여 타방의 사업방침의 전부 또는 중요한 부분을 실질적으로 결정할 수 있는 경우 그 일방과 타방과의 관계'를 들고 있고, 나아가 (가)목에서 '타방법인의 대표임원이나 총 임원수의 절반 이상에 해당하는 임원이 일방법인의 임원 또는 종업원의 지위에 있거나 사업연도 종료일로부터 소급하여 3년 이내에 일방법인의 임원 또는 종업원의 지위에 있을 것', (다)목에서 '타방이 사업활동의 100분의 50 이상을 일방과의 거래에 의존할 것'이라고 규정하고 있다. 위 각 규정을 종합하여 보면, 구 국제조세조정법 제2조 제1항 제8호, 구 국제조세조정법 시행령 제2조 제1항 소정의 특수관계에 있다고 하려면 단순히 일방과 타방 사이에 구 국제조세조정법 시행령 제2조 제1항 제4호 각 목의 사유가 있다는 것만으로는 부족하고, 위 제4호 각 목의 사유와 같은 방법에 의하여 '일방이 타방의 사업방침의 전부 또는 중요한 부분을 실질적으로 결정할 수 있는 경우'에 해당하여야 할 것이다.

【해설】

Ⅰ. 들어가는 말

국제거래에서 얻어지는 소득에 대해서 우리나라의 정당한 과세권 행사라는 측면에서 국제조세조정법은 특수관계인 사이의 거래가격이 "정상가격"과 다른 경우 정상가격을 기준으로 거주자(내국법인 및 국내사업장을 포함한다, 이하 같다)의 과세표준과 세액을 조정할 수 있도록 하고 있다. 여기서 "정상가격"은 거주자가 국외특수관계인이 아닌 자와의 통상적인 거래에서 적용하거나 적용할 것으로 판단되는 가격을 말한다(국제조세조정법 제2조 제1항 제5호). 여기서 "특수관계"의 정의에 관해서는 구 국제조세조정법 제2조 제1항 제8호 및 동 시행령 제2조 제1항이 규정을 두고 있었는데, 그 의미를 판단한 대표적인 케이스가 본 판례이다.

Ⅱ. 쟁점

구 국제조세조정법 제2조 제1항의 위임을 받아 세부 기준을 규정한 동 시행령 제2조 제1항의 문언을 기계적으로 해석하여 여기에 해당하면 무조건 특수관계가 있다고 볼 수 있는 것인지(편의상 '①견해'라고 한다), 아니면 동 시행령 제2조 제1항의 문언을 만족할 뿐 아니라 구 국제조세조정법 제2조 제1항 제8호 (다)목에 따라 '거래 당사자 사이에 공통의 이해관계가 있고 거래 당사자의 일방이 타방의 사업방침을 실질적으로 결정할 수 있는 관계'에 있어야 하는지('②견해'라고 한다) 여부가 문제될 수 있다.

참고로, 현행 국제조세조정법 제2조 제1항 제3호는 "'특수관계'라 함은 다음 각 목의 하나에 해당하는 관계를 말하며 그 세부 기준은 대통령령으로 정한다" 라고 규정하면서, (다)목에서 '거래 당사자 간에 자본의 출자관계, 재화·용역의 거래관계, 금전의 대차관계 등에 따라 소득을 조정할 만한 공통의 이해관계가 있고 거래당사자 중 어느 한쪽이 다른 쪽의 사업방침을 실질적으로 결정할 수 있는 경우 그 거래 당사자 간의 관계'를 들고 있어 실질적인 내용에 있어 위 구 법과 달라졌다고 보기 어렵고, 그 위임을 받은 동 시행령 제2조 제2항 제3호 (가) 및 (다)목 역시 그 내용이 구 국제조세조정법 시행령 제2조 제1항 제4호 (가) 및 (다)목과 대동소이하다. 따라서 본 논의는 현행법에도 거의 그대로 적용 된다고 할 수 있다.

Ⅲ. 대법원의 태도

이에 관해 하급심은 피고가 정상가격을 산정하는 과정에서 선정한 비교대상업체 중 일부가 구 국제조세조정법 시행령 제2조 제1항 제4호 (가)목 및 (다)목의 요건을 충족하여 특수관계에 있다고 인정되므로 결과적으로 피고의 정상가격 산정이 잘못되었다고 보았다.

반면, 대법원은 특수관계가 인정되기 위해서는, 시행령 제2조 제1항의 문언을 만족할 뿐 아니라 구 국제조세조정법 제2조 제1항 제8호 (다)목에 따라 '거래당사자 사이에 공통의 이해관계가 있고 거래당사자의 일방이 타방의 사업방침을 실질적으로 결정할 수 있는 관계'에 있어야 한다고 전제한 뒤, 여기에 해당하는지 여부까지 심리하지 않은 하급심에 잘못이 있다고 보았다.

하급심은 ①견해, 대법원은 ②견해를 따른 것으로 통상 이해된다.

Ⅳ. 분석

문언적으로 보면, 구 국제조세조정법 제2조 제1항 제8호 (다)목은 '거래 당사자 사이에 공통의 이해관계가 있고 거래당사자의 일방이 타방의 사업방침을 실질적으로 결정할 수 있는 관계'에 있어야 할 것을 요구하고 있는데, 그 위임을 받은 동 시행령 규정은 이를 판단하기 위한 일응의 기준을 제시한 것으로 보아야 한다. 그런데 구 국제조세조정법 시행령 제2조 제1항의 요건을 충족한다고 하여, 반드시 '거래 당사자 사이에 공통의 이해관계가 있고 거래당사자의 일방이 타방의 사업방침을 실질적으로 결정할 수 있는 관계'에 있다고 인정되는 것은 아니다. 즉, 구 국제조세조정법 시행령 제2조 제1항의 요건을 충족하지 않는 경우라면 다시 구 국제조세조정법 제2조 제1항 제8호 (다)목으로 돌아와 추가적인 판단을 할 필요가 없을 것이나, 구 국제조세조정법 시행령 제2조 제1항을 충족한다면 다시 구 국제조세조정법 제2조 제1항 제8호 (다)목으로 돌아와 '거래 당사자 사이에 공통의 이해관계가 있고 거래당사자의 일방이 타방의 사업방침을 실질적으로 결정할 수 있는 관계'에 있다고 인정되는지 최종적인 판단을 필요로 하는 것이다.

나아가, 국내거래에 관해서는 법인세법과 소득세법이 부당행위 계산 부인에 대한 규정을 두고 있는데, 국제거래에 관해서는 위 조항의 적용이 배제되고(국제조세조정법 제4조 제2항) 유사한 목적에서 위와 같이 이전가격세제에 대한 별도의 규정이 존재한다. 이는 해당 거래에 관해 과세관청이 거래를 둘러싼 과세권 행사를 전적으로 장악할 수 있는 국내거래와 달리, 국제거래에 관해서는 편면적으로만 과세권을 행사할 수 있는 것이 일반적이므로 비교대상업체의 선정을 통한 정상가격 산정에 관해 과세관청에 보다 많은 재량권을 부여한 것으로 이해할 수 있다. 즉, 실질적으로 판단하여 특수관계인에 해당하지 않으면 과세관청이 비교대상업체로 선정할 수 있는 폭넓은 여지를 허용한 것이다.

V. 대상판결의 의의

이처럼 문언적 해석이나 국제 거래의 특수성을 고려할 때 ②견해를 취한 대법원의 입장은 타당한 것으로 이해되고, 이에 관해서는 특별히 이견이 제시되지는 않는 것으로 보인다.

참고로, 환송 후 항소심에서는 처분청이 비교대상업체를 선정함에 위법이 없다고 판단하였고, 재상고심인 대법원 2011. 10. 13. 선고 2009두24122 판결도 같은 결론을 내렸다.

〔**참고문헌**〕이창희, 세법강의(제20판), 박영사, 2022.

박훈, 우리나라의 이전가격 분쟁해결방법에 소고, 조세와 법 제4권, 서울시립대학교 법학연구소·조세재정연구소, 2012.

[필자: 김·장 법률사무소 변호사 이주헌]

[6] 사용료소득과 사업소득의 구분

【대상판결】 대법원 2010. 1. 28. 선고 2007두6632 판결

【사실관계】 원고는 1998. 3.경 호남대학교 내에 마이크로소프트사·마이크로시스템사 등(이하 'IT업체'라 한다)이 개발하여 국내에서 시행하는 IT분야 국제공인자격시험(이하 '이 사건 시험'이라 한다) 센터를 운영하고 있다. 원고는 1998. 12. 29.경 호주국에 주사무소를 두고 IT 국제공인자격시험의 대행 등을 하는 외국법인인 '실반 러닝 시스템'(Sylvan Learning System Ⅱ B.V., 이하 실반사라 하고, 나중에 Prometric Thomson Learning Pty. Ltd.에 인수되었다)과, 이 사건 시험을 시행함에 있어 실반사는 시험문제 및 그 실시에 필요한 소프트웨어(이하 '이 사건 시험문제 등'이라 한다)를 제공하고, 원고는 시험에 필요한 물적 시설(시험 장소와 시험용 컴퓨터 단말기 등의 설비)과 인적 용역(신청서의 접수와 응시료의 수납, 시험감독 등)을 제공하기로 하는 내용의 IT 인증 Prometric 시험의 시험센터 운영계약(이하 '이 사건 계약'이라 한다)을 체결하였다. 이에 따라 원고는 이 사건 계약과 관련하여 실반사에게 1999. 7.경부터 2022. 10.경까지 미화 353,196불(한화 451,669,963원 상당, 이하 '이 사건 송금액'이라 한다)을 송금하였다. 피고는 이 사건 송금액이 이 사건 시험을 시행하기 위하여 실반사로부터 제공받은 이 사건 시험문제 등의 사용대가로서 법인세법 제93조 제9호 (나)목 및 한·호 조세조약 제12조 소정의 사용료 소득에 해당함과 아울러 부가가치세법 제34조 제1항 소정의 대리납부대상에 해당한다는 이유로, 원고에 대하여 법인세와 부가가치세를 각 부과·고지

(이하 '이 사건 각 부과처분'이라 한다)하였다.

【판결요지】 납세의무자가 국내에서 시행하는 국제공인자격시험센터를 운영하기 위하여 외국법인과 시험문제 및 관련 소프트웨어의 제공에 관한 계약을 체결함에 따라 그 법인에게 지급한 송금액은, 위 계약이 납세의무자를 그 법인의 피용인, 대리인 또는 수탁자가 아닌 독립된 계약자로 상정하고 있고, 납세의무자는 독자적으로 책정한 응시료에 의하여 자기의 책임하에 응시자를 모집하고 응시료를 수취한 후 응시료 전체를 수입으로 회계처리하는 한편, 응시자로부터 수취한 응시료 중 그 법인이 제시하는 기준 응시료에서 응시자 수에 따라 연동하는 일정 금액을 할인하는 방식으로 계산한 금액만을 그 법인에 송금한 점 등에 비추어 볼 때, 시험문제 등의 사용에 대한 대가로서 구 법인세법(2008. 12. 26. 법률 제9267호로 개정되기 전의 것) 제93조 제9호 (나)목, 한·호 조세조약 제12조 제3호 (다)목에서 정한 사용료소득에 해당한다.

【해설】

I. 들어가는 말

외국법인이 얻은 소득이 사업소득에 해당하면, 우리나라가 체결한 대부분의 조약상 국내에 고정사업장이 있는 경우에만 원천지국 과세가 가능하다. 이에 반해 사용료 소득에 해당하면, 우리나라가 체결한 대부분의 조약은 UN 모델조세협약에 가까워서 고정사업장에 귀속하지 않는 사용료에 대해서도 원천지국에 과세권을 주고 있으므로 원천지국 과세가 가능하다. 즉, 사용료소득이라면 과세대상이지만 사업소득이라면 대개는 과세대상이 아닌 경우가 많고, 이 때문에 원천지국 과세관청 입장에서는 사업소득과 사용료소득 구분이 애매하거나 까다로운 경우 손쉽게 사용료소득으로 구분하려는 유인이 생길 가능성이 있다.

대상판결의 경우에도 이 사건 송금액을 외국법인인 실반사의 사용료소득으로 볼 것인지, 아니면 사업소득으로 볼 것인지 문제되었다.

Ⅱ. 사용료소득과 사업소득의 구분

1. 사용료소득과 사업소득의 정의

구 법인세법 제93조 제9호는 '다음 각 목의 1에 해당하는 자산·정보 또는 권리를 국내에서 사용하거나 그 대가를 국내에서 지급하는 경우의 당해 대가'를 외국법인의 국내원천소득의 하나로 규정하면서, 그 (나)목에서 '산업상·상업상 또는 과학상의 지식·경험에 관한 정보 또는 노하우'를 규정하고 있고, 한·호 조세조약 제12조 제3호 (다)목은 '사용료라 함은 정기적이든 아니든 그리고 금액이 계산되거나 지정되거나에 관계없이 과학적, 기술적, 산업적 또는 상업적 지식이나 정보의 제공에 대한 대가로서 주어지는 지급금을 의미한다'고 규정하고 있다.

한편, 구 법인세법 제93조 제5호는 '외국법인이 영위하는 사업에서 발생하는 소득으로서 대통령령이 정하는 것'을 사업소득으로 규정하고 있다.

2. 구분기준

사용료소득과 사업소득의 구분기준은 명확하지 않다. 다만 사업에서 생겼다고 모두 사업소득은 아니고, 어떠한 소득이 사업소득과 다른 소득(사용료소득 등)에 동시에 해당하면 우선 사용료소득 등으로 구분되는데, 사용료소득의 경우 사업소득에 대비되는 특징으로 ① 빌려쓰는 대가이고, ② 이런 대가의 반대급부인 권리는 독점성이 보장되며, ③ 받은 돈은 명칭이나 지급형태 등은 중요하지 않지만 ④ 수동성은 요구된다는 점 등이 거론된다.

3. 대법원의 판단

원고는 실반사가 주관하는 IT 관련 시험업무 중 일부인 시험장소 제공, 응시원서 접수, 응시수수료 수납과 송금 등 시험관련 용역업무 등을 위탁받아 처리하되 일정한 대가를 받기로 하여 IT 관련 시험응시자로부터 받은 응시료를 실반사에 송금한 것에 불과하고, 다만 원고가 실반사를 대신하여 응시자로부터 수납한 응시료 중 실반사와 약정한 위탁업무처리의 대가를 공제한 나머지를 송금한 것이므로 이 사건 송금액은 사용료가 아니라 응시수수료로 지급된 것이라고 주장했다.

반면 피고는 원고가 이 사건 시험문제 등을 제공받아 자신의 사업을 위해 사용하였던 점, 이 사건 송금액은 형식상 응시료에서 원고가 받을 수수료를 공제한 금액이지만 그 실질에 있어서는 시험인원에 비례하여 일정한 금액을 지급하였던 점 등으로 보아 이 사건 송금액은 법인세법 제93조에서 규정하는 국내원천소득인 사용료소득에 해당한다고 다투었다.

즉, 실반사가 직접 이 사건 시험을 주관하고 응시자들로부터 응시수수료를 받은 것으로 볼 것인지, 아니면 원고가 실반사로부터 시험문제 등을 공급받고 자기의 책임으로 응시자를 모집하고 응시료를 수취한 뒤 실반사에 사용료를 지급한 것으로 볼 것인지 문제되었는데, 이에 대하여 원심판결은 ① 이 사건 계약은 원고를 실반사의 피용인 또는 대리인 또는 수탁자가 아닌 독립된 계약자로 상정하고 있는 점, ② 실반사는 원고에게 이 사건 계약에 따라 시험센터의 운영 및 수행을 위하여 자신이 개발하거나 사용권을 가진 시스템 및 자료 등에 관하여 사용을 허락한 점, ③ 원고는 자신이 운영하고 있는 호남대학교 정보기술원에 등록한 IT국제공인자격 교육과정 수강생 등을 상대로 독자적으로 책정한 응시료에 의하여 자기 책임하에 응시자를 모집하고 응시료를 수취한 후 응시료 전체를 수익으로 회계처리한 점, ④ 원고는 응시자들로부터 수취한 응시료 및 그로 인해 발생하는 조세와는 무관하게 실반사가 제시하는 기준 응시료에서 응시자 수에 따라 연동하는 일정 금액을 공제하는 방식으로 계산한 금액을 송금한 점, ⑤ 원고는 실반사로부터 Voucher를 구입하여 자신의 계산하에 이를 사용한 점, ⑥ 실반사는 이 사건 시험과 관련하여 이 사건 계약체결시 이 사건 시험을 치를 수 있는 소프트웨어를 제공하고 시험 직전 원고에게 시험문제 등을 제공하는 것 외에는 광고 등 아무런 수익활동을 하지 아니한 점 등을 종합하여 보면, 원고는 호남대학교를 운영하면서 실반사와는 독립하여 자신의 책임하에 IT국제공인자격시험의 응시자를 모집하여 응시료를 수취한 후, 실반사로부터 공급받은 시험문제 및 시험실시를 위한 소프트웨어 즉, 법인세법 제93조 제9호 (나)목 소정의 '산업상·상업상 또는 과학상의 지식·경험에 관한 정보 또는 노하우'를 사용하여 응시자들로 하여금 시험을 치르도록 한 다음, 실반사와 약정한 일정 금원을 시험문제 및 시험실시에 필요한 소프트웨어의 사용대가로 실반사에게 지급하였다고 판단되므로 이 사건 송금액은 실반사의 사용료소득에 해당한다고 판단했고, 대상판결 역시 이러한 원심판결의 사실인정과 판단을 수긍했다.

4. 대상판결의 의의

외국법인으로부터 시험문제 및 시험실시를 위한 소프트웨어 등을 제공받아 국내에서 시험센터를 운영하는 업체들이 다수 있었고, 과세관청이 그 송금액을 모두 사용료소득으로 보아 부과처분을 하여 여러 사건이 동시에 진행되었는데, 대법원에서 대상판결 및 같은 날 선고한 대법원 2010. 1. 28. 선고 2007두14190 판결을 통해 사용료소득에 해당한다고 판단하여 정리되었다. 구체적인 사안에서 사용료소득을 구분하는 일응의 기준을 제시한 판결이라는 점에서 의미가 있다.

〔참고문헌〕 양인준, 이른바 혼합계약에서의 소득원천 판정에 대한 소고－전자상거래 시대의 사업소득과 사용료소득 구분을 중심으로－, 조세학술논집 제37권 제3호, 한국국제조세협회, 2021.

[필자: 법무법인 세종 변호사 조서연]

【사실관계】 원고는 네덜란드 법인 A, B의 각 지분을 100% 소유하고 있다(이하 네덜란드 법인 A, B를 합하여 '이 사건 자회사들'). 이 사건 자회사들은 내국법인 D의 지분을 각 50%씩 나누어 취득하였고, 네덜란드 법인 B는 네덜란드 법인 A가 내국법인 E의 주식 75%를 소유하고 있는 상태에서 그 나머지 주식 25%를 승계취득하였다(이하 이 사건 자회사들이 취득한 내국법인 D 지분 100%와 내국법인 E 주식 25%를 합하여 '이 사건 주식 등'). 한편, 이 사건 자회사들은 주소 및 전화번호와 대표이사가 서로 같고 그 외 직원은 전혀 없으며, 이 사건 주식 등의 매입대금은 원고가 그 전액을 제공한 것이다. 피고는 내국법인 D, E의 지분이 실질적으로는 원고에게 귀속되어 있으므로 원고가 내국법인 D, E의 과점주주에 해당한다고 보아, 구 지방세법(2005. 12. 31. 법률 제7843호로 개정되기 전의 것, 이하 같다) 제105조 제6항을 근거로, 이 사건 자회사들이 이 사건 주식 등을 취득함으로써 원고가 이 사건 주식 등의 지분에 비례하여 내국법인 D, E 소유 부동산을 취득한 것으로 보아 취득세 등 부과처분을 하였다.

【판결요지】 1. 구 국세기본법(2007. 12. 31. 법률 제8830호로 개정되기 전의 것, 이하 같다) 제14조 제1항, 제2항이 천명하고 있는 실질과세의 원칙은 헌법상의 기본이념인 평등의 원칙을 조세법률관계에 구현하기 위한 실천적 원리로서, 조세의 부

담을 회피할 목적으로 과세요건사실에 관하여 실질과 괴리되는 비합리적인 형식이나 외관을 취하는 경우에 그 형식이나 외관에 불구하고 실질에 따라 담세력이 있는 곳에 과세함으로써 부당한 조세회피행위를 규제하고 과세의 형평을 제고하여 조세정의를 실현하고자 하는 데 주된 목적이 있다. 이는 조세법의 기본원리인 조세법률주의와 대립관계에 있는 것이 아니라 조세법규를 다양하게 변화하는 경제생활관계에 적용함에 있어 예측가능성과 법적 안정성이 훼손되지 않는 범위 내에서 합목적적이고 탄력적으로 해석함으로써 조세법률주의의 형해화를 막고 실효성을 확보한다는 점에서 조세법률주의와 상호보완적이고 불가분적인 관계에 있다고 할 것이다. 실질과세의 원칙 중 구 국세기본법 제14조 제1항이 규정하고 있는 실질귀속자 과세의 원칙은 소득이나 수익, 재산, 거래 등의 과세대상에 관하여 귀속 명의와 달리 실질적으로 귀속되는 자가 따로 있는 경우에는 형식이나 외관을 이유로 귀속 명의자를 납세의무자로 삼을 것이 아니라 실질적으로 귀속되는 자를 납세의무자로 삼겠다는 것이고, 이러한 원칙은 구 지방세법 제82조에 의하여 지방세에 관한 법률관계에도 준용된다. 따라서 구 지방세법 제105조 제6항을 적용함에 있어서도, 당해 주식이나 지분에 관하여 명의자에 대한 지배권 등을 통하여 실질적으로 이를 지배·관리하는 자가 따로 있고, 그와 같은 명의와 실질의 괴리가 위 규정의 적용을 회피할 목적에서 비롯된 경우에는, 당해 주식이나 지분은 실질적으로 이를 지배·관리하는 자에게 귀속된 것으로 보아 그를 납세의무자로 삼아야 할 것이다. 그리고 그 경우에 해당하는지는 제반 사정을 종합적으로 고려하여 판단하여야 한다.

2. 이 사건 자회사들의 설립목적과 그에 대한 원고의 지배관계 및 지배의 정도, 이 사건 주식 등의 취득 경위와 목적 등을 심리하여 실질적인 귀속관계를 밝히고 그에 따라 원고에 구 지방세법 제105조 제6항에 따른 취득세 납부의무가 있는지를 판단하였어야 함에도, 이러한 조치 없이 주식 등을 취득한 형식과 외관에만 치중하여 원고에 취득세 납부의무가 없다고 단정한 원심판결에 실질과세의 원칙에 관한 법리오해 등의 위법이 있다.

【해설】

Ⅰ. 들어가는 말

대상판결의 쟁점은, 이 사건 주식 등은 이 사건 자회사들이 취득하였음에도 불구하고 실질과세의 원칙에 의하여 이 사건 자회사들을 실질적으로 지배·관리하고 있는 원고를 이 사건 주식등의 취득에 관한 구 지방세법상 간주취득세 납세의무자로 삼을 수 있는지 여부이다.

Ⅱ. 실질과세 원칙의 적용 범위

1. 의의

구 국세기본법 제14조 제1항은 소득·수익·재산·행위 또는 거래의 귀속이 명의일 뿐이고 사실상 귀속되는 자가 따로 있는 때에는 사실상 귀속되는 자를 납세의무자로 하여 세법을 적용한다라고 규정하고 있다. 종래 판례는 조세법률주의와의 마찰을 피하기 위하여 가장행위가 아닌 한 실질과세의 원칙의 적용에 관하여 소극적인 태도를 취하였다(대법원 2011. 4. 28. 선고 2010두3961 판결). 그런데 대상판결에서는 민법상 가장행위에 이르지 않은 경우에도 명목회사를 통한 조세회피의 목적이 인정되는 국제거래에 관하여 실질과세의 원칙이 적용되는지 여부가 문제된다.

2. 1심 및 원심의 판단

1심(서울행정법원 2007. 10. 31. 선고 2007구합4988 판결)과 원심(서울고등법원 2008. 4. 24. 선고 2007누32169 판결)은 법인에게 독자적인 권리능력을 부여한 우리 법제 하에서 법인격 자체가 부인되지 않는 한, 이 사건 자회사들의 이 사건 주식 등 취득으로 인한 경제적인 효과를 모회사인 원고가 받게 된다는 이유만으로 원고와 이 사건 자회사들의 법률관계 형성에 관한 의사를 무시하고 원고를 과점주주로 보는 것은 실질과세의 원칙의 본질에 어긋난 것이라고 봄이 상당하므로, 명문의 규정이 없이 실질과세의 원칙만을 근거로 원고를 내국법인 D, E의 과점주주로 볼 수 없다고 판단하였다.

3. 대법원의 판단

대법원은 구 국세기본법상 실질과세의 원칙은 조세법률주의와 대립관계에 있는 것이 아니라 조세법률주의와 상호보완적이고 불가분적인 관계에 있다고 할 것이고, 구 국세기본법 제14조 제1항이 규정하고 있는 실질귀속자 과세의 원칙은 소득, 재산 등에 관하여 귀속 명의와 달리 실질적으로 귀속되는 자가 따로 있는 경우 그 귀속 명의자가 아닌 실질적으로 귀속되는 자를 납세의무자로 삼겠다는 것이므로, 구 지방세법 제105조 제6항을 적용함에 있어서도 당해 주식 등의 귀속 명의자는 이를 지배·관리할 능력이 없고 실질적으로 이를 지배·관리하는 자가 따로 있으며, 그와 같은 명의와 실질의 괴리가 위 규정의 적용을 회피할 목적에서 비롯된 경우 당해 주식 등은 실질적으로 이를 지배·관리하는 자에게 귀속된 것으로 보아 그를 납세의무자로 삼아야 한다고 판시하면서, 대상판결 사안의 경우 제반 사정을 고려하면 이 사건 주식 등을 원고가 직접 취득하지 않고 이 사건 자회사들 명의로 분산하여 취득하면서 이 사건 주식 등의 취득 자체로는 과점주주의 요건에 미달하도록 구성한 것은 오로지 구 지방세법 제105조 제6항에 의한 취득세 납세의무를 회피하기 위한 것이라고 보기에 충분하므로 원고가 이 사건 주식 등의 실질적 귀속자로서 이 사건 주식 등의 취득에 관하여 구 지방세법 제105조 제6항에 의한 취득세 납세의무를 부담한다고 볼 여지가 상당하다고 판단하였다.

III. 대상판결의 의의

대상판결은 구 국세기본법상 실질과세의 원칙은 조세법률주의와 대립관계에 있는 것이 아니라 상호보완적이고 불가분적인 관계에 있다고 할 것이므로, 민법상 가장행위에 이르지 않은 사법상 유효한 거래행위인 경우에도 소득이나 수익, 재산, 거래 등의 귀속자의 명의와 실질의 괴리가 조세를 회피할 목적에서 비롯된 경우에 대해서는 실질과세의 원칙을 적용하여 소득이나 수익, 재산, 거래 등의 과세대상의 실질귀속자를 납세의무자로 삼을 수 있음을 판시함으로써 실질과세의 원칙에 관한 기본법리를 정리한 판결이다.

나아가 대상판결은 모회사인 외국법인이 외국 소재 명목회사인 자회사를 통해 국내에 있는 재산을 취득함으로써 조세회피를 시도하는 경우에도 실질과세의 원칙에 의하여 자회사인 명목회사가 아닌 모회사인 외국법인에 해당 재산이 귀속된 것으로 보아 모회사인 외국법인을 납세의무자로 삼을 수 있다고 판시함으로써 외국법인이 거래당사자인 국제거래에 있어서도 실질과세의 원칙이 적용된다는 점을 분명히 함으로써 유사한 후속 국제조세 사건들에 영향을 미쳤고, 이후 대법원은 대상판결의 법리를 근거로 조세조약에서도 실질과세의 원칙이 적용된다는 점을 선언하였다(대법원 2012. 4. 26. 선고 2010두11948 판결).

〔참고문헌〕강석규, 간주취득세와 실질과세의 원칙, 대법원판례해설 제92호, 법원도서관, 2012.
이정원, 실질과세원칙에 따른 거래의 재구성, 대법원판례해설 제111호, 법원도서관, 2017.

[필자: 법무법인 태평양 변호사 박창수]

[8] 외국의 법인격 없는 사단·재단 기타 단체의 국내원천소득에 관한 과세방법

【대상판결】 대법원 2012. 1. 27. 선고 2010두5950 판결

【사실관계】 론스타펀드ⅲ는 2000. 7. 설정된 사모펀드(private equity fund)로, ① 원고인 론스타펀드ⅲ(U.S.) LP, ② 론스타펀드ⅲ(버뮤다) LP, ③ 론스타 파트너스 코리아 LTD(버뮤다)로 구성되어 있고, 원고는 미국 델라웨어주 법률에 의하여 설립된 유한 파트너십으로 미국의 투자자들이 파트너로서 투자한 파트너십이다.

론스타펀드ⅲ는 한국 내의 부동산에 투자할 목적으로 공동으로 자금을 출연하여 상위 지주회사를 설립하고, 이를 통하여 벨기에 법률에 의하여 벨기에 법인 Star Holdings SCA(이하 'SH')를 설립하였다. SH는 주식회사 스타타워(이하 '스타타워')의 주식 전부를 인수한 다음, 스타타워는 서울 강남구 소재 스타타워빌딩을 매수하였다. 그 후 SH는 2004. 12. 28. 스타타워 주식 전부(이하 '이 사건 주식')를 싱가폴투자청 산하 두 개 법인 법인에 각 50%씩 나누어 매각하여 양도차익 245,066,185,237원(취득가액 100,049,015,095원, 양도가액351,091,149,508원, 양도비 5,975,949,178원)을 얻었다.

SH는 벨기에의 거주자로서 한·벨 조세조약 제13조에 주식양도로 인한 소득은 양도인의 거주지국에서만 과세되도록 규정되어 있다는 이유로 과세당국에 이 사건 주식의 양도소득을 신고하지 않았다.

이에 대하여 피고는 2005. 12. 15. SH는 실질적인 소득, 자산의 지배와 관리권이 없이 조세회피목적을 위해 설립된 도관회사(conduit company)에 불과하여 이

사건 주식의 양도소득에 관하여는 한·벨 조세조약이 적용되지 않고 그 양도소득은 원고를 포함한 론스타펀드ⅲ에게 실질적으로 귀속된다면서, 미국 거주자인 원고에 대하여 한·미 조세조약과 소득세법 제119조 제9호, 소득세법 시행령 제158조 제1항 제1호 등에 따라 양도소득세 61,365,637,480원(본세 52,928,788,580원, 가산세 8,436,848,900원)을 부과하는 이 사건 처분을 하였고, 그 밖에 론스타펀드ⅲ의 나머지 구성원에 대하여도 그 지분비율에 따른 소득세와 법인세를 각 부과하였다.

【판결요지】 외국의 법인격 없는 사단·재단 기타 단체가 구 소득세법(2006. 12. 30. 법률 제8144호로 개정되기 전의 것) 제119조 제8호 내지 제10호의 국내원천소득을 얻어 이를 구성원인 개인들에게 분배하는 영리단체에 해당하는 경우, 법인세법상 외국법인으로 볼 수 있다면 그 단체를 납세의무자로 하여 국내원천소득에 대하여 법인세를 과세하여야 하고, 법인세법상 외국법인으로 볼 수 없다면 거주자의 경우와 동일하게 단체의 구성원들을 납세의무자로 하여 그들 각자에게 분배되는 소득금액에 대하여 소득세를 과세하여야 한다. 그리고 여기서 그 단체를 외국법인으로 볼 수 있는 지에 관하여는 법인세법상 외국법인의 구체적 요건에 관하여 본점 또는 주사무소의 소재지 외에 별다른 규정이 없는 이상 단체가 설립된 국가의 법령 내용과 단체의 실질에 비추어 우리나라의 사법(私法)상 단체의 구성원으로부터 독립된 별개의 권리·의무의 귀속주체로 볼 수 있는 지에 따라 판단하여야 할 것이다.

【해설】

Ⅰ. 들어가는 말

국내에 진출한 외국계 자본은 국내의 회사나 자산을 인수하고 처분하는 과정에서 부동산양도소득 및 배당소득에 관하여 소득의 원천지국인 우리나라에서의 과세를 피하고 낮은 세율을 적용받기 위하여 네덜란드나 벨기에 등에 도관회사를 설립하고, 그 도관회사를 이용하여 주식이나 자산을 매수하는 거래구조를 많이 사용하였다.

대상판결 사안에서 론스타펀드 iii 는 스타타워 지분의 인수 및 매각 과정에서 얻은 부동산양도소득에 대한 우리나라에서의 과세를 피하려는 목적으로, 거주지국 과세원칙을 규정한 한·벨 조세조약을 이용하기 위하여 벨기에 법인인 SH를 설립하고, SH를 통하여 스타타워 주식을 인수하였다.

대상판결 사안에서는 위와 같은 거래구조에서 한·벨 조세조약에도 불구하고 최종적으로 소득이 귀속되는 원고에 대하여 과세할 수 있는지 여부가 쟁점이 되었고, 대상판결에서는 외국의 법인격 없는 사단·재단 기타 단체의 국내원천소득에 관한 과세방법(쟁점 ①) 및 외국의 단체가 외국법인인지 여부에 관한 판단기준(쟁점 ②)에 관한 판단이 이루어졌다.

II. 원심의 판단

원고는 주위적으로 이 사건 주식 양도소득의 실질귀속자는 벨기에 법인이자 거주자인 SH이므로 한·벨 조세조약에 따라 우리나라에는 과세권이 없다고 주장하였다. 그리고 예비적으로 설령 원고가 이 사건 주식 양도소득의 실질적 귀속자에 해당하더라도, (i) 한·미 조세조약 제16조에 따라 주식 양도소득에 대한 과세권은 원고의 거주지국인 미국에 있으므로 우리나라에는 이 사건 주식 양도소득에 대한 과세권이 없고, (ii) 소득세법은 '법인으로 보지 않는 단체'를 '거주자'로 보도록 규정하고 있어, 거주자의 경우 개인과 법인 아닌 단체 모두가 소득세 납세의무자가 되지만, 비거주자의 경우에는 개인만이 소득세 납세의무자가 되므로, 비거주자로서 개인이 아닌 원고는 소득세 납세의무자가 될 수 없다고 주장하였다.

원심은 소득의 실질적 귀속자가 누구인지 여부에 관하여는 실질과세의 원칙에 따라 판단할 수 있다는 이유로 원고의 주위적 주장을 배척하였다. 그리고 원고의 예비적 주장 (i)에 대해서는 한·미 과세당국 간의 2001. 4. 6.자 상호합의에 의하여 부동산 과다보유 법인의 주식 양도소득에 대하여는 부동산 소재지국이 과세권을 행사한다는 점이 합의된 것이라는 이유로 원고의 주장을 배척하였다.

반면, 원고의 예비적 주장 (ii)에 대하여는 비거주자의 경우 개인만이 소득세 납세의무자가 되고 개인이 아닌 단체가 소득세법상 납세의무자가 되는 없는데,

원고는 외국법인에 해당하므로 소득세 납세의무자는 될 수 없고, 법인세 납세의무자에 해당한다는 이유로 원고의 주장을 받아들였다.

Ⅲ. 대법원의 판단

1. 외국의 법인격 없는 사단·재단 기타 단체의 국내원천소득에 관한 과세방법(쟁점 ①)

대법원은 외국의 법인격 없는 사단·재단 기타 단체가 국내원천소득을 얻어 이를 구성원인 개인들에게 분배하는 영리단체에 해당하는 경우, 법인세법상 외국법인으로 볼 수 있다면 그 단체를 납세의무자로 하여 국내원천소득에 대하여 법인세를 과세하여야 하고, 법인세법상 외국법인으로 볼 수 없다면 거주자의 경우와 동일하게 단체의 구성원들을 납세의무자로 하여 그들 각자에게 분배되는 소득금액에 대하여 소득세를 과세하여야 한다고 판단하였다.

2. 외국의 단체가 외국법인인지 여부에 관한 판단기준(쟁점 ②)

대법원은 외국의 단체를 외국법인으로 볼 수 있는지 여부에 관하여는, 법인세법상 외국법인의 구체적 요건에 관하여 본점 또는 주사무소의 소재지 외에 별다른 규정이 없는 이상 단체가 설립된 국가의 법령 내용과 단체의 실질에 비추어 우리나라의 사법(私法)상 단체의 구성원으로부터 독립된 별개의 권리·의무의 귀속주체로 볼 수 있는지 여부에 따라 판단하여야 한다고 보았다.

그리고 대법원은 위와 같은 판단기준을 전제로, 원고는 고유한 투자목적을 가지고 자금을 운용하면서 구성원들과는 별개의 재산을 보유하고 고유의 사업활동을 하는 영리 목적의 단체로서 구성원의 개성이 강하게 드러나는 인적 결합체라기보다는 구성원들과는 별개로 권리·의무의 주체가 될 수 있는 독자적 존재로서의 성격을 가지고 있으므로 우리 법인세법상 외국법인으로 보아 이 사건 양도소득에 대하여 법인세를 과세하여야 하고, 가사 원고를 외국법인으로 볼 수 없다고 하더라도 원고는 개인이 아닌 영리단체로서 그 구성원들에게 약정에 따라 이익을 분배하므로 원고 자체를 하나의 비거주자나 거주자로 보아 이 사건 양도소득에 대하여 소득세를 과세할 수는 없다고 판단하였다.

Ⅳ. 대상판결의 의의

대상판결은 실질과세의 원칙을 적용하여 소득의 실질적 귀속자를 판단한다는 점을 확인하였고, 여기에서 더 나아가 외국의 법인격 없는 사단·재단 기타 단체의 국내원천소득에 관한 과세방법 및 외국의 단체가 외국법인인지 여부에 관한 판단기준을 명확하게 제시하였다는 데에 의의가 있다.

대상판결에서 원고가 승소하였으나, 그 판시내용은 원고에게 소득세를 과세할 수 없지만 법인세는 과세할 수 있다는 취지여서, 실질적으로는 원고가 승소한 것이라고 보기 어렵다. 실제 과세관청은 대상판결 선고 이후 원고가 얻은 양도소득에 대하여 법인세 부과처분을 하였고, 그 법인세 부과처분의 위법 여부가 다투어진 대법원 2016. 12. 15. 선고 2015두2611 판결에서는 원고가 패소하였다. 위 판결의 구체적인 내용은 해당 판결에 관한 평석을 참고하기 바란다.

[필자: 법무법인 화우 변호사, 공인회계사 허시원]

[9] 조세조약의 해석에 실질과세원칙을 적용할 수 있는지 여부 및 조세조약상 무차별원칙의 적용을 위한 전제 조건

【대상판결】 대법원 2012. 4. 26. 선고 2010두11948 판결

【사실관계】 원고들은 아시아 태평양 지역에서의 부동산 투자를 목적으로 설립된 영국법인으로, 한국 내 부동산에 투자할 목적으로 자금을 출연하여 룩셈부르크 법인인 A사를 설립하고, A사를 통해 벨기에 법인인 B사를 설립하였다. B사는 자산유동화에 관한 법률에 따른 국내 특수목적법인인 C사의 주식 전부(이하 '이 사건 주식')를 인수하고, C사를 통해 토지 및 그 지상의 K빌딩을 매수하여 보유하던 중 이 사건 주식을 영국법인인 D사에 매각하여 주식양도차익을 얻었으나, D사는 한·벨 조세조약 제13조에서 주식양도로 인한 소득은 양도인의 거주지국에서만 과세하도록 규정하고 있다는 이유로 벨기에 법인인 B사가 취득한 위 주식양도차익에 대해 원천징수를 하지 않았다. 이에 대해 피고는 B사가 소득 및 자산에 대한 실질적인 지배·관리권한이 없는 조세회피목적을 위해 설립된 도관회사(conduit company)에 불과하므로 위 주식양도차익에 대하여 한·벨 조세조약이 적용되지 않는다고 판단하였고, 위 주식양도차익이 실질적으로 귀속되는 원고들에 대하여 법인세를 부과하는 처분(이하 '이 사건 처분')을 하였다.

【판결요지】 1. 구 국세기본법(2007. 12. 31. 법률 제8830호로 개정되기 전의 것, 이하 같다) 제14조 제1항에서 규정하는 실질과세의 원칙은 소득이나 수익, 재산, 거래

등의 과세대상에 관하여 귀속 명의와 달리 실질적으로 귀속되는 자가 따로 있는 경우에는 형식이나 외관을 이유로 귀속 명의자를 납세의무자로 삼을 것이 아니라 실질적으로 귀속되는 자를 납세의무자로 삼겠다는 것이므로, 재산의 귀속 명의자는 이를 지배·관리할 능력이 없고, 명의자에 대한 지배권 등을 통하여 실질적으로 이를 지배·관리하는 자가 따로 있으며, 그와 같은 명의와 실질의 괴리가 조세를 회피할 목적에서 비롯된 경우에는 그 재산에 관한 소득은 재산을 실질적으로 지배·관리하는 자에게 귀속된 것으로 보아 그를 납세의무자로 삼아야 할 것이고, 이러한 원칙은 법률과 같은 효력을 가지는 조세조약의 해석과 적용에 있어서도 이를 배제하는 특별한 규정이 없는 한 그대로 적용된다고 할 것이다.

2. 영국의 유한 파트너십(limited partnership)인 원고들이 벨기에 법인을 통해 국내 부동산에 투자하여 양도소득이 발생하였는데 과세관청이 甲 등을 양도소득의 귀속자로 보아 구 법인세법(2008. 12. 26. 법률 제9267호로 개정되기 전의 것) 제93조 제7호 등에 따라 법인세 부과처분을 한 사안에서, 조세조약상 무차별원칙이란 과세를 함에 있어 국적에 근거한 차별이 금지되며 상호주의에 따라 일방 체약국 국민은 다른 국가에서 같은 상황에 처한 다른 국가의 국민보다 더 불리한 대우를 받지 않는다는 것으로서, 이 원칙이 적용되기 위해서는 일방 체약국 내에서 국민과 외국인이 동일한 상황 하에 있어야 한다는 점이 충족되어야 한다고 전제한 다음, 벨기에 법인 등과 같이 조세조약의 남용을 통하여 한국 내 원천소득에 관한 조세회피를 목적으로 하는 법인들과 그와 같은 조세회피의 목적 없이 소득의 귀속자로서 과세의 대상이 되는 국내의 자산유동화회사는 동일한 상황 하에 놓여 있다고 볼 수 없으므로, 벨기에 법인 등을 양도소득의 귀속자로 보지 아니하고 원고들을 실질적 귀속자로 본다고 해서 조세조약상 무차별원칙에 반한다고 할 수 없다고 본 원심판단을 수긍한 사례.

【해설】

Ⅰ. 들어가는 말

대상판결의 쟁점은 구 국세기본법 제14조 제1항에서 정한 실질과세원칙을 법률과 같은 효력을 갖는 조세조약의 해석과 적용에도 그대로 적용할 것인지 여부

(쟁점 ①) 및 이 사건 주식 양도소득의 실질귀속자를 원고들로 보는 경우 한·벨 조세조약에 따른 무차별원칙에 반하는지 여부(쟁점 ②) 등이다. 이외에도 구 법인세법 시행령(2006. 2. 9. 대통령령 제19328호로 개정되기 전의 것) 제132조 제10항 제2호가 모법의 위임범위를 벗어나 무효인지 여부도 쟁점이 되었으나 국제 조세와 직접 관련된 쟁점이 아니므로 여기서는 소개하지 않기로 한다.

Ⅱ. 구 국세기본법 제14조 제1항에서 정한 실질과세원칙을 법률과 같은 효력을 갖는 조세조약의 해석과 적용에도 그대로 적용할 것인지 여부(쟁점 ①)

1. 의의

헌법 제6조 제1항은 "헌법에 의하여 체결·공포된 조약과 일반적으로 승인된 국제법규는 국내법과 같은 효력을 갖는다"고 규정하고 있으므로, 국회의 동의를 얻어 체결된 조세조약은 법률에 준하는 효력을 가지게 되고, 조세조약에서 규율하고 있는 법률관계에 있어서는 특별법의 지위에 있는 조세조약이 국내법보다 우선하여 적용된다고 할 것이다. 이러한 상황에서 한·벨 조세조약 제13조 소정의 '양도자'의 의미를 정함에 있어 실질과세원칙에 관한 국내법인 구 국세기본법 제14조 제1항의 규정을 적용하는 것이 가능한 것인지 문제되었다.

2. 대상판결의 판단

대상판결은 조세평등주의의 파생원칙인 실질과세원칙에 대하여 조세법의 해석·적용 등에 관한 일반원칙의 하나일 뿐만 아니라, 국세기본법 제14조가 이를 명문으로 규정하지 않더라도 헌법원칙으로서 실질과세원칙의 존재를 부정할 수 없는 것이므로, 조세법규의 해석과 관련하여 실질과세원칙을 적용한다고 하여 이를 두고 엄격해석의 원칙에 반하는 것이라고 할 수 없다고 하면서 국내법률상의 일반규정에 해당하는 실질과세원칙이 조세조약에 적용될 수 있다고 판시하였다. 대상판결은 이와 같은 전제에서 실질과세원칙을 적용하여 한·벨 조세조약 제13조 소정의 '양도자'의 의미를 해석함으로써 벨기에 법인인 B사가 아닌 영국 법인인 원고들을 이 사건 주식에 대한 양도소득세 납세의무자로 본 이 사건 처분을 적법한 것으로 판단하였다. 한편, 대상판결의 원심은 OECD 모델조세협약의 주석사항에 법적 구속력이 인정되지 않더라도 OECD 국가 간 조세조약의 올바른 해석을 위한 국제적 기준으로서 국내법상의 실질과세원칙 등과 관련한 OECD 국가 간 조약 해석에 있어서 하나의 참고자료로 삼을 수 있다고 판시하기도 하였다.

Ⅲ. 이 사건 주식 양도소득의 실질귀속자를 원고들로 보는 경우 한·벨 조세조약에 따른 무차별원칙에 반하는지 여부(쟁점 ②)

1. 의의

무차별원칙은 상호주의에 따라 조세조약 타방체약국의 국민 또는 거주자에 대하여 동일한 요건하의 자국 국민 또는 거주자보다 불리한 조건으로 조세를 부담시켜서는 안 된다는 원칙으로, 이 사건에서 문제된 한·벨 조세조약 역시 제23조를 통해 무차별원칙을 규정하고 있다. 이 사건에서는 조세회피목적이 없이 소득의 귀속자로서 과세의 대상이 되는 국내 자산유동화회사와 벨기에 법인인 B사가 동일한 상황에 놓인 것으로서 B사가 아닌 영국 법인인 원고들을 이 사건 주식 양도소득의 실질적 귀속자로 간주하는 것이 조세조약상 무차별원칙에 반하는 것인지 여부가 문제되었다.

2. 대상판결의 판단

대상판결은 조세조약상 무차별원칙은 국적에 근거한 세무상 차별을 금지하는 것으로서 상호주의에 따라 한 체약국 국민은 다른 체약국에서 같은 상황에 처한 다른 국가 국민보다 더 불리한 대우를 받지 않는다는 원칙으로, 무차별원칙이 적용되기 위해서는 일방 체약국 내에서 국민과 외국인이 동일한 상황 하에 있어야 한다는 점이 충족되어야 한다고 판시하였다. 대상판결은 이와 같은 전제에서 원고들 내지 벨기에 법인들과 같이 조세조약의 남용을 통해 한국 내 원천소득에 관한 조세회피가 가능한 외국법인들과 이러한 국내원천소득이 직접적으로 귀속되는 국내 자산유동화회사는 그 자체로 동일한 상황 하에 놓여 있는 것으로 볼 수 없다는 이유로 이 사건 처분이 무차별원칙에 위반된다는 원고들의 주장을 배척하였다.

Ⅳ. 대상판결의 의의

대상판결은 국세기본법상 실질과세원칙이 조세조약의 해석에도 적용될 수 있음을 명시한 최초의 판결로서, 실질과세원칙이 헌법상의 조세평등주의 원칙에서 파생되었다는 점에 착안하여 조세조약의 특별법적 지위에서 발생하는 문제를 법리적으로 해결하였다. 또한 대상판결에서 별도로 언급하지는 아니하였으나, OECD 모델조세협약의 법적 구속력이 인정되지 않더라도 조세조약의 해석을 위한 기준으로 참고할 수 있다는 점을 언급한 원심 역시 향후 조세조약의 해석에 관한 하나의 기준을 마련한 것으로 평가할 수 있겠다.

[필자: 법무법인 화우 변호사 정일영]

[10] 정상가격 산출 관련 다년도 자료의 사용 방법에 대한 판단

【대상판결】 대법원 2012. 5. 24. 선고 2012두1969 판결

【사실관계】 원고는 신부전증 관련 의료기기를 판매하는 독일회사가 100% 출자하여 한국에 설립한 법인으로, 독일, 홍콩, 일본 등에 소재한 국외 특수관계인으로부터 혈액투석기기와 관련된 소모품(필터, 투석액)을 수입하여 국내의 의약품 도매상 및 병의원에 판매한다. 피고는 2003사업연도부터 2006사업연도에 대해 7개의 비교대상기업들을 선정한 뒤 원고와의 자산 및 환율 변동에 대한 차이를 조정한 영업이익률(이하 "조정 후 영업이익률")을 기초로 정상가격범위를 산정하고 이를 원고의 영업이익률과 연도별로 비교하였다. 분석 결과, 원고의 2003사업연도 영업이익률이 정상가격범위를 하회하여, 피고는 약 23억원의 이전가격 조정금액을 익금산입하고, 이에 따른 법인세를 부과(이하 "이 사건 처분")하였다.

【판결요지】 1. 원심은 과세관청이 거래순이익률방법에 따라 정상가격을 산정함에 있어 다년간의 자료를 검토할 것이라는 공적인 견해를 표명하였거나, 이에 대한 원고의 신뢰가 형성되었다고 볼 수 없고, 2010년 12월 개정된 국제조세조정법 및 같은 법 시행령은 다년도의 이익률을 통산 혹은 평균하여 과세표준 및 세액을 계산하여야 한다는 내용이 아니며, 개정된 법 및 시행령은 이후 개시되는 사업연도부터 적용되므로, 이 사건 처분에 대해서는 적용될 수 없다고 판단하였는데, 원심이 위와 같은 이유로 이 사건 처분이 신의성실의 원칙이나 신법의 적용

에 대한 법리를 오해한 잘못이 없다. 2. 거래순이익률방법을 적용함에 있어 다년
간의 이익률을 통산 내지 평균하여 여러 사업연도의 과세표준 및 세액을 산정하
여야 한다는 규정이 없다는 점, OECD 이전가격지침 등에 법적 효력이 있다고
볼 수 없다는 점, 원고가 2003사업연도 중 다른 사업연도와 달리 사업여건 등에
관하여 비교대상기업들과 이익률을 비교할 수 없을 정도의 특별한 단기적 사정
이 발생하였다고 볼 만한 자료가 없다는 점을 비춰보았을 때 원심의 판단은 정
당한 것으로 수긍이 간다.

【해설】

Ⅰ. 들어가는 말

OECD 이전가격지침에 따르면 특수관계인과의 거래를 둘러싼 여건과 사실의
이해를 돕고, 사업종류, 제품주기, 사업주기, 경제적 여건 등이 손익에 영향을 미
칠 수 있으므로, 다년도 자료를 사용하는 것이 유용하다고 명시하고 있다. 현 국
제조세조정법 시행령도 정상가격 산출방법을 적용할 때 경제적 여건이나 사업전
략 등의 영향이 여러 해에 걸쳐 발생함으로써 해당 사업연도의 자료만으로 가
격, 이윤 또는 거래순이익을 산출하는 것이 합리적이지 않을 경우 여러 사업연
도의 자료를 사용할 수 있다고 규정하고 있다(국제조세조정법 시행령 제15조 제3
항). 그러나, 이 사건 처분 당시에는 동 시행령이 반영되기 전이다.

원고의 주된 주장은 OECD 이전가격지침, 미국세법 시행령, 국세청 지침 등을
토대로 여러 사업연도의 재무자료를 통산 혹은 평균하여 과세표준 및 세액을 산
출하여야 하는 것이 합리적이며, 원고의 2003사업연도와 2004 - 2005사업연도를
통산하여 영업이익률을 계산할 경우, 2003사업연도의 증액조정분이 이후 사업연
도의 조정금액과 상쇄되어 이전가격 조정이 발생하지 않으므로, 이를 고려하지
않은 이 사건 처분은 위법하다는 것이다.

대상판결의 쟁점은 정상가격을 산출함에 있어 피고가 이전가격 조정금액을 산
정하는데 있어 분석대상기업과 분석대상기업들의 다년간의 이익률을 고려하여
비교하지 않는 것이 신의성실의 원칙이나 신법의 적용에 관한 법리에 반하는지
여부(쟁점 ①)와 원고와 비교대상기업들의 다년간 이익률을 고려하여 정상가격을

산정하지 않은 것이 위법한지 여부(쟁점 ②)이다.

II. 다년간의 이익률을 평균하여 비교하지 않는 것이 신의성실의 원칙 이나 신법의 적용에 관한 법리에 반하는지 여부(쟁점 ①)

1. 의의

국세청에서는 '이전가격 과세제도 해설', '우리나라의 이전가격 과세제도와 그 집행방향' 등을 통해 다년간 자료를 검토할 필요성에 대해 언급하였는데, 피고가 다년간의 자료를 고려하지 않고 연도별 이익률을 검토하여 이전가격 조정을 실시한 이 사건 처분이 신의성실의 원칙에 반하는 것인지가 문제된다.

그리고, 이 사건 처분 이후, 개정된 구 국제조세조정법 제4조 제1항(2010. 12. 27. 법률 제10410호로 개정된 것)과 구 국제조세조정법 시행령 제6조 제9항(2010. 12. 30. 대통령령 제22574호로 개정된 것)을 이 사건 처분에 적용할 수 있는지에 대해서도 검토되었다.

2. 대법원의 태도

원심은 과세관청이 위 자료 등에서 다년도 자료를 검토할 필요가 있다고 설명하고 있으나, 거래순이익률방법을 적용할 때 반드시 다년간의 자료를 사용하도록 정하고 있지 않고, 해당 자료만으로 과세관청이 거래순이익률방법에 따라 정상가격을 산정함에 있어 다년간의 자료를 검토할 것이라는 내용의 공적인 견해를 표명하였거나, 이에 대한 원고의 신뢰가 형성되었다고 볼 수 없다고 판단하였다.

그리고, 원심은 당시 개정된 구 국제조세조정법 제4조 제1항은 정상가격 산출방법을 적용하여 둘 이상의 과세연도에 대해 정상가격을 산출하여 이를 기준으로 과세표준 및 세액을 결정 또는 경정하는 경우, 나머지 과세연도에 대해서도 동일한 정상가격을 기준을 적용하여야 한다는 것일 뿐 다년간의 이익률을 통산 내지 평균하여 여러 사업연도의 과세표준 및 세액을 산정하여야 한다는 것은 아니고, 구 국제조세조정법 제6조 제9항 역시 여러 사업연도의 자료를 사용할 수 있다고 규정할 뿐 다년간의 이익률을 통산 내지 평균하여 과세표준 및 세액을 산정한다는 것이 아닌 것으로 판단하였다. 또한, 당시 개정된 국제조세조정법 및 같은 법 시행령은 개정된 법 및 시행령 시행 후 최초로 개시되는 혹은 신고하는 사업연도부터 적용되므로 이 사건 처분에 적용할 수 없다고 하였다.

대법원은 원심의 그 판시와 같은 이유로 이 사건 처분이 신의성실의 원칙 내지 신뢰보호의 원칙에 반한다고 볼 수 없고, 개정된 국제조세조정법 및 같은 법 시행령이 이 사건 처분에 적용되지 않는다고 판단한 조치는 정당하다고 인정하였다.

Ⅲ. 원고와 비교대상기업들의 다년간 이익률을 고려하여 정상가격을 산정하지 않은 것이 위법한지 여부(쟁점 ②)

1. 의의

원고는 피고가 이전가격 조정금액을 산출함에 있어 원고와 비교대상기업들의 다년간 이익률을 함께 고려하여 통산 혹은 평균하여야 하나 피고가 연도별로 원고의 영업이익률을 정상가격범위에 비교한 것은 위법하다고 주장하며 문제를 제기하였다. 즉, 이전가격 조정금액의 계산 방법이 문제가 되었다.

2. 대법원의 태도

대법원은 본 쟁점에 대해서도 원심의 판단에 동의하였다. 원심은 구 국제조세조정법(2008. 2. 29. 법률 제8860호로 개정되기 전의 것) 및 같은 법 시행령(2004. 12. 31. 대통령령 제18628호로 개정되기 전의 것)에서 거래순이익률방법을 적용하여 정상가격을 산정함에 있어 거주자 등의 영업이익률에 관하여 다년간의 자료를 반영한다는 규정이 없고, OECD 이전가격지침에서 다년도의 자료를 검토하는 것이 유용하다고 설명하고 있으나 이는 권고적 지침일 뿐 법적 효력이 있다고 볼 수 없다고 판단하였다.

또한, 원심은 피고는 2003사업연도부터 2006사업연도까지 비교가능회사들의 각 영업이익률을 산정한 후 자산 및 환율에 대한 차이조정을 수행한 뒤 원고의 연도별 영업이익률과 비교해 2003사업연도에 대한 이전가격 조정금액을 산출하였다. 그리고, 원고가 전심 판결에 따라 2004사업연도의 법인세액이 감액 경정받았다는 사실이 인정되며, 2003사업연도 중 원고가 과거 사업연도와 달리 제품의 주기, 사업 여건 등이 변경되어 비교가능기업들과 비교할 수 없을 정도의 특별한 사정이 발생하였다고 볼만한 자료가 없다고 판단하였다. 따라서, 피고가 다년간 이익률을 통산 내지 평균하여 정상가격을 산정하지 않고, 기 적용한 방법으로 이전가격 조정금액을 산출한 것은 위법하지 않다고 보인다.

Ⅳ. 대상판결의 의의

다년도 자료의 사용은 정상가격 산출 시 분석대상법인과 비교대상기업들의 비교가능성을 높이기 위함으로, 실무적으로 산업주기 등을 고려하여 과거 3개년 혹은 5개년의 재무자료를 분석하는 경우가 있다. 그리고, 정상가격을 분석하는 데 있어 가용한 자료의 제한이 존재하므로, 가용한 자료를 토대로 비교대상기업들의 자본 혹은 환율 등에 따른 차이 조정을 실시하여 비교가능성을 최대한 향상시키고자 한다. 이런 점을 비춰보았을 때 피고는 비교가능성을 향상시키기 위한 노력을 한 것처럼 보여진다.

[필자: 법무법인 세종 미국회계사 장정문]

[11] 정상가격에 영향을 미치는 상황의 차이에 따른 비교가능성 판단 문제

【대상판결】 대법원 2012. 11. 29. 선고 2010두17595 판결

【사실관계】 외국법인 원고 A의 국내지점은 양수한 저당권부채권 등을 기초자산으로 하여 2000년에 만기 5년, 이자율 연 15%의 채권형 유동화증권(이하 '제1유동화증권'이라 한다)을 발행하였고 이는 원고 A의 국외특수관계인이 전부 인수하였다. 역시 외국법인 원고 B의 국내지점은 담보부채권 등을 기초자산으로 하여 2000년에 만기 7년, 이자율 연 17%의 채권형 유동화증권(이하 '제2유동화증권'이라 한다)을 발행하였고, 이는 원고 B의 국외특수관계인이 전부 인수하였다. 한편, 피고는 원고 A와 원고 B가 발행한 유동화증권(이하 '1, 2유동화증권 발행거래'라 한다)의 정상이자율 산출을 위하여 14개 국내 유동화전문회사가 공모방식으로 발행한 채권형 유동화증권의 발행이자율을 비교대상거래(이하 '이 사건 비교대상 유동화거래'라 한다)로 선정하고, 그 이자율을 기초로 이 사건 유동화거래와의 발행형식, 발행통화 등 거래 조건의 차이에 대한 조정을 거쳐 국제조세조정법(2008. 12. 26. 법률 제9266호로 개정되기 전의 것) 제5조 제1항 제1호에서 규정한 비교가능 제3자 가격방법에 의한 정상이자율 연 13.31%로 산정하였다. 피고는 이 사건 1, 2유동화증권 발행거래의 이자율이 국제조세조정법에서 규정하는 정상이자율을 초과한다고 보아, 원고 A와 원고 B가 국외특수관계인에게 지급한 1, 2유동화증권 발행거래에 대한 이자 중 정상이자율을 초과하는 부분에 대하여 법인세를 부과(이하 '이 사건 처분'이라 한다)하였다.

【판결요지】 원심은 위와 같은 사실관계를 토대로 하여, 1. 피고는 제1, 2유동화증권 발행거래와 이 사건 비교대상 유동화거래 사이의 발행형식(공모와 사모)의 차이에 관하여 AAA 등급인 일반 회사채의 공모발행 수익률과 사모발행 수익률의 차이를 이용하여 이 사건 비교대상 유동화거래의 이자율을 조정하였으나, AAA 등급인 일반 회사채와 제1, 2유동화증권 사이에는 신용등급이나 성질상의 차이가 있는 점, 2. 피고는 제1, 2유동화증권 발행거래와 이 사건 비교대상 유동화거래 사이의 발행통화의 차이에 관하여 이 사건 비교대상 유동화거래의 만기별 통화스왑거래가격과 국고채 만기수익률의 차이를 토대로 환위험을 회피하기 위한 헤지거래(hedge transaction)를 가정하였을 때의 비용을 추정하여 이 사건 비교대상 유동화거래의 이자율을 조정하였으나, 위와 같은 계산방식의 근거를 제시하지 않고 있는 점, 3. 피고는 제1, 2유동화증권 발행거래와 이 사건 비교대상 유동화거래 사이의 외부적 신용보강의 차이에 관하여 이 사건 비교대상 유동화거래의 주체인 14개 업체가 업무수탁자에게 지급한 수수료비용을 이자율(평균 0.01% ~ 0.2%)로 환산하여 이 사건 비교대상 유동화거래의 이자율을 조정하였으나, 위 수수료비용이 어떠한 계산방법에 의하여 이자율에 조정되었는지를 알기 어려울 뿐만 아니라, 이 사건 비교대상 유동화거래에서의 신용보강은 업무수탁자 외에 기초자산 양도인 등이 제공하는 경우도 있는데 이에 대한 분석이 없으며, 유동화증권의 손실위험 정도의 차이에 따라 업무수탁자에게 지급하는 수수료비용이 달라질 수 있음에도 이를 고려하지 아니한 것으로 보이는 점 등을 종합하여 보면, 제1, 2유동화증권 발행거래와 이 사건 비교대상 유동화거래 사이의 비교되는 상황의 차이는 정상이자율의 산정에 중대한 영향을 줄 뿐만 아니라, 피고가 정상이자율을 산정하면서 한 조정이 이러한 상황의 차이를 제거할 수 있는 합리적인 조정이었다고 보기 어려워 피고가 이 사건 비교대상 유동화거래를 기초로 산정한 연 13.31%의 이자율을 국제조세조정법 제4조, 제5조 제1항 제1호 등에서 규정한 정상가격(정상이자율)으로 볼 수 없다는 이유로 이 사건 각 처분은 위법하다고 판단하였다. 앞서 본 규정과 관련 법리 및 기록에 비추어 살펴보면, 원심의 위와 같은 판단은 정당한 것으로 수긍이 간다.

【해설】

Ⅰ. 들어가는 말

국제조세조정법에서는 과세당국에게 국외특수관계인과의 국제거래에 대하여 정상가격을 기준으로 과세조정을 할 수 있는 권한을 부여하고 있다(국제조세조정법 제4조 제1항). 이때 정상가격이란 특수관계가 없는 자와의 통상적인 거래에서 적용되는 가격을 의미하는데(국제조세조정법 제2조 제1항 제10호), 정상가격은 비교가능 제3자 가격방법, 재판매가격방법, 원가가산방법 혹은 기타 합리적이라고 인정되는 방법에 따라 산출된다(국제조세조정법 제5조 제1항). 또한 같은 법 시행령 제5조에서는 정상가격을 산출하는 때에는 특수관계가 있는 자간의 국제거래와 특수관계자가 없는 자간의 국제거래 사이에 비교가능성이 높을 것을 요구하고 있는데, 비교가능성이 높다는 것은 비교되는 상황 간의 차이가 비교되는 거래의 가격이나 순이익에 중대한 영향을 주지 않을 것을 의미한다(국제조세조정법 시행령 제5조 제1항 제1호 가목). 만약 비교되는 상황 간의 차이가 비교되는 가격이나 순이익에 중대한 영향을 주는 경우에는 동 영향에 의한 차이를 제거할 수 있는 합리적인 조정이 가능한 경우에 비교가능성이 높다고 할 수 있다(국제조세조정법 시행령 제5조 제1항 제1호 나목).

Ⅱ. 이 사건의 쟁점

피고는 제1, 2유동화증권 발행거래의 정상가격 여부를 판단하기 위한 정상가격 산출방법으로 비교가능 제3자 가격방법을 선정하였다. 원고들은 비교가능 제3자 가격방법 선정에 대해서는 다투고 있지 않으며, 피고가 비교가능 제3자 가격방법의 적용을 위하여 선정한 비교대상거래가 비교가능성이 없음을 주장하고 있다. 즉, 대상판결의 쟁점은 피고가 선정한 이 사건 비교대상 유동화거래가 비교가능성이 있는지, 비교되는 상황 간의 차이에 대하여 여러 조건들의 차이 조정을 거쳐 산정한 이자율이 정상이자율에 해당하는지 여부이다.

이자율 설정에는 금액, 만기, 신용도 등 다양한 요소가 영향을 미친다. 이 사건 당시의 국제조세조정법기본통칙 5－0…2에서도 이자의 정상가격을 계산함에 있어서는 원금의 크기, 채무의 만기, 채무의 보증 여부, 채무자의 신용정도 등 독립기업 간 이자 결정에 영향을 미치는 요소를 고려할 것을 규정하고 있다. 대상판결 사안의 경우, 피고는 제1, 2유동화증권 발행거래와 비교하여 ① 발행시기, ② 발행형식(사모와 공모), ③ 발행통화, ④ 자산가치 대비 대출비율(LTV), ⑤ 만기, ⑥ 신용보강 여부 등 거래 조건이 상이한 거래를 비교대상거래로 선정하면서 이 사건 제1, 2유동화증권 발행거래와 이 사건 비교대상 유동화거래 간의 이자율 차이를 조정하였다. 결국 대상판결에서는 피고가 차이 조정을 통해 산출한 이자율이 국제조세조정법 시행령 제5조 제1항 제1호 나목에 의한 합리적인 조정을 거쳐 비교가능성을 확보한 정상이자율에 해당하는지가 문제된다.

Ⅲ. 대법원의 태도

대상판결은 피고가 선정한 비교대상거래에 의한 정상이자율 산정의 적법여부에 대하여, 제1, 2유동화증권 발행거래와 이 사건 비교대상 유동화거래 사이의 비교되는 상황의 차이는 정상이자율의 산정에 중대한 영향을 줄 뿐만 아니라, 피고가 정상이자율을 산정하면서 한 조정이 이러한 상황의 차이를 제거할 수 있는 합리적인 조정이었다고 보기 어려워 이 사건 각 처분은 위법하다고 판단한 원심의 판결이 정당하다고 판시하고 있다. 유사한 시기에 다루어진 유동화증권 발행거래에 대한 유사 이전가격 사건에 대해서도 대법원은 분석대상거래와 비교되는 상황 간에 비교가능성 유무와 합리적인 차이조정 여부를 검토하고 과세당국이 선정한 비교대상거래의 비교가능성을 부정하였다(대법원 2012. 9. 13. 선고 2010두6137 판결, 대법원 2012. 11. 29. 선고 2010두7796 판결 외 다수). 다만 부동산 보유 목적으로 설립된 내국법인이 국외특수관계인에게 발행한 무담보 사채발행거래와 동 내국법인이 보유부동산을 담보로 한 은행 차입거래 간 비교가능성이 다투어진 사례에서는 대법원이 차이조정을 거친 정상이자율을 적정하다고 인정하였다(대법원 2011. 10. 13. 선고 2009두15357 판결).

Ⅳ. 대상판결의 의의

이전가격 과세제도는 분석대상거래와 비교대상거래 사이의 비교가능성을 찾고 비교대상거래를 기반으로 합리적인 정상가격을 산출하는 것이 핵심이다. 비교가능성의 유무와 산정된 정상가격의 합리성 확보는 개별적인 사실관계의 판단에 기인한다고 할 것이다. 대상판결을 통해 이전가격 과세제도에 있어 거래 사실상의 쟁점 파악의 중요성을 다시 한번 확인하고, 가격에 영향을 미치는 요소에 대한 구체적인 판단 사례를 살펴볼 수 있었다.

〔참고문헌〕김석환, 이전가격 금융거래에서의 정상이자율, 대법원 2012. 9. 13. 선고 2010두6137 판결 평석, 조세학술논집 제30권 제1호, 한국국제조세협회, 2014.

[필자: 법무법인 세종 세무사 노혜영]

[12] 정상가격 산출에 대한 증명책임 문제

【대상판결】 대법원 2012. 12. 26. 선고 2011두6127 판결

【사실관계】 원고들은 2002년부터 2004년 사이에 각각 제3자로부터 무담보부채권 등의 부실채권을 매수한 후 해당 부실채권을 기초자산으로 하여 주식형 증권과 유동화사채를 발행하였으며, 원고들과 특수관계에 있는 A는 원고들로부터 해당 유동화사채(이하 '이 사건 유동화사채'라고 한다)를 인수하였다. 원고들은 2005년과 2006년 동안 A에게 이 사건 유동화사채에 대한 이자를 지급하였는데, 피고들은 2007년 세무조사에서 국내 유동화증권들의 발행이자율을 기초로 산정한 이자율을 정상이자율로 보고 이를 초과하여 지급된 이자 부분을 이전소득금액으로 보아 법인세 부과처분(이하 '이 사건 처분'이라 한다)을 하였다.

【판결요지】 1. 원고들이 발행한 유동화사채와 비교대상 국내 유동화증권들 간의 비교상황의 차이는 정상이자율의 산정에 중대한 영향을 미치는데 그 본질적인 차이가 지나치게 커서 피고들이 정상이자율을 산정하면서 한 조정이 이러한 차이를 제거할 수 있는 합리적인 조정이었다고 보기 어려워 위법하다. 피고들의 정상이자율 산정이 합리적이라고 보기 어려운 이상, 독립된 사업자 간의 유동화증권 발행이자율이 신뢰할만한 수치로서 여러 개 존재하여 정상이자율의 범위를 구성하고 이 사건 유동화사채의 발행이자율이 그 범위 내에 들어 있다는 사정을 증명하여야 할 필요가 원고들에게 돌아간다고 보기 어렵다. 2. 비교가능 제3자

가격방법에서의 비교대상거래에는 특수관계가 없는 독립된 사업자 간의 거래 중 국내거래도 포함된다고 해석함이 타당하다. 피고들의 정상이자율 산정에 관한 위법이 존재함이 인정되어, 이 사건 처분도 결국 위법하여 취소되어야 할 것이다.

【해설】

I. 들어가는 말

과세관청은 거래당사자의 일방이 국외특수관계자인 국제거래에 있어서 그 거래가격이 정상가격에 미달하거나 초과하는 경우에는 정상가격을 기준으로 거주자의 과세표준 및 세액을 결정 또는 경정할 수 있다[구 국제조세조정법(2008. 12. 26. 법률 제9266호로 개정되기 전의 것) 제4조 제1항]. 정상가격은 비교가능 제3자 가격방법, 재판매가격방법, 원가가산방법, 대통령령으로 정하는 기타 합리적이라고 인정되는 방법 중 가장 합리적인 방법에 의하여 계산한 가격으로 한다(구 국제조세조정법 제5조 제1항).

정상가격 산출방법을 선택할 때는 특수관계가 있는 자 간의 국제거래와 특수관계가 없는 자 간의 거래 사이에 비교가능성이 높을 것 등을 고려하여야 하며, 여기에서 비교가능성이 높다는 것은 비교되는 상황 간의 차이가 비교되는 거래의 가격이나 순이익에 중대한 영향을 주지 아니하는 경우 또는 중대한 영향을 주는 경우에도 동 영향에 의한 차이를 제거할 수 있는 합리적 조정이 가능한 경우를 말한다[구 국제조세조정법 시행령(2004. 12. 31. 대통령령 제18628호로 개정되어 2010. 12. 30. 대통령령 제22574호로 개정되기 전의 것) 제5조 제1항 제1호]. 나아가 정상가격을 산출하는 경우에 당해 거래와 특수관계가 없는 자 간의 거래 사이에서 수행된 기능, 부담한 위험 또는 거래조건 등의 차이로 인하여 적용하는 가격·이윤 또는 거래순이익에 차이가 발생하는 때에는 그 가격·이윤 또는 거래순이익의 차이를 합리적으로 조정하여야 한다(구 국제조세조정법 시행령 제6조 제2항). 따라서 과세관청은 거주자의 국외특수관계거래에 대한 정상가격 산출방법을 선택하고, 정상가격을 산출할 때에는 해당 국외특수관계거래와 비교되는 거래(이하 '비교대상거래'라고 한다) 간의 차이에 합리적인 조정을 반영해야 한다.

대상판결의 쟁점은 거주자의 국외특수관계자와의 거래에 대하여 정상가격을 산출하는 방식 및 정상가격이 적법하게 산출되었다는 점에 대한 증명책임의 소재(쟁점 ①)와 비교가능 제3자 가격방법의 비교대상거래에 특수관계가 없는 독립된 사업자간의 거래 중 국내거래가 포함되는지 여부(쟁점 ②)이다.

Ⅱ. 국외특수관계거래의 정상가격 산출에 대한 증명책임(쟁점 ①)

1. 의의

대상판결은 원고들이 이 사건 유동화사채에 대한 이자 지급 거래에 관하여 국내 유동화증권들의 발행이자율을 기초로 산정한 이자율을 정상이자율로 보고 이를 초과하여 지급된 이자 부분을 기준으로 과세관청이 이 사건 처분을 하였으므로, 원칙적으로 정상가격 산출의 방식과 합리적인 조정 등의 적법한 정상가격 산출에 대해 증명할 책임을 부담한다는 점을 확인하였다. 그런데 과세관청이 합리적으로 수긍할 수 있을 정도로 정상이자율의 적법성을 입증하였다면, 당해 거래가격이 보다 합리적인 산출방법에 의하여 산출된 정상가격의 범위 내에 있다는 점에 관하여는 납세의무자가 증명해야 하는지가 문제된다.

2. 대법원의 태도

대법원은 과세관청이 거주자의 국외특수관계자와의 거래에 대하여 국제조세조정법 제4조 제1항을 적용하여 정상가격을 기준으로 과세처분을 하기 위해서는 납세의무자에 대한 자료제출 요구 등을 통하여 수집한 자료를 토대로 비교가능성 등을 고려하여 가장 합리적인 정상가격 산출방법을 선택하여야 하고, 비교되는 상황 간의 차이가 비교대상거래의 가격이나 순이익에 중대한 영향을 주는 경우에는 그 차이를 합리적으로 조정하여 정상가격을 산출하여야 하며, 과세처분의 기준이 된 정상가격이 이와 같은 과정을 거쳐 적법하게 산출되었다는 증명책임은 과세관청에 있다고 판시한 바 있다(대법원 2001. 10. 23. 선고 99두3423 판결 참조).

대상판결은 과세관청이 정상이자율을 산정하면서 한 조정이 발행형식, 만기, 신용보강 유무, 지급통화, 발행시기, 기초자산, 선순위 채권의 비율 등의 비교상황 차이를 제거할 수 있는 합리적인 조정이었다고 보기 어려워 위법하므로, 이 사건 유동화사채의 발행이자율이 정상이자율의 범위 내에 들어 있다는 사정을 증명하여야 할 필요가 납세의무자에게 돌아간다고 보기 어렵다고 판단한 원심 판결이 정당하다고 했다. 즉, 과세관청은 과세처분의 기준이 된 정상가격을 산출하는 방식 및 정상가격이 적법하게 산출되었다는 점에 대한 증명책임이 있으며, 과세관청의 정상가격 산정에 합리적인 조정이 반영되지 않았다면 납세의무자에게 증명책임이 전환되지 않는다고 해석할 수 있다.

Ⅲ. 비교가능 제3자 가격방법에 비교대상거래로서 국내거래의 포함 여부(쟁점 ②)

1. 의의

구 국제조세조정법 시행령(2004. 12. 31. 대통령령 제18628호로 개정되기 전의 것, 이하 '개정 전 국제조세조정법 시행령'이라 한다) 제5조 제1항 제1호는 "특수관계가 있는 자 간의 국제거래와 특수관계가 없는 자 간의 '국제거래' 사이에 비교가능성이 높을 것"이라고 규정하고 있었으나, 그 외에는 2004. 12. 31.을 전후하여 위에서 본 국제조세조정법령과 차이가 없다. 그리고 국제조세조정법 제5조 제1항 제1호는 비교가능 제3자 가격방법에서의 비교대상 거래를 '특수관계가 없는 독립된 사업자 간의 거래'로 규정하면서 이를 국제거래만으로 한정하고 있지 않다. 또한 개정 전 국제조세조정법 시행령 제5조 제1항 제1호는 가장 합리적인 정상가격 산출방법을 선택하기 위하여 구체적인 정상가격 산출과정에서 비교대상거래로 특수관계가 없는 자 간의 거래 중 국제거래를 선택할 경우에 고려해야 할 요소들을 예시적으로 규정한 것일 뿐 국내거래를 비교대상거래에서 배제하려는 취지는 아닌 것으로 해석할 수 있다.

2. 대법원의 태도

대법원은 2005. 1. 1. 국제조세조정법 시행령이 시행된 이후에는 물론 그 시행 전에도 비교가능 제3자 가격방법에서의 비교대상거래에는 특수관계가 없는 독립된 사업자 간의 거래 중 국내거래도 포함된다고 해석함이 타당하다고 판시하였다(대법원 2011. 10. 13. 선고 2009두15357 판결 등 참조). 따라서 특수관계가 없는 독립된 사업자 간의 거래가 국내거래일지라도 당해 국제거래와의 차이를 제거할 수 있는 합리적인 조정이 가능하다면 이를 비교대상거래에서 원천적으로 배제할 필요는 없다고 볼 수 있다.

다만, 대상판결은 원심이 개정 전 국제조세조정법 시행령이 시행되던 2004. 12. 31. 이전에는 비교가능 제3자 가격방법에서의 비교대상거래에 국내거래가 포함될 수 없었다는 전제에서 이 사건 유동화사채 이자 지급 거래에 관하여 국내거래를 비교대상거래로 선정하여 정상이자율을 산정한 위법이 있다고 판단한 것은 잘못되었다고 판시하였다.

Ⅳ. 대상판결의 의의

과세관청은 과세처분을 하기 위해 그 처분의 근거가 되는 정상가격을 산출하는 방식과 정상가격이 적법하게 산출되었다는 점에 대한 증명책임이 있으며, 과세관청의 정상가격 산정에 합리적인 조정이 반영되지 않았다면 납세의무자에게 증명책임이 전환되지 않는다고 할 것이다.

또한 비교가능 제3자 가격방법의 적용 시 거주자의 국외특수관계거래에 대한 정상가격 산출을 위한 합리적인 조정이 가능하다면 비교대상거래로서 국내거래도 포함할 수 있다.

[필자: 법무법인 율촌 미국회계사 김태형]

【대상판결】 대법원 2013. 4. 11. 선고 2011두3159 판결

【사실관계】 영국령 케이만 군도에 소재하는 A LP(45%출자, 이하 A), 미국 소재 B LLC(22%출자, 이하 B), 영국 소재 C PLC(33%출자, 이하 C)는 공동투자형식으로 룩셈부르크에 유한책임회사 D SARL(이하 D)를 설립한 다음, D를 통하여 2002. 7. 3. 네덜란드 법인 E BV(이하 E)를 설립하였다. E는 2002. 9. 호주법인인 F BV(이하 F)를 통해 내국법인인 원고의 주식을 매입하였다가 2004. 12. 15. 이를 국내 기관투자자에게 매각하였다. 그 사이 원고는 E에게 배당금(이하 '이 사건 배당소득')을 지급하였는데, E가 네덜란드 소재 법인이라는 이유로 한·네 조세조약 제10조의 제한세율 10%(주민세 포함)를 적용하여 이 사건 배당소득에 대한 원천징수분 법인세를 피고에게 납부하였다. 이에 피고는 E는 조세회피를 위하여 설립된 명목상의 회사에 불과하여 이 사건 배당소득의 실질적인 귀속자가 될 수 없고, 케이만 군도에 설립된 A 등이 그 실질적인 귀속자이므로 이 사건 배당소득과 관련하여서는 한·네 조세조약이 적용될 수 없다는 이유로 2008. 3. 원고에게 A 등의 등록기준지에 따라 이 사건 배당소득에 13.64~25%의 원천징수세율을 적용한 원천징수분 법인세를 추가로 납세고지하는 이 사건 처분을 하였다.

【판결요지】 구 국세기본법 제14조 제1항이 규정하는 실질과세의 원칙은 구 법인세법 제98조 제1항 제3호가 규정하는 국내원천배당소득에 대한 원천징수에도

그대로 적용되므로, 국내원천배당소득을 지급하는 자는 특별한 사정이 없는 한 그 소득에 관하여 귀속 명의와 달리 실질적으로 귀속되는 자가 따로 있는지를 조사하여 실질적인 귀속자를 기준으로 그 소득에 대한 법인세를 원천징수할 의무가 있다. 다만 국내원천배당소득을 지급하는 자는 조세수입의 조기확보와 조세징수의 효율성 도모 등의 공익적 요청에 따라 원천징수의무를 부담하는 반면, 질문검사권 등 세법이 과세관청에 부여한 각종 조사권한은 가지고 있지 아니한 점 등을 고려하면, 국내원천배당소득을 지급하는 자가 거래 또는 소득금액의 지급과정에서 성실하게 조사하여 확보한 자료 등을 통해서도 그 소득의 실질적인 귀속자가 따로 있다는 사실을 알 수 없었던 경우까지 실질적인 귀속자를 기준으로 그 소득에 대한 법인세를 원천징수할 의무가 있다고 볼 수는 없다. 원심은, 원고가 이 사건 배당소득의 실질적인 귀속자가 A 등임을 알고 있었다고 보이므로, 원고에게 이 사건 배당소득에 대한 원천징수의무를 부여하는 것이 비례의 원칙 등에 위반된다고 볼 수 없다는 취지로 판단하였는 바, 원심의 이러한 판단은 정당하고, 거기에 상고이유에서 주장하는 바와 같은 원천징수의무의 한계에 관한 법리오해 등의 위법이 없다.

【해설】

Ⅰ. 대상판결의 쟁점

국내원천배당소득을 지급하는 자가 그 소득에 관하여 실질적인 귀속자를 기준으로 법인세를 원천징수할 의무가 있는지 여부와 국내원천배당소득을 지급하는 자가 거래 또는 소득금액의 지급과정에서 성실하게 조사하여 확보한 자료 등을 통해서도 실질적인 귀속자가 따로 있다는 사실을 알 수 없었던 경우까지 실질적인 귀속자를 기준으로 법인세를 원천징수할 수 있는지 여부이다.

Ⅱ. 외국법인의 국내원천소득에 대한 원천징수에 있어서 실질과세원칙의 적용 여부 및 그 한계

1. 문제의 소재 및 쟁점

원천징수제도는 세법에서 정하는 원천징수의무자가 납세의무자인 거래상대방에게 일정한 소득금액을 지급할 때에 원천납세의무자로부터 세액을 징수하여 이를 과세관청에 납부하게 하는 제도이다. 탈세 방지와 조세수입의 조기 확보, 징세비 절감 등을 목적으로 하는 원천징수제도는 과세권자의 입장에서 징세의 편의라는 결정적 이점으로 인해 그 적용범위가 점차 확대되었다. 그러나 이와 같은 이점에도 불구하고 징세의 편의를 위하여 납세의무자가 아닌 자에게 아무런 보상도 없이 과중한 부담을 지우고 있을 뿐 아니라, 지나치게 복잡하고 적용되는 범위가 넓다는 비판이 있다.

한편 국세기본법 제14조는 담세력의 유무와 정도는 과세원인 행위의 법형식보다 실질적인 소득 또는 권리관계에 따라 판단되어야 한다는 실질과세의 원칙을 규정하고 있다. 그동안 대법원은 실질과세원칙은 법률과 같은 효력을 가지는 조세조약의 해석과 적용에 있어서도 이를 배제하는 특별한 규정이 없는 한 그대로 적용된다고 판시하였고, 납세의무자에 대한 과세처분에서 이와 같이 실질과세원칙의 적용을 인정하는 판단을 이어왔다(대법원 2012. 4. 26. 선고 2010두11948 판결, 대법원 2012. 10. 25. 선고 2010두25466 판결 등). 그런데 원천징수의무에 있어서도 국세기본법 상의 실질과세원칙이 적용되는지 여부에 대해서는 그동안 명시적인 판단이 없었다.

이에 이 사건은 국내원천소득의 실질귀속자가 도관인 명목귀속자를 내세워 조세조약 상 제한세율의 적용을 받으려고 하는 경우 원천징수의무자가 실질과세원칙을 적용하여 명목귀속자가 아닌 실질귀속자를 기준으로 원천징수의무를 이행하여야 하는지가 문제가 되었다.

2. 견해의 대립

외국법인의 국내원천소득 원천징수에 있어서 실질과세원칙을 적용해야 하는

지에 대해서는 다음과 같은 견해의 대립이 있다.

(1) 부정설

원천징수의 본질은 징수절차 상 협력의무에 불과하고 부과권은 존재하지 않으므로 실질과세원칙을 적용할 수 없다는 견해이다. 실질과세의 원칙은 과세요건 사실에 대한 세법규정의 적용에 관한 것이므로 부과권을 전제로 하는데, 원천징수하는 조세는 자동확정되는 것으로서 부과권의 개념을 인정할 여지가 없으므로 원천징수의무자에게 실질과세원칙을 적용해야 하는 부담을 지우기 위해서는 별도의 수권규정이 필요하다는 입장이다.

(2) 긍정설

징수권은 부과권의 존재가 논리적으로 전제되는 것이므로, 현행법에 수권규정이 없더라도 원천징수의무자가 국가에 대하여 부담하는 원천징수의무에는 실질과세원칙을 적용하는 것이 포함된다는 견해이다. 비록 세법이 원천징수하는 조세에 대해 자동확정방식을 취하여 조세채무의 성립과 확정이 동시에 발생하게 되므로 외견상 부과권이 없는 것처럼 보인다고 하더라도 이는 세법 규정에 따른 결과에 불과하며, 징수권이 있는 한 선행되는 부과권은 논리적으로 전제될 수밖에 없다고 보는 것이다.

(3) 제한적 긍정설

원칙적으로는 원천징수에 대해서도 실질과세원칙을 적용해야 하나, 원천징수의무자의 부담이 비례의 원칙에 어긋날 정도로 과중한 경우 해당 원천징수의무에는 실질과세원칙을 적용이 배제된다고 보는 견해이다.

(4) 제한적 부정설

외국법인의 국내원천소득에 대한 원천징수에는 원칙적으로 실질과세원칙을 적용할 수 없도록 하되, 구체적인 사안에서 원천징수의무를 인정할 수 있는 예외적인 사정이 증명되는 경우에 한해 실질과세원칙을 적용하는 것이 타당하다는 견해이다.

3. 대법원의 태도

대법원은 외국법인의 국내원천소득에 대한 실질과세원칙의 적용에 있어서, 원칙적으로 원천징수의무자가 원천징수할 때 실질과세원칙을 적용해야 하나, 원천징수의무자의 부담이 비례의 원칙에 어긋날 정도로 과중하지 않아야 하므로 원천징수의무자가 실질귀속자를 알았거나 알 수 있었을 경우에 한하여 실질귀속자 확정의무를 부담한다고 하여 제한적 긍정설의 입장을 취하고 있다. 실제 도관회사의 출자자들이 수백 명에 이르는 경우에까지 원천징수의무자에게 실질귀속자를 모두 확정하도록 하는 것은 불가능에 가까운 가혹한 부담이 될 수 있으므로, 대법원은 이러한 상황을 감안하여 실질과세원칙의 적용을 제한함으로써 원천징수의무자의 징수부담과 과세당국의 과세권 확보 사이의 균형을 이루려 한 것으로 해석할 수 있다.

Ⅲ. 대상판결의 의의

대상판결은 외국법인의 국내원천소득에 대한 원천징수의무의 한계에 관한 법리를 밝힌 최초의 판례라는 점에서 의의가 있다. 국내원천소득금액에 대한 원천징수의무자는 특별한 사정이 없는 한 그 소득에 관하여 귀속명의와 달리 실질적으로 귀속되는 자가 따로 있는지를 조사하여 실질적인 귀속자를 기준으로 그 소득에 대한 법인세를 원천징수할 의무가 있다는 점을 명시적으로 판단한 것이다. 다만 비례의 원칙과 관련하여 원천징수의무자의 부담이 과중하여서는 아니되는 바, 원천징수의무자에 대한 부과처분의 적법성은 원천징수의무자의 실질귀속자 확정의무의 부담 정도, 즉 국내원천소득의 실질귀속자를 알았거나 알 수 있었는지에 대한 법원의 사실판단의 문제로 귀착된다. 이러한 결론은 원천징수의무자와 과세관청 간 분쟁이 계속될 개연성이 존재한다는 점에서, 원천징수의무자의 부담을 완화하면서 과세당국의 과세권을 확보할 수 있는 측면의 입법적 개선을 과제로 남기고 있다.

〔참고문헌〕백제흠, 외국법인의 국내원천소득에 대한 원천징수의무에 있어서의 실질과세원칙의 적용과 그 한계, 세법의 논점, 박영사, 2016.

윤성호, 외국법인의 국내원천소득에 대한 원천징수의 한계 − 실질과세의 원칙과 관련하여 −, 국세 제605호, 국세청 세우회, 2017.

[필자: 고려사이버대학교 교수 허 원]

[14] 한 · 일 조세조약상 '수익적 소유자'의 요건인 주식을 '소유'하고 있는 법인의 의미

【대상판결】 대법원 2013. 5. 24. 선고 2012두24573 판결

【사실관계】 원고들은 말레이시아 법인인 甲이 100% 출자한 외국인 투자법인이고, 甲은 일본국 법인인 乙이 100% 출자한 외국법인이다. 원고들은 2006년부터 2009년까지 사이에 甲에게 배당금을 지급하고 그 배당소득에 대하여 2006 내지 2009 사업연도 법인세로 원천징수하여 납부하였다. 그런데 원고들은 원천징수특례 사전승인 신청 또는 경정청구를 통하여 과세관청으로부터 위 배당소득의 실질적 귀속자는 일본국 법인인 乙법인임을 이유로, 원천징수 시 한 · 일 조세조약 제10조 제2항 (가)목의 제한세율 5%를 적용받았다. 과세관청은 乙 법인이 원고들의 주식을 직접 소유하지 않고 甲을 통하여 간접 소유하고 있어 그 배당소득에 대하여 한 · 일 조세조약 제10조 제2항 (가)목의 제한세율 5%를 적용할 수 없고, 같은 조항 (나)목의 제한세율 15%를 적용해야 한다는 이유로, 원고들에게 2006 내지 2009 사업연도 원천징수 법인세를 추가로 징수하는 처분을 하였다.

【판결요지】 한 · 일 조세조약 제10조 제2항 (가)목에서 배당의 수익적 소유자가 배당을 지급하는 법인이 발행한 주식을 '소유'하고 있을 것을 요건으로 하고 있을 뿐 수익적 소유자가 '직접' 소유할 것을 명시적으로 규정하고 있지 않은 이상, 위 조항의 '소유'의 의미를 '직접 소유'만으로 축소하여 해석할 수 없다. 원고들의 100% 출자자인 말레이시아 소재 甲 법인은 이 사건 배당소득의 형식적 귀속자

에 불과하고, 이 사건 배당소득의 실질귀속자를 위 법인의 100% 출자자인 일본국 乙법인로 보는 이상, 한·일 조세조약 제10조 제2항 (가)목에서 정한 수익적소유자에 해당하는 乙법인이 원고들이 발행한 의결권 있는 주식을 25% 이상 '소유'하고 있다고 보아 이 사건 배당소득에 대하여 5%의 제한세율이 적용되어야하므로, 이와는 달리 15%의 제한세율이 적용되어야 함을 전제로 한 이 사건 법인세 징수처분은 위법하다.

【해설】

Ⅰ. 들어가는 말

한·일 조세조약 제10조 제2항은 배당의 과세권을 배당지급회사가 소재하는 원천지국에 부여하면서도 제한세율 규정을 통하여 적용되는 세율을 제한하고 있다. 구체적으로 한·일 조세조약은 그 배당의 수익적 소유자가 이윤배분이 발생한 회계기간의 종료 직전 6월 동안 배당을 지급하는 법인이 발행한 의결권 주식을 '적어도 25%를 소유하고 있는 법인'인 경우에는 배당총액의 5%만 과세할 수 있고(한·일 조세조약 제10조 제2항 (가)목, 이하 '이 사건 조약규정'), 기타의 경우에는 15%를 과세하도록 규정하고 있다(한·일 조세조약 제10조 제2항 (나)목). 특히 배당에 대하여 5% 제한세율을 규정하고 있는 이 사건 조약 규정은, 한·일 조세조약이 1999. 8. 12. 한 차례 전면개정을 거칠 당시 신설되었는데, 이는 배당, 이자 및 사용료 등 투자소득에 대한 제한세율을 기존협약의 12%에서 5% 내지 10%로 인하한 것으로서, 이는 한·일 양국 간 투자의 활성화 및 경제협력의 증진을 기하기 위한 것으로 이해되고 있다.

Ⅱ. 한·일 조세조약상 '수익적 소유자'의 요건인 '주식을 소유하고 있는 법인'의 의미

1. 쟁점

대상판결에서는 배당소득의 실질귀속자인 일본국 乙 법인이 법 형식상 배당소득의 형식적 귀속자甲 법인을 통하여 배당지급법인의 주식을 실질적으로 소유하고 있는 경우에도, 이 사건 조약규정의 주식 '소유' 요건을 충족하고 있다고 보아 5%의 제한세율을 적용할 수 있는지 여부가 문제가 되었다.

2. 대법원의 판단

대법원은, 이 사건에서 문제가 되고 있는 한·일 조세조약 제10조 제2항의 취지는 배당소득에 대하여 거주지국 과세 및 원천지국 과세를 모두 허용하되, 다만 이중과세를 최소화하고 국제투자를 촉진하기 위하여 제한세율의 한도 내에서만 원천지국 과세를 인정하며, 특히 배당의 수익적 소유자가 배당을 지급하는 법인이 발행한 의결권 있는 주식을 25% 이상 소유하고 있는 법인인 경우에는 그와 같은 필요성이 크다고 보아 일반적인 경우보다 낮은 세율, 즉 5%의 제한세율을 적용하도록 하는 것이라고 보았다. 대법원은 이러한 전제하에, 한·일 조세조약 제10조 제2항 (가)목에서 배당의 수익적 소유자가 배당을 지급하는 법인이 발행한 주식을 '소유'하고 있을 것을 요건으로 하고 있을 뿐 수익적 소유자가 '직접' 소유할 것을 명시적으로 규정하고 있지 않은 이상 위 조항의 '소유'의 의미를 '직접 소유'만으로 축소하여 해석할 수 없다면서, 이 사건 징수처분이 위법하다고 판단한 원심을 확정하였다.

3. 평석

대상판결의 하급심 법원(서울행정법원 2011. 11. 10. 선고 2011구합16797 판결, 서울고등법원 2012. 10. 12. 선고 2011누43449 판결)은 OECD 모델조세협약과 더불어, 대한민국이 체결한 다수의 조세조약(한·말 조세조약, 한·룩 조세조약, 한·네 조세조약 등)에서 배당소득에 대한 제한세율 적용의 요건으로 수익적 소유자가 배당 지급법인의 자본금을 '직접' 소유할 것을 규정하고 있는 것과 달리, 이 사건 조세조약은 단지 배당 지급법인의 의결권 있는 주식을 '소유'할 것만을 규정하고 있을 뿐, '주식의 소유'의 개념에 대하여 별도의 정의 규정을 두고 있지도 않으므로, 위 조항의 주식의 '소유'를 주식의 '직접 소유'만으로 축소하여 해석하거나 위 OECD 모델조세협약이나 다른 조세조약들에서와 같이 '직접 소유'를 의미하는 것으로 해석할 수는 없다고 판단하였다.

이에 대하여 피고는 한·일 조세조약은 소유의 개념을 간접 소유까지 확장하는 경우에는 이를 명시적으로 규정(제24조 제4항)하고 있으므로, 이러한 조약의 체제에 비추어 볼 때도 위와 같은 내용을 명시하지 않은 한·일 조세조약 제10 조 제2항 (가)목의 '주식의 소유'는 주식을 '직접' 소유하는 경우만을 의미하는 것으로 해석하여야 한다고 주장하였다. 그러나 법원은 제24조 제4항은 조세조약 상 이른바 '무차별 원칙'을 실현하기 위한 것으로서 이는 외국인 투자기업을 판 별하는 기준으로서 자본을 간접적으로 소유 또는 지배하는 경우에도 외국인 투 자기업에 해당한다는 점을 분명히 하기 위한 것으로 보이므로, 위 규정을 근거 로 이 사건 조세조약의 '주식의 소유'가 주식을 '직접' 소유하는 경우만을 의미한 다고 단정할 수는 없다고 판단하였다.

참고로 이 사건에서 하급심이 직접 언급하기도 하였던 OECD 모델조세협약에 서는, 관계회사간 배당소득에 대한 제한세율(5%) 적용의 요건으로 수익적 소유 자인 법인이 배당지급법인의 자본금을 25% 이상 '직접(Directly)' 소유할 것을 규 정하고 있다(OECD 모델조세협약의 제한세율 규정 제10조 제2항 (a)). 이러한 OECD 모델조세협약의 '직접 소유'라는 문구에 대해서, (i) OECD 모델조세협약의 '직접 소유'의 의미는 국내법상 실질과세 원칙에 대한 고려없이 확정되어야 한다는 전 제하에, 조세조약에서 말하는 '직접 소유'는 말 그대로 '직접 소유'만을 가리키는 것이고 '실질적인 직접 소유'는 포함하지 않는다는 견해와, (ii) OECD 모델조세 협약을 해석함에 있어서도 여전히 실질과세 원칙이 고려되어야 한다는 전제하 에, 배당소득의 실질귀속자인 법인이 법 형식상 배당소득의 형식적 귀속자를 통 하여 배당지급법인의 주식을 실질적으로 소유하고 있는 경우에는 '직접 소유' 요 건을 충족한다고 볼 수 있다는 견해가 모두 존재한다.

III. 대상판결의 의의

대상판결은 한·일 조세조약 주식의 '소유'의 의미를 분명하게 밝혔다는 점에 서 의미가 있다. 특히 대상판결은 OECD 모델조세협약이나 다른 조세조약들과 는 문언이 달리 규정되어 있는 한·일 조세조약의 특징 및 그 취지에 충실하게 해석한 것으로서 타당하다.

〔참고문헌〕윤지현, 조세조약의 배당소득 과세에서 '낮은' 제한세율을 적용받기 위한 요건인 주식 '소유' 또는 '직접 소유'의 개념에 관하여 - 우리나라의 해석론 -, 조세법연구 제21집 제3호, 한국세법학회, 2015.

이정민, 한·일 조세조약 제10조 제2항 (가)목의 주식의 '소유'의 의미 - 대상판결: 대법원 2013. 5. 24. 선고 2013두659 판결 -, 조세와 법 제7권 제2호, 서울시립대학교 법학연구소, 2014.

[필자: 김·장 법률사무소 변호사 한병기]

[15] 파트너십의 외국법인 해당 여부 및 국내원천 유가증권양도소득금액의 산정방법

【대상판결】 대법원 2013. 7. 11. 선고 2011두4411 판결

【사실관계】 미국 등지의 투자자들에 의해 영국령인 버뮤다와 케이만 군도에 설립된 유한 파트너십(Limited Partnership)들(이하 위 파트너십들을 통칭하여 'AIG 모펀드')은 1998. 7. 31. 말레이시아 라부안에 각각 법인들(이하 위 법인들을 통칭하여 'AIG 라부안법인')을 설립한 다음, 해당 법인들을 통하여 1998. 8. 18. 한솔엠닷컴 주식회사(이하 '한솔엠닷컴')의 주식 21,911,622주(이하 '이 사건 주식')을 취득하였다. AIG 라부안법인은 2000. 7. 25. 원고에게 이 사건 주식을 양도하는 계약을 체결하였는데, 원고는 한·말 조세조약 제13조 제4항에 따르면 주식의 양도로 인한 소득은 양도인의 거주지국에서만 과세된다는 이유로 2000. 7. 26. AIG 라부안법인에 이 사건 주식의 양도대금(이하 '이 사건 주식 양도소득')을 원화, 달러화, 약속어음 및 에스케이텔레콤 주식(이하 'SKT 주식')으로 지급하면서 그에 대한 법인세를 원천징수하지 아니하였다. 피고는 2005. 8. 4. AIG 라부안법인의 이 사건 주식 취득을 AIG 모펀드가 승인하였던 점, AIG 라부안법인의 자산은 모두 이 사건 주식으로만 구성되어 있었던 점, AIG 라부안법인은 별도의 사무실과 직원이 없었던 점 등을 근거로 하여 이 사건 주식양도소득의 실질귀속자를 AIG 라부안법인이 아닌 AIG 모펀드의 출자자들로 보고, 해당 출자자들 중 '대한민국과 조세조약이 체결되지 아니한 국가의 거주자들'과 '대한민국과 조세조약이 체결되어 있으나 주식 양도소득에 대해 원천지국 과세가 가능하도록 규정되어 있는 조

세조약 체결 국가의 거주자들'이 얻은 양도소득에 대하여 구 법인세법(2000. 12. 29. 법률 제6293호로 개정되기 전의 것, 이하 같다) 제98조 제1항 제4호, 제93조 제10호에 따라 원천징수분 법인세를 납세고지(이하 '이 사건 처분')하였다.

【판결요지】 1. AIG 모법인을 구 법인세법상 외국법인으로 볼 수 있는지를 심리하여 위 주식 양도소득에 대하여 AIG 모법인을 납세의무자로 하여 법인세를 징수하여야 하는지 등을 판단하였어야 함에도 불구하고, 원심판결은 이에 대해 심리하지 아니함으로써 법리오해 등의 위법을 범하였다. 2. 구 법인세법 제92조 제2항 제2호, 제98조 제1항 제4호의 문언 내용과 취지 등에 비추어 보면, 이들 규정에서 말하는 '수입금액'이나 '지급액' 또는 '취득가액'은 모두 실지거래가액을 의미한다고 봄이 타당하고, 외국법인이 유가증권을 교환의 방법으로 양도하였다고 하여 달리 볼 것은 아니다.

【해설】

Ⅰ. 들어가는 말

이 사건에서 AIG 라부안법인이 형식상의 거래 당사자일 뿐 이 사건 주식 양도소득의 실질적인 귀속자가 아니라는 점에 대하여는 원심판결과 대상판결의 판단이 일치하였던 것으로 보인다. 그러므로, 이 사건의 핵심적인 쟁점은 파트너십에 해당하는 AIG 모법인을 외국법인으로 볼 수 있는지의 여부이다(쟁점 ①). AIG 모법인이 외국법인에 해당하는 경우 원고는 이 사건 주식 양도소득에 대하여 AIG 모법인을 납세의무자로 하여 법인세를 원천징수할 수 있게 되나, 만약 AIG 모법인이 외국법인에 해당하지 않고 AIG 모법인의 출자자들이 실질귀속자가 되는 경우에는, '해당 출자자들 중 대한민국과 조세조약이 체결되지 아니한 국가의 거주자들'과 '대한민국과 조세조약이 체결되어 있으나 주식 양도소득에 대해 원천지국 과세가 가능하도록 규정되어 있는 조세조약 체결 국가의 거주자들'이 얻은 양도소득에 대하여만 법인세를 원천징수할 수 있게 되기 때문이다.

한편, 원고는 AIG 라부안법인에 원화, 달러화, 약속어음 및 SKT 주식으로 이 사건 주식의 양도대금을 지급하면서 SKT 주식의 가액을 1주당 390,000원으로 정하고 이를 기준으로 한 정산금을 지급하였는데, 원심판결은 구 법인세법 시행령(2000. 12. 29. 대통령령 제17033호로 개정되기 전의 것) 제72조 제1항 제5호를 유추적용하여 이 사건 주식 양도대금의 일부로 교부받은 SKT 주식의 가액은 그 취득 당시시의 시가(SKT 주식의 취득일인 2000. 7. 26.의 한국증권거래소 종가인 1주당 339,000원)를 기준으로 평가하여야 한다고 보고, 이 사건 처분 중 그보다 높게 평가하여 원천징수세액을 산정한 부분이 위법하다고 판단하기도 하였다. 이에 이 사건에서는 외국법인이 유가증권을 교환의 방법으로 양도한 경우 구 법인세법상의 '수입금액'이나 '지급액' 등을 실지거래가액을 기준으로 산정해야 하는지도 쟁점이 되었다(쟁점 ②).

II. 파트너십의 외국법인 해당 여부(쟁점 ①)

1. 법인세법상 외국법인 정의 규정의 변천

이 사건에 적용되는 구 법인세법 제1조 제3호는 외국법인을 "외국에 본점 또는 주사무소를 둔 법인(국내에 사업의 실질적 관리장소가 소재하지 아니하는 경우에 한한다)"이라고만 정의하고 있었다.

그러나, 이후 구 법인세법이 2013. 1. 1. 법률 제11607호로 개정되면서 법인세법 제1조 제3호가 외국법인을 "외국에 본점 또는 주사무소를 둔 단체(국내에 사업의 실질적 관리장소가 소재하지 아니하는 경우만 해당한다)로서 대통령령으로 정하는 기준에 해당하는 법인"으로 정의하게 되었고, 해당 규정의 위임을 받은 구 법인세법 시행령(2017. 2. 3. 대통령령 제27828호로 개정되기 전의 것) 제2조 제2항은 각호에서 설립된 국가의 법에 따라 법인격이 부여된 단체나 구성원이 유한책임사원으로만 구성된 단체 등을 구체적으로 규정하게 되었다.

2. 대상판결의 요지

위와 같은 외국법인 정의 규정이 신설되기 전에는 AIG 모법인과 같은 파트너십의 외국법인 해당 여부를 판단할 수 있는 명문의 기준이 없었다. 이에 대법원은 "그 단체를 외국법인으로 볼 수 있는지 여부에 관하여는 구 법인세법상 외국법인의 구체적 요건에 관하여 본점 또는 주사무소의 소재지 외에 별다른 규정이 없는 이상 단체가 설립된 국가의 법령 내용과 단체의 실질에 비추어 우리나라의 사법(私法)상 단체의 구성원으로부터 독립된 별개의 권리·의무의 귀속주체로 볼 수 있는지 여부에 따라 판단하여야 한다(대법원 2012. 1. 27. 선고 2010두5950 판결, 대법원 2013. 4. 11. 선고 2011두3159 판결 등 참조)"고 하여 일응의 기준을 제시해 오고 있었다.

이에 대상판결은 위와 같은 법리를 토대로 하여, AIG 모펀드가 이 사건 주식 매입자금의 실질적인 공급처의 역할을 하였고, AIG 모펀드는 이 사건 주식의 인수를 통하여 한솔엠닷컴의 기업가치를 증대시킨 다음 이 사건 주식을 양도하는 방법으로 수익을 얻는 사업목적을 가지고 설립된 영리단체로서 오로지 조세를 회피할 목적으로 설립된 것으로 볼 수는 없다고 하며, AIG 모펀드가 외국법인에 해당하는지를 심리하지 않은 원심판결의 판단이 위법하다고 판단하였다.

III. 국내원천 유가증권양도소득금액의 산정방법(쟁점 ②)

구 법인세법 제92조 제2항 제2호는 '수입금액'과 '취득가액'을 실지거래가액에 따라 산정해야 하는지, 주식 양도대가가 다른 회사의 발행주식으로 지급되는 경우에는 어떻게 되는지에 대해 아무런 내용을 규정하고 있지 않다.

이에 대상판결은 위와 같은 상황에서 위 규정에서 말하는 '수입금액'이나 '취득가액'은 모두 실지거래가액을 의미한다고 봄이 타당하고, 외국법인이 유가증권을 교환의 방법으로 양도하였다고 하여 달리 볼 것은 아니라고 하면서, 구 법인세법 제92조 제2항 제1호, 제99조 제3항 등이 외국법인의 국내원천 부동산 양도소득의 금액을 그 양도의 방법이 매매인지 교환인지 상관없이 원칙적으로 실지거래가액을 기준으로 계산하도록 규정하고 있는 것을 그 근거로 들었다.

IV. 대상판결의 의의

대상판결은 쟁점 ①에 관하여, AIG 모법인이 독립적인 사업목적을 보유하고 있다는 이유로 이를 외국법인으로 판단하였는데, 이러한 기준에 따르면 사실상 모든 파트너십 단체가 외국법인으로 인정받게 되어 외국법인의 외연이 납세의무자의 예측가능성을 침해하는 수준으로 확장되는 것이 아닌지 다소 의문이 든다. 다만, 이후 법인세법의 외국법인 정의 규정이 개정되면서 이러한 문제가 어느 정도는 해결된 것으로 보인다.

한편, 대법원은 양도소득금액 계산과 관련하여 양도가액과 취득가액은 실지거래가액에 의함을 원칙으로 하고 있으므로(대법원 1983. 2. 22. 선고 82누138 판결), 쟁점 ②에 관한 대상판결의 판단은 기존 대법원 판례와 궤를 같이 하는 것으로서 타당한 것으로 생각된다.

〔참고문헌〕 류성현, 파트너십을 세법상 외국법인으로 인정할 수 있는지 여부, 법률신문 판례평석(2013. 11. 21.).

[필자: 법무법인 세종 변호사 허민도]

【대상판결】 대법원 2013. 7. 11. 선고 2011두7311 판결

【사실관계】 룩셈부르크 법인 A, B 등이 설립한 벨기에 법인 C는 내국법인 원고를 설립하여 100% 주주가 된 후, D에게 주식 전부를 양도하였다. D는 한·벨 조세조약에 따라 주식의 양도소득은 양도인의 거주지국에서만 과세된다는 이유로 C에게 양도대금을 지급하면서 법인세를 원천징수하지 아니하였고, 이후 D는 원고에 흡수합병되었다. 피고는 C가 명목상 회사에 불과하고 그 배후의 투자자들이 이 사건 주식양도소득의 실질귀속자이므로 한·벨 조세조약이 적용될 수 없다는 이유로, A의 투자자로서 케이만군도의 유한파트너십에 귀속된 부분 및 B의 투자자들(B에 대한 지분을 모두 보유한 케이만군도 법인 E의 투자자들) 중 케이만군도, 싱가포르 등의 거주자들(이하 'F')에게 귀속된 부분의 과세대상소득에 대한 원천징수분 법인세를 D의 납세의무를 승계한 원고에게 납세고지하였다(이하 "선행 징수처분"). 피고는 선행 징수처분 취소소송 1심 계속 중, 당초 주식양도소득이 미국법인에 귀속되었다고 보아 한·미 조세조약에 따라 원고에게 원천징수처분을 하지 않았던 부분에 대해, 그 투자자인 홍콩 법인이 실질적 귀속자라는 이유로 원고에게 해당 부분에 대한 원천징수분 법인세를 납세고지하였다(이하 "후행 징수처분"). 이에 원고는 선행 및 후행 징수처분의 취소를 모두 구하는 것으로 청구취지를 변경한 뒤, 후행 징수처분이 선행 징수처분을 포함하는 증액경정처분이라고 보아 후행 징수처분만의 취소를 구하는 내용으로 다시 청구취지를 변경하였

다. 한편, 피고는 선행 징수처분과 관련하여 당초에는 F를 과세대상소득의 실질적 귀속자로 보아 처분을 하였다가, 항소심 계속 중 E를 실질적 귀속자로 보아야 한다는 처분사유를 추가하였다.

【판결요지】 1. 원천징수의무자에 대하여 납세의무의 단위를 달리하여 순차 이루어진 2개의 징수처분은 별개의 처분으로서 당초 처분과 증액경정처분에 관한 법리가 적용되지 아니하므로, 당초 처분이 후행 처분에 흡수되어 독립한 존재가치를 잃는다고 볼 수 없고, 후행 처분만이 항고소송의 대상이 되는 것도 아니다.
2. 징수처분의 취소를 구하는 항고소송에서도 과세관청은 처분의 동일성이 유지되는 범위 내에서 처분사유를 교환·변경할 수 있다. 그런데 원천징수하는 법인세는 소득금액 또는 수입금액을 지급하는 때에 납세의무가 성립함과 동시에 자동적으로 확정되는 조세로서(구 국세기본법 제21조 제2항 제1호, 제22조 제2항 제3호), 과세관청의 원천징수의무자에 대한 징수처분 그 자체는 소득금액 또는 수입금액의 지급사실에 의하여 이미 확정된 납세의무에 대한 이행을 청구하는 것에 불과하여 소득금액 또는 수입금액의 수령자가 부담하는 원천납세의무의 존부나 범위에는 아무런 영향을 미치지 아니한다. 그리고 구 국세징수법(2011. 4. 4. 법률 제10527호로 개정되기 전의 것) 제9조 제1항은 국세의 징수를 위한 납세고지서에 '세액의 산출근거'를 명시하도록 규정하고 있으나, 여기에서 말하는 '산출근거'에 소득금액 또는 수입금액의 수령자가 포함된다고 보기도 어렵다. 이러한 법리 등에 비추어 보면, 원천징수하는 법인세에서 소득금액 또는 수입금액의 수령자가 누구인지는 원칙적으로 납세의무의 단위를 구분하는 본질적인 요소가 아니라고 봄이 타당하다. 따라서 원천징수하는 법인세에 대한 징수처분 취소소송에서 과세관청이 소득금액 또는 수입금액의 수령자를 변경하여 주장하더라도 그로 인하여 소득금액 또는 수입금액 지급의 기초 사실이 달라지는 것이 아니라면 처분의 동일성이 유지되는 범위 내의 처분사유 변경으로서 허용된다고 할 것이다.

【해설】

I. 들어가는 말

외국법인의 주식 양도소득이 실질과세의 원칙에 따라 그 외국법인에 대한 지배권 등을 통하여 양도대상 주식을 실질적으로 지배·관리하는 자에게 귀속된 경우, 그 실질귀속자의 거주지국이 대한민국과 조세조약을 체결하지 않았거나 조세조약상 주식 양도소득에 대하여 거주지국 과세 규정이 없으면 국내세법이 적용되어 원천징수 대상이 된다.

피고는 동일한 원천징수의무자에 대하여 선행 징수처분과 후행 징수처분을 하였는데, 두 처분이 당초 처분과 증액경정처분의 관계에 있는지 여부가 문제되었다. '경정처분'은 당초 처분과 후행 처분이 납세의무의 단위가 동일한 것을 전제로 하므로, 결국 납세의무 단위의 동일성 여부가 쟁점이 된다(쟁점 ①).

한편, 피고는 '주식이나 지분의 귀속 명의자는 이를 지배·관리할 능력이 없고 명의자에 대한 지배권 등을 통하여 실질적으로 이를 지배·관리하는 자가 따로 있으며, 그와 같은 명의와 실질의 괴리가 조세회피 목적에서 비롯된 경우에는, 그 주식이나 지분은 실질적으로 이를 지배·관리하는 자에게 귀속된 것으로 보아야 한다'는 대법원 2012. 1. 19. 선고 2008두8499 전원합의체 판결 및 이와 같은 원칙은 조세조약의 해석과 적용에서도 이를 배제하는 특별한 규정이 없는 한 그대로 적용된다는 대법원 2012. 4. 26. 선고 2010두11948 판결 등에 따라, 주식 양도소득이 C가 아니라 그 배후투자자에게 실질적으로 귀속된다고 보고 선행 징수처분을 하였다. 그런데 피고는 선행 징수처분 취소소송 계속 중 주식 양도소득의 실질귀속자를 추가하였는바, 이처럼 원천징수분 법인세의 징수처분 취소소송에서 과세관청이 그 소득금액 또는 수입금액의 수령자를 변경하는 경우 처분의 동일성이 인정되어 처분사유의 변경이 허용되는지 여부가 문제되었다(쟁점 ②).

II. 징수처분의 납세의무 단위(쟁점 ①)

1. 의의

본건의 경우 동일한 원천징수의무자에 대하여 순차로 이루어진 2개의 징수처분이 당초 처분과 증액경정처분의 관계에 있는지 여부가 문제되었는데, 이는 징수처분의 납세의무 단위를 어떻게 파악할 것인지에 관한 문제이다.

2. 대법원의 태도

대법원은 외국법인의 주식 양도소득에 대한 원천징수분 법인세의 경우 그 납세고지의 대상이 된 과세물건, 즉 양도된 주식이 다르면 납세의무의 단위를 달리한다고 보았다. 선행 징수처분과 후행 징수처분이 양도대상 주식이 상이하여 납세의무의 단위를 달리하므로, 당초 처분과 증액경정처분의 관계가 아니라는 것이다. 따라서 선행 징수처분이 후행 징수처분에 흡수되는 것이 아니고 서로 별개의 처분이므로 각각 항고소송의 대상이 되고, 각별로 제소요건 구비 여부를 판단해야 한다.

III. 징수처분 취소소송에서의 처분사유 변경의 범위(쟁점 ②)

1. 의의

대법원은 과세처분 취소소송에서의 쟁송대상을 과세관청이 부과한 세액으로 보는 총액주의를 취함에도 불구하고, 처분사유의 변경은 '처분의 동일성'이 유지되는 범위 내에서만 허용하고 있다. 이때 '처분의 동일성'은 원칙적으로 '납세의무의 단위'를 기준으로 판단하는데, 원천징수관계에서 '소득금액 또는 수입금액의 수령자'를 변경하면 납세의무의 단위가 달라지는지 여부가 문제된다.

2. 대법원의 태도

본건에서 대법원은 원천징수하는 법인세는 소득금액 또는 수입금액을 지급하는 때에 납세의무가 성립함과 동시에 자동적으로 확정되는 조세로서, 과세관청의 원천징수의무자에 대한 징수처분은 이미 확정된 납세의무에 대한 이행을 청구하는 것에 불과하여 소득금액 또는 수입금액의 수령자가 부담하는 원천납세의무의 존부나 범위에는 아무런 영향을 미치지 아니하며, 납세고지서에 명시하도록 되어 있는 '세액의 산출근거'에 소득금액 또는 수입금액의 수령자가 포함된다고 보기도 어려우므로, 원천징수하는 법인세에서 소득금액 또는 수입금액의 수령자는 원칙적으로 납세의무의 단위를 구분하는 본질적인 요소가 아니라고 보았다. 따라서 원천징수하는 법인세에 대한 징수처분 취소소송에서 과세관청이 소득금액 또는 수입금액의 수령자를 변경하더라도, 그로 인하여 소득금액 또는 수입금액 지급의 기초사실이 달라지는 것이 아니라면 납세의무의 단위가 달라지는 것이 아니므로, 처분의 동일성이 유지된다고 보았다.

Ⅳ. 대상판결의 의의

대상판결에서는 징수처분에 있어서 납세의무의 단위가 납세고지의 대상이 된 '과세물건'에 따라 달라진다는 점, 원천징수분 법인세 또는 소득세에 있어 '소득금액 또는 수입금액의 수령자'는 납세의무의 단위를 구분하는 본질적인 요소가 아니어서 과세관청이 이를 변경하더라도 처분의 동일성이 유지된다는 점을 분명히 하였다. 다만, 대상판결의 경우에는 과세관청의 처분 변경 전·후의 실질귀속자가 모두 외국법인으로 인정되었기 때문에 처분의 동일성이 인정된 것이다. 만약 과세관청이 소득금액의 수령자를 법인이 아니라 개인으로 변경하였거나, 그 실질귀속자로 지정된 외국의 단체가 외국법인으로 인정되지 않으면, 근거세목이 법인세에서 소득세로 변경될 수 있는데, 세목은 납세의무의 단위를 구분하는 본질적인 요소이므로, 당초의 징수처분에서와 다른 세목으로 처분사유를 변경하는 것은 허용될 수 없다는 대법원 2014. 9. 4. 선고 2014두3068 판결의 태도에 비추어 처분의 동일성이 인정되기는 어려울 것이다.

〔참고문헌〕 조윤희·하태홍, 2013년 조세 분야 판례의 동향, 특별법연구 제11권, 사법발전재단, 2014.

[필자: 법무법인 광장 변호사, 법학박사 강지현]

【대상판결】 대법원 2013. 7. 11. 선고 2010두20966 판결

【사실관계】 한 · 말 조세조약은 유가증권의 양도로 발생하는 이득에 대하여는 그 양도인이 거주자로 되어 있는 체약국에서만 과세한다고 규정하므로, 우리 법인세법상 국내원천소득에 해당하는 양도소득이라도 말레이시아 거주자에게 발생한 것은 국내에서 과세될 수 없다. 원고는 말레이시아법에 의하여 설립된 A법인으로부터 대한민국 법인인 소외 회사의 주식(이하 '이 사건 주식')을 양수하면서, 이 사건 주식의 양도차익이 법인세법에서 정한 국내원천소득이지만 말레이시아 거주자인 A법인에게 발생한 것이므로 말레이시아에서만 과세된다는 이유로 대한민국 과세관청에 이 사건 주식 양도소득에 관한 법인세를 원천징수하여 납부하지 않았다. 그러나 피고는 'A법인은 단지 도관회사(Conduit Company)로서 실질과세의 원칙 등에 비추어 볼 때 이 사건 주식 양도소득의 실질적인 귀속자는, 미국의 사모투자회사를 최종 모회사로 하는 A법인의 중간 지주회사로서 영국령인 케이만군도에 설립된 유한파트너십(Limited Partnership)인 B법인의 구성원인 281명의 투자자들'이라고 보아, 원고가 위 투자자들 중 대한민국과 조세조약을 체결하지 않았거나 체결하였더라도 거주지국 과세가 아닌 원천지국 과세를 규정하고 있는 국가에 거주하는 총 8개국 40명의 투자자들의 주식 양도소득 해당 분(투자비율 24.8092%)에 대하여 소득세를 원천징수하였어야 한다는 이유로, 2006. 12. 18. 원고에 대하여 원천징수분 소득세 43,010,717,520원(가산세 포함)의 부과

처분(이하 '이 사건 처분')을 하였다.

【판결요지】 1. 국세기본법 제14조 제1항에서 규정하는 실질과세의 원칙은 소득이나 수익, 재산, 거래 등의 과세대상에 관하여 그 귀속 명의와 달리 실질적으로 귀속되는 자가 따로 있는 경우에는 형식이나 외관을 이유로 그 귀속 명의자를 납세의무자로 삼을 것이 아니라 실질적으로 귀속되는 자를 납세의무자로 삼겠다는 것이므로, 재산의 귀속 명의자는 이를 지배·관리할 능력이 없고, 그 명의자에 대한 지배권 등을 통하여 실질적으로 이를 지배·관리하는 자가 따로 있으며, 그와 같은 명의와 실질의 괴리가 조세를 회피할 목적에서 비롯된 경우에는, 그 재산에 관한 소득은 그 재산을 실질적으로 지배·관리하는 자에게 귀속된 것으로 보아 그를 납세의무자로 삼아야 하고, 이러한 원칙은 법률과 같은 효력을 가지는 조세조약의 해석과 적용에 있어서도 이를 배제하는 특별한 규정이 없는 한 그대로 적용된다. 2. 외국의 법인격 없는 사단·재단 기타 단체가 소득세법 또는 법인세법에서 규정한 국내원천소득을 얻어 이를 구성원인 개인들에게 분배하는 영리단체에 해당하는 경우, 법인세법상 외국법인으로 볼 수 있다면 그 단체를 납세의무자로 하여 국내원천소득에 대하여 법인세를 과세하여야 하고, 법인세법상 외국법인으로 볼 수 없다면 거주자의 경우와 동일하게 단체의 구성원들을 납세의무자로 하여 그들 각자에게 분배되는 소득금액에 대하여 소득세를 과세하여야 한다. 그리고 여기서 그 단체를 외국법인으로 볼 수 있는지 여부에 관하여는 법인세법상 외국법인의 구체적 요건에 관하여 본점 또는 주사무소의 소재지 외에 별다른 규정이 없는 이상 단체가 설립된 국가의 법령 내용과 단체의 실질에 비추어 우리나라의 사법상 단체의 구성원으로부터 독립된 별개의 권리·의무의 귀속주체로 볼 수 있는지 여부에 따라 판단하여야 한다. 이 사건에서 B법인은 자회사를 통해 A법인의 주식을 100% 인수한 다음, 최종적으로 A법인을 통하여 소외 회사의 이 사건 주식을 취득하였다. B법인의 설립 및 A법인 등을 통한 이 사건 주식의 취득 경위, B법인이 소외 회사의 실질적인 지배주주로서 소외 회사의 경영에 참여한 점 등을 종합하여 보면, B법인은 뚜렷한 사업목적을 가지고 설립된 영리단체로서, 오로지 조세회피의 목적으로 설립된 명목상의 영리단체라고 볼 수 없으므로, 원심으로서는 B법인을 법인세법상 외국법인으로 볼 수 있는

지를 심리하여 이 사건 주식의 양도소득에 대하여 B법인을 납세의무자로 하여 법인세를 과세하여야 하는지, 아니면 B법인의 구성원인 투자자들 281명을 납세의무자로 하여 소득세를 과세하여야 하는지를 판단하였어야 한다.

【해설】

Ⅰ. 대상판결의 쟁점

대상판결에서는 한·말 조세조약에도 실질과세원칙을 적용하여 이 사건 주식의 귀속 명의자인 A법인이 이 사건 주식 양도소득의 실질귀속자가 아니라고 보아 위 조세조약의 적용을 부정할 수 있는지 여부(쟁점 ①) 및 그 경우 유한파트너십인 B법인과 B법인의 구성원인 281명의 투자자들 중 어느 쪽을 양도소득세 납세의무자로 보아 원고의 원천징수의무의 존부를 판단할 것인지 여부(쟁점 ②)가 문제되었다.

Ⅱ. 조세조약에도 실질과세원칙을 적용할 수 있는지 여부(쟁점 ①)

1. 견해의 대립

국세기본법 제14조 제1항에서 규정하는 실질과세의 원칙이 조세조약에도 적용되는지 여부에 관하여는 적용긍정설과 적용부정설이 대립한다. 적용긍정설은 2003년 OECD 개정 모델조세협약의 주석에서 국내세법상의 일반적 조세회피방지규정(General Anti-Avoidance Rule)은 조세조약과 서로 상치되지 않으며, 조세조약에 의하여 영향을 받지 않는다고 명시하고 있는 점 등을 근거로 하고, 적용부정설은 특별법인 조세조약이 일반법인 국내법에 의해 대체될 수 없음을 근거로 한다.

2. 대법원의 판단

대법원은 종래에도 조세체결국가의 형식상 거주자는 해당 조세조약의 적용을 받는 거주자에 해당한다고 볼 수 없다는 취지의 판결을 하여 왔고, 2012. 4. 26. 선고 2010두11948 판결에서 최초로 실질과세원칙이 조세조약의 해석과 적용에 있어서도 원칙적으로 적용됨을 명시적으로 선언하였으며, 대상판결도 같은 내용으로 판시하였다.

III. 실질과세원칙 적용 시 실질귀속자인 납세의무자의 결정(쟁점 ②)

1. 1심과 원심의 판단

1심과 원심은 A법인의 설립 당시 자본금이 1달러였고, 이 사건 주식의 취득, 보유, 양도 이외에는 A법인이 별다른 활동을 하지 않은 점, 이 사건 주식 양도소득의 대부분이 B법인의 투자자들에게 배당금으로 지급된 점 등에 비추어 A법인은 이 사건 주식 양도소득의 실질귀속자가 아니고, 그 양도소득의 실질적 귀속자는 이 사건 주식 투자를 위하여 설립된 유한파트너십인 B법인의 구성원인 투자자들 281명이므로 이 사건 처분은 적법하다고 판단하였다.

2. 대법원의 판단

대법원은 원심이 A법인을 이 사건 주식 양도소득의 실질귀속자로 볼 수 없다고 판단한 부분은 타당하지만 이 사건 양도소득의 실질귀속자를 B법인에 대한 투자자 281명이라고 판단한 부분은 수긍하기 어렵다고 판시하였다. B법인은 이 사건 주식의 인수를 통하여 소외 회사의 경영에 참여하여 그 기업가치를 증대시킨 다음 이 사건 주식을 양도하여 높은 수익을 얻으려는 뚜렷한 사업목적을 가지고 설립되었고, 오로지 조세를 회피할 목적으로 설립되었다거나, 이 사건 주식을 실질적으로 지배·관리할 능력이 없는 명목상의 영리단체에 불과하다고 할 수 없으므로, B법인을 그 구성원으로부터 독립된 권리·의무의 귀속주체인 납세의무자로 볼 수 있다는 취지이다. 이에 따라 대상판결의 파기환송 후 항소심 판결에서는 이 사건 주식 양도소득에 관하여 법인세법상 외국법인인 B법인을 납세의무자로 하는 법인세가 과세되었어야 하므로, B법인의 구성원인 투자자들을 납세의무자로 하는 소득세가 과세됨을 전제로 이루어진 이 사건 처분은 위법하다고 판시하였고, 위 판결이 상고기각되어 그대로 확정되었다.

Ⅳ. 대상판결의 의의

대상판결은 조세조약에도 원칙적으로 국내법상 실질과세원칙이 적용되고(대법원 2012. 4. 26. 선고 2010두11948 판결), 국내원천소득의 실질귀속자를 결정할 때에는 권리·의무의 주체성이라는 법인의 사법적 성질을 기준으로 외국에 설립된 단체의 법인성을 판단한다는 기준(대법원 2012. 1. 27. 선고 2010두5950 판결)에 관하여 비슷한 시기에 선고된 선례들의 판시를 재차 확인하였다. 쟁점 ①과 관련하여 피고는 파기환송 후 항소심 및 상고심에서 이 사건 처분의 근거 세목을 소득세에서 법인세로 변경하고자 하였으나, 법원은 그와 같은 처분사유의 변경은 처분의 동일성을 벗어난다는 이유로 허용하지 아니하였다. 쟁점 ②와 관련하여서는 외국의 유한파트너십이 법인세법상 영리단체의 실질을 가진 외국법인에 해당하는 경우 그 구성원들이 확인되더라도 예외 없이 유한파트너십을 납세의무자로 하여 과세하여야 한다는 입장을 명확하게 밝혔다는 점에 의의가 있다.

〔참고문헌〕정광진, 법인세법상 외국법인에 해당하는 미국의 단체가 미국에서 납세의무를 부담하지 않는 경우, 미국의 거주자로서 한·미 조세조약을 적용받을 수 있는 범위, 대법원판례해설 제100호, 법원도서관, 2014.

[필자: 서울행정법원 판사 최선재]

[18] 조세조약에서 유한 파트너십(Limited Partnership)과 배당의 실질귀속자 판단

【대상판결】 대법원 2013. 10. 24. 선고 2011두22747 판결

【사실관계】 미국 소재 A Equity Partners L.P.(이하 A)와 B Ventures International L.P.(이하 B)가 각각 50%를 투자하여 말레이시아 라부안에 C회사를 설립하였다. C회사는 1998년 내국법인 K유한회사(대상판결의 원고)의 424억원 상당 전환사채를 취득하였는데, 해당 전환사채는 2000년 보통주와 동일한 의결권을 가진 우선주로 전환되었고, 같은 해에 해당 우선주를 감자하면서 C회사에 약 900억원이 배당되었다. 이에 K유한회사는 해당 배당금의 수익적 소유자를 말레이시아 라부안 소재 C회사로 판단, 한·말 조세조약에 따라 배당소득의 10%(구 주민세 0.91% 포함)인 약 90억원을 법인세로 원천징수하였다. 과세관청(대상판결의 피고)은 C회사가 도관회사(Conduit Company)에 불과하다고 판단, A와 B를 수익적 소유자로 보아 한·미 조세조약 제12조 제2항(a)에 따라 15%(구 주민세 별도)의 원천징수세율을 적용하여 K유한회사에 대해 2003 사업연도 귀속 법인세 및 가산세를 결정·고지(이하 '이 사건 처분')하였다.

【판결요지】 1. 국세기본법상 실질과세의 원칙은 법률과 같은 효력을 가지는 조세조약의 해석과 적용에 있어서도 이를 배제하는 특별한 규정이 없는 한 그대로 적용된다(대법원 2012. 4. 26. 선고 2010두11948 판결 등 참조). 또한 외국의 법인격 없는 사단·재단 기타 단체가 내부 구성원에게는 구 법인세법상 외국법인의 구

체적 요건에 관하여 본점 또는 주사무소의 소재지 이외 별다른 규정이 없는 이상 단체가 설립된 국가의 법령 내용과 단체의 실질에 비추어 우리나라의 사법(私法)상 단체의 구성원으로부터 독립된 별개의 권리·의무의 귀속주체인지를 판단하여야 한다(대법원 2012. 1. 27. 선고 2010두5950 판결 등 참조). C가 도관회사인 점을 고려하면 국내원천소득의 원천징수분 법인세 원천납세의무자를 구 법인세법상 외국법인인 A와 B라고 본 것은 정당하다. 2. 실질과세의 원칙은 법인세법상 국내원천소득의 원천징수의무에도 적용되며, 국내원천소득을 지급하는 자는 특별한 사정이 없는 한 그 소득에 관하여 귀속 명의와 달리 실질적으로 귀속되는 자가 따로 있는지를 조사하여 실질적인 귀속자를 기준으로 원천징수의무를 이행하여야 한다. 다만, 국내원천소득을 지급하는 자가 거래 또는 소득금액의 지급과정에서 성실하게 조사하여 확보한 자료 등으로 그 소득의 실질적인 귀속자가 따로 있음을 알 수 없는 경우까지 실질적인 귀속자를 기준으로 그 소득에 대한 법인세를 원천징수할 의무는 없다(대법원 2013. 4. 11. 선고 2011두3159 판결 참조). 원고가 과세전적부심사청구 과정에서 C회사는 도관회사임을 스스로 인정한 점 등에 비추어 '이 사건 처분'에 관한 원천징수의무를 인정한 것은 정당하다. 3. 배당소득의 실질귀속자라 할 A와 B가 구 법인세법상 외국법인에 해당하여도 한·미 조세조약 제2조 제1항에서는 법인(Corporation)과 파트너십(Partnership)을 명백하게 구분하여 규정하고 있고, 미국 국내법상으로도 그 설립 내지 등록준거법을 달리하고 있는 점에 따르면 한·미 조세조약 제12조 제2항(b)의 법인(Corporation)에는 해당하지 않으므로 한·미 조세조약 제12조 제2항(b)의 제한세율(10%)이 적용될 수 없다.

【해설】

Ⅰ. 들어가는 말

국제조세에서는 수동적 소득(Passive Income)에 대해 수익적 소유자(Beneficial Owner)를 찾아 소득과세를 하는 구조를 채택한다. 수익적 소유자란 배당, 이자 및 사용료 소득을 타인에게 이전할 법적 또는 계약상 의무 없이 해당 소득을 사용하고 향유할 권한을 가지는 자로 이해하는 것이 일반적이다(대법원 2018. 11.

15. 선고 2017두33008 판결 참조). 다만, 기존 대법원 판결들은 수익적 소유자 판단과 해석을 실질과세 원칙에 기반하여 소득의 실질적인 귀속자(수익적 소유자)를 찾는 경우들이 대다수인데, 대상판결은 그러한 판결 중 하나이다.

대상판결에서는 3가지 쟁점을 살펴본다. 우선 소득의 실질귀속자 판단과 연관하여 단체 분류 내지 판단 기준과 그 적용에 대해 다룬다. 이에 따라 조세조약에서도 실질과세 원칙 중 귀속의 실질주의가 적용된다는 점과 법인격 없는 외국단체에 대해서는 어떻게 판단하는지를 다룬다(쟁점 ①). 이어서 실질과세 원칙에 따라 실질귀속자에 관한 국내원천소득의 원천징수의무는 어떻게 적용되는 것인지를 살펴보고 있다(쟁점 ②). 마지막으로 국내 법률상 외국법인으로 본 외국단체임에도 불구하고, 사안에 적용되는 조세조약에서 법인으로 보지 않는 외국단체라면 어떻게 판단하여야 하는지에 관한 내용을 살펴본다(쟁점 ③).

II. 조세조약에서의 귀속의 실질주의와 법인격 없는 외국단체 관련 원천납세의무자 판단(쟁점 ①)

1. 의의

실질과세 원칙 중 귀속의 실질주의(국세기본법 제14조 제1항)에 따르면 형식이나 외관이 아닌, 실질적으로 귀속되는 자를 납세의무자로 판단한다(대법원 2012. 1. 19. 선고 2008두8499 전원합의체 판결 참조). 이는 조세조약의 해석과 적용에 있어서도 특별히 배제하는 규정이 없다면 그대로 적용된다(대법원 2012. 4. 26. 선고 2010두11498 판결 참조).

대상판결의 경우, C회사가 도관(Conduit)이라 본 가운데, 내국법인인 K가 지급하는 국내 원천 배당소득의 실질귀속자가 미국의 유한 파트너십 A와 B인 사유를 제시한다.

2. 대법원의 태도

법인격 없는 외국단체가 구 법인세법 제93조 등에 따라 외국법인으로 볼 수 있다면, 그 단체를 납세의무자로 보지만, 그렇지 않다면 단체의 구성원들을 납세의무자로 본다. 특정 단체가 외국법인인지 여부는 법인세법상 별다른 규정 등이 없다면 단체가 설립된 국가의 법령과 단체의 실질에 비추어 우리나라의 사법(私法)상 단체의 구성원으로부터 독립된 별개의 권리·의무의 귀속주체로 볼 수 있는지 여부에 따른다(대법원 2012. 1. 27. 선고 2010두5950 판결 등 참조). 대상판결에서는 유한 파트너십인 A와 B가 구 법인세법상 외국법인이라고 보며, C회사는 도관회사이기에 귀속의 실질주의에 따라 A와 B가 국내 원천 배당소득의 (수익적 소유자로서) 원천납세의무자가 된다고 판단하였다.

Ⅲ. 국내원천 배당소득의 원천징수의무에 관한 실질과세 원칙 적용(쟁점 ②)

1. 의의

대상판결과 같은 사안에서는 원천징수의무자가 귀속의 실질주의에 따라 그 의무를 어떻게 이행하여야 할지에 관한 원칙적 기준을 제시하는 것이 필요하다. 대상판결은 그에 관한 기준을 기존 대법원 판결에 따라 제시한다.

2. 대법원의 태도

대상판결은 귀속의 실질주의가 원천징수의무에도 적용됨을 전제한 가운데, 국내원천소득금액을 지급하는 자가 거래 또는 소득금액의 지급과정에서 성실하게 조사하여 확보한 자료 등을 통해서도 그 소득의 실질적인 귀속자(수익적 소유자)가 따로 있다는 사실을 알 수 없었던 경우까지 실질적 귀속자를 기준으로 그 소득에 대한 법인세를 원천징수할 의무가 있다고 볼 수는 없다(대법원 2013. 4. 11. 선고 2011두3159 판결 참조)고 제시한다.

Ⅳ. 법인세법상 외국법인으로 본 외국단체를 조세조약상 법인으로 보지 않은 경우 판단(쟁점 ③)

1. 의의

대상판결에서는 유한 파트너십인 A와 B를 법인세법상 외국법인으로 보아 원천납세의무자로 인정하였다(쟁점 ①). 다만, 한·미 조세조약에서는 법인과 파트너십을 달리 규정하고 있는데, 대상판결에서는 이러한 규정에 따를 때, 배당에 대한 제한세율을 어떻게 적용할지 제시하고 있다.

2. 대법원의 태도

대상판결에서는 한·미 조세조약 제2조 제1항에서 파트너십(Partnership)과 법인(Corporation)을 명백하게 분리하여 규정하고 있고, 미국의 국내 법률상에서도 그 설립 내지 등록준거법이 다른 점을 확인하고 있다. 이에 유한 파트너십인 A와 B를 법인세법상 외국법인으로 보더라도 한·미 조세조약상 법인에 해당된다고 보기 어려우며, 한·미 조세조약 제12조 제2항(b)의 제한세율은 법인에만 적용될 수 있고, 해당 사실관계에는 법인 관련 제한세율을 적용할 수 없다고 판단하였다.

V. 대상판결의 의의

대상판결은 실질과세 원칙이 원천징수의무에까지 적용된다는 전제를 두며, 법인격 없는 외국단체가 국내 법률상 외국법인에 해당한다고 하더라도, 조세조약상 법인에 해당되지 않는다면 그에 따른 제한세율이 적용될 수 없음을 제시한데 의의가 있다. 다만, 대상판결은 수익적 소유자와 소득의 실질귀속자 간 구분과 수익적 소유자와 관련하여 선행하여야 할 거주자 판단을 명확히 하지 않은 아쉬움이 있다. 참고로 수익적 소유자의 독자적 의미와 판단은 대법원 2018. 11. 15. 선고 2017두33008 판결 등에서 처음 제시하고 있다.

〔참고문헌〕 윤지현, '파트너십'과 조세조약에서의 '거주자' - 대법원 2013. 10. 24. 선고 2011두22747 판결 -, 서울대학교 법학 제55권 제2호, 서울대학교 법학연구소, 2014.

[필자: 창원대학교 세무학과 교수 정승영]

> [19] 용역대가에 대한 원가가산방법의 적용의 합리성 및
> 원고가 성공보수를 분배 받아야 하는 것으로 보아
> 이익분할방법을 적용하여 과세한 처분의 당부
>
> **【대상판결】** 대법원 2013. 11. 14. 선고 2011두25784 판결

【사실관계】 원고는 버뮤다 소재 모회사인 A사에게 펀드의 투자대상을 발굴하고 정보를 수집하는 등의 용역(이하 '이 사건 용역'이라 한다)을 제공하고, A사는 그 대가로 원고에게 내부발생비용(Internal Cost)의 110%를 지급하기로 Origination Service 계약(이하 'OS 계약'이라 한다)을 체결하였다. 원고는 원가가산방법을 정상가격 산출방법으로 신고한 다음, 내부발생비용을 '판매 및 일반관리비(영업비용)와 영업 외 비용을 합산한 금액에서 영업 외 수익을 차감한 금액'으로 계산하여 2000 내지 2004 사업연도 법인세를 신고하였다. 한편, 피고들은 '판매 및 일반관리비와 영업 외 비용을 합산한 금액'이 원고의 내부발생비용에 해당한다는 이유로, 원고가 내부발생비용을 계산하면서 차감한 '영업 외 수익'의 110%에 상당하는 금액을 익금에 산입하는 등 하여 이 사건 법인세 및 부가가치세 부과처분과 소득금액변동통지를 하였다. 또한 피고들은 원고가 버뮤다 법에 의해 설립된 유한 파트너십으로 사모펀드인 B펀드의 운영 및 관리업무를 담당하며, B펀드의 무한책임사원(General Partner, 이하 'GP'라 한다)에 해당하는 국외특수관계인 B파트너스와 함께 초과이익 창출을 위하여 펀드매니저로서의 업무를 공동 수행하였음에도 그의 기여도에 해당하는 부분에 대하여 아무런 성공보수를 수취하지 못하였다고 보았다. 이에 구 국제조세조정법(2008. 12. 26. 법률 제9266호로 개정되기 전

의 것) 제5조 제1항 제4호, 제2항, 같은 법 시행령(2004. 12. 31. 대통령령 제18628호로 개정되기 전의 것) 제4조 제1호의 이익분할방법을 적용하여 원고의 대표이사인 C 등이 B파트너스로부터 수령한 성공보수 비율을 원고의 기여도로 간주하여 그에 해당하는 금액을 원고의 익금에 산입하는 한편, 같은 금액을 B파트너스에 대한 배당으로 소득처분하였고, 그에 따른 소득금액변동통지를 하였다.

【판결요지】 1. 원고의 영업 외 비용과 영업 외 수익은 그중 상당 부분이 이자 및 외화 관련 손익, 법인세의 추납 및 환급과 관련된 것이어서 서로 그 발생원인이 공통되며, 손익계산서에 계상한 영업 외 비용 중에는 이 사건 용역의 통상적인 원가로 보기 어려운 비용이 상당 부분 포함되어 있는 것으로 보이는 점 등에 비추어 보면, 원고의 판매 및 일반관리비와 영업 외 비용을 합산한 금액을 국외 특수관계자가 아닌 자와의 통상적인 거래에서 적용될 합리적인 용역대금으로 볼 수 없으므로 OS 계약 수수료 관련 이 사건 처분은 위법하다. 2. (1) 원고는 오로지 모회사인 A사를 위하여 이 사건 용역을 수행하고 그로부터 용역대금을 수령하였으므로 OS 계약의 거래상대방을 A사가 아닌 B파트너스로 볼 수 없고, (2) 원고의 역할은 투자기회를 물색하고 자산 인수와 관련하여 거래의 내용을 정리하여 B파트너스의 투자위원회에 기본 조건을 설명하는 것으로서, 해당 자산의 취득 여부는 투자위원회에서 결정하였으며, C는 원고의 대표이사일 뿐만 아니라 B파트너스의 유한책임사원이자 한국 투자와 관련하여 투자위원회의 구성원이며 한국 및 중국 투자와 관련된 업무의 책임자로서의 역할도 수행하여 그의 업무수행범위를 원고의 업무 범위와 동일시할 수 없으므로, 원고가 B파트너스와 함께 펀드매니저로서의 역할을 수행하였다고 보기도 어려우며, (3) 피고들이 원고와 B파트너스 간의 상대적 공헌도를 어떻게 측정하였는지를 알 수 있는 아무런 자료도 제시한 바가 없으므로 GP 성공보수 관련 이 사건 처분은 위법하다.

【해설】

Ⅰ. 들어가는 말

정상가격은 거주자 · 내국법인 또는 국내사업장이 국외특수관계자가 아닌 자와의 통상적인 거래에서 적용되거나 적용될 것으로 판단되는 가격을 말한다(구 국제조세조정법 제2조 제1항 제10호). 과세당국은 거래당사자 일방이 국외 특수관계자인 국제거래에 있어서 그 거래가격이 정상가격에 미달하거나 초과하는 경우에는 정상가격을 기준으로 거주자(내국법인과 국내사업장을 포함한다)의 과세표준 및 세액을 결정 또는 경정할 수 있으며(구 국제조세조정법 제4조 제1항), 정상가격은 국제조세조정법에서 규정하는 방법 중 가장 합리적인 방법에 의하여 계산한 가격으로 산출한다(구 국제조세조정법 제5조 제1항).

대상판결의 쟁점은 이 사건 용역대가에 대한 국제조세조정법상 정상가격 결정방법 중 원가가산방법 적용의 합리성(쟁점 ①)과 원고가 성공보수를 분배 받아야 하는 것으로 보아 이익분할방법을 적용하여 과세한 처분의 당부(쟁점 ②)이다.

II. OS계약 수수료에 대한 원가가산방법 적용의 합리성(쟁점 ①)

1. 의의

구 국제조세조정법 제4조 제1항을 적용하여 정상가격을 기준으로 과세처분을 하기 위해서는 납세의무자에 대한 자료제출 요구 등을 통하여 수집한 자료를 토대로 비교가능성 등을 고려하여 가장 합리적인 정상가격 산출방법을 선택하여야 하고, 비교되는 상황 간의 차이가 비교되는 거래의 가격이나 순이익에 중대한 영향을 주는 경우에는 그 차이를 합리적으로 조정하여 정상가격을 산출하여야 하며, 과세처분의 기준이 된 정상가격이 이와 같은 과정을 거쳐 적법하게 산출되었다는 점에 대한 증명책임은 과세관청에 있다(대법원 2001. 10. 23. 선고 99두3423 판결, 대법원 2012. 12. 26. 선고 2011두6127 판결 등 참조). 대상판결에서는 OS계약 수수료에 대한 정상가격 산출과정에서 원가가산방법의 적용의 합리성이 문제되었다.

2. 대법원의 태도

대법원은 피고들이 원가가산방법을 적용함에 있어 내부발생비용 계산 과정이 합리적인 정상가격 산정으로 볼 수 없고, 원고가 손익계산서에 계상한 영업 외 비용 중에는 이 사건 용역의 통상적인 원가로 보기 어려운 비용이 상당 부분 포함되어 있는 것으로 판단했다. 또한 용역대금을 어떻게 산정할 것인가는 원칙적으로 당사자간의 계약해석의 문제일 뿐 과세당국이 당사자간의 법률행위 해석에 개입할 여지는 적으며, 피고들은 계약 문언과 상관없이 원고가 수령한 용역 대금이 경제적인 합리성이 담보된 국제조세조정법상 정상가격인지 여부만 판단하면 될 터인데 통상의 원가가산법에 따른 정상가격 산출의 적부를 따져보지 아니한 채 만연히 원고의 계약해석이 부당하다는 이유로 곧바로 정상가격이 아니라고 판단한 것은 수긍하기 어렵다고 본 원심 판결이 정당하다고 판단했다.

Ⅲ. 원고가 성공보수를 분배 받아야 하는 것으로 보아 이익분할방법을 적용하여 과세한 처분의 당부(쟁점 ②)

1. 의의

구 국제조세조정법 제5조 제1항에 따르면, 대통령령으로 정하는 기타 합리적이라고 인정되는 방법에 해당하는 이익분할방법은 비교가능 제3자 가격방법, 재판매가격방법, 원가가산방법으로 정상가격을 산출할 수 없는 경우에 한하여 사용할 수 있고, 거주자와 국외특수관계자간의 국제거래에 있어 거래쌍방이 함께 실현한 거래순이익을 합리적인 배부기준에 의하여 측정된 거래당사자들 간의 상대적 공헌도에 따라 배부하고 이와 같이 배부된 이익을 기초로 산출한 거래가격을 정상가격으로 보는 방법이다(구 국제조세조정법 시행령 제4조 제1호). 쟁점 ①과 마찬가지로 과세처분의 기준이 된 정상가격의 합리성에 대한 증명책임은 과세관청에 있으며, 대상판결 사안의 경우, 원고가 성공보수를 분배받아야 하는 것으로 보아 이익분할방법을 적용할 수 있을지 문제되었다.

2. 대법원의 태도

대법원은 원고의 역할이 기본적으로 OS 용역에 그치는 이상 원고가 GP 성공보수를 분배받을 수 있는 위치에 있다고 보기도 어렵거니와, 피고들이 이익분할방법을 적용함에 있어 지출비용, 자본적 지출액, 사용된 자산총액, 부담한 위험정도, 수행된 기능의 중요도 등의 배부기준을 어떤 식으로 고려하였고 이에 따라 상대적 공헌도를 어떻게 측정하였는지를 알 수 있는 아무런 자료를 제시한 바가 없으며, 이에 따라 대표이사 C 등의 성공보수비율을 곧바로 원고의 공헌도로 볼 수 없다고 판단한 원심 판결이 정당하다고 보았다.

Ⅳ. 대상판결의 의의

과세관청이 거주자의 국외 특수관계자와의 거래에 대하여 정상가격을 기준으로 과세처분을 하기 위해서는 수집한 자료를 토대로 비교가능성 등을 고려하여 가장 합리적인 정상가격 산출방법을 선택하여야 하고, 비교되는 상황 간의 차이가 비교되는 거래의 가격이나 순이익에 중대한 영향을 주는 경우에는 그 차이를 합리적으로 조정하여 정상가격을 산출하여야 하며, 과세처분의 기준이 된 정상가격이 이와 같은 과정을 거쳐 적법하게 산출되었다는 점에 대한 증명책임은 과세관청에 있다.

대상판결은 과세처분의 기준이 되는 정상가격 산출방법에 대한 합리적 적용의 중요성을 재확인하였다는 점에서 의미가 있다.

[필자: 법무법인 화우 미국회계사 신상현]

[20] 구성원과세를 선택한 미국 단체가 한·미 조세조약 상 거주자에 해당하는지 여부

【대상판결】 대법원 2014. 6. 26. 선고 2012두11836 판결

【사실관계】 영국령 케이만군도의 유한파트너십(Limited Partnership)인 A와 미국의 유한책임회사(Limited Liability Company)인 B는 공동 출자하여 룩셈부르크에 특수목적법인 C를 설립하고, 다시 C는 벨기에에 특수목적법인 D를 설립하였다. D는 1999. 12. 21. 내국법인 갑의 발행 주식(이하 '이 사건 주식'이라 한다)을 매입한 다음, 2005. 7. 20. 이를 원고에게 매각하여 양도차익(이하 '이 사건 주식 양도소득'이라 한다)을 얻었다. 한편 미국의 유한책임회사 B의 주주로는 미국법인 E, F와 홍콩법인 G가 있다.

이 사건 주식의 양수인으로서 원천징수의무자인 원고는 한·벨 조세조약에 따라 주식 양도소득은 양도인인 D의 거주지국인 벨기에에서만 과세된다는 이유로 D의 이 사건 주식 양도소득에 대한 법인세를 원천징수하지 아니하였다.

그러나 피고는 룩셈부르크법인 C와 벨기에법인 D는 대한민국 내에서의 조세를 회피할 목적으로 설립된 명목상의 회사에 불과하여 이 사건 주식 양도소득에 관한 실질귀속자가 될 수 없고, C의 지분 상당 양도소득의 실질귀속자는 케이만군도의 유한파트너십 A와 미국의 유한책임회사 B의 주주 E, F, G라고 보아, 미국법인 E, F의 지분 상당 양도소득에 대해서는 한·미 조세조약을 적용하되, 우리나라와 조세조약이 체결되지 아니한 케이만군도의 유한파트너십 A 및 홍콩법인 G의 지분 상당 양도소득에 대하여는 법인세법을 적용하여 원천징수 법인세

를 고지하였다(이하 '이 사건 처분'이라 한다).

【판결요지】 한·미 조세조약 제3조 제1항 (b)호 (ii)목 단서는 문언과 체계상 미국의 거주자 중 조합과 같이 미국법인에 이르지 아니하는 단체 등과 관련된 규정으로 보이는 점, 위 단서는 조약의 문맥에 비추어 볼 때 미국 세법에 따라 어떠한 단체의 활동으로 얻은 소득에 관하여 단체가 아니라 구성원이 납세의무를 부담하는 이른바 투과과세 단체(Fiscally Transparent Entity)의 경우 원칙적으로 한·미 조세조약의 적용을 받을 수 있는 미국의 거주자가 될 수 없으나 구성원이 미국에서 납세의무를 지는 경우 예외적으로 단체에게 조세조약의 혜택을 부여하려는 특별규정으로 이해할 수 있는 점, 조합과 유한책임회사 등 조합의 형식을 취하지 아니한 단체가 미국 세법상 투과과세 단체로서 취급이 같은 이상 조합의 형식을 취하지 아니한 단체를 위 단서 규정의 적용대상에서 배제할 만한 뚜렷한 이유를 찾기 어려운 점, 그 밖에 한·미 조세조약의 체결목적이 소득에 대한 이중과세의 방지라는 점 등을 종합하여 보면, 위 단서가 규정한 '미국의 조세 목적상 미국에 거주하는 기타의 인' 중 '조합원으로서 행동하는 인'이란 미국 세법상 조합원 등의 구성원으로 이루어진 단체의 활동으로 얻은 소득에 대하여 구성원이 미국에서 납세의무를 부담하는 단체를 뜻한다고 보아야 하고, '그러한 인에 의하여 발생되는 소득은 거주자의 소득으로서 미국의 조세에 따라야 하는 범위에 한한다'는 의미는 그러한 단체의 소득에 대하여 구성원이 미국에서 납세의무를 부담하는 범위에서 단체를 한·미 조세조약상 미국의 거주자로 취급한다는 뜻으로 해석함이 옳다.

따라서 우리나라의 사법(私法)상 외국법인에 해당하는 미국의 어떠한 단체가 우리나라에서 소득을 얻었음에도 미국에서 납세의무를 부담하지 않는 경우 구성원이 미국에서 납세의무를 부담하는 범위에서만 한·미 조세조약상 미국의 거주자에 해당하여 조세조약을 적용받을 수 있고, 단체가 원천지국인 우리나라에서 얻은 소득 중 구성원이 미국의 거주자로 취급되지 아니하는 범위에 대하여는 한·미 조세조약을 적용할 수 없다.

I. 들어가는 말

대상판결의 주된 쟁점은 미국의 유한책임회사가 구성원과세를 선택하여 투과과세 단체로 취급되는 경우 한·미 조세조약상 '거주자'에 해당하는지 여부 및 이와 관련한 한·미 조세조약상 거주자 조항에 대한 해석이다. 그 밖에 해당 단체가 법인세법상 외국법인인지, 단체가 얻은 소득을 누구의 소득으로 귀속시킬 것인지 등도 문제될 수 있으나, 이에 대해서는 대상판결에 앞서 대법원 판결이 몇 차례 있었으므로 여기서는 관련 논의를 생략한다.

II. 한·미 조세조약상 구성원과세 단체의 거주자 판단

1. 의의

미국세법상 유한파트너십(Limited Partnership)과 유한책임회사(Limited Liability Company)는 단체 자체를 납세의무자로 보아 단체에 대하여 직접 과세하는 '법인과세'와 단체를 무시하고 그 구성원을 납세의무자로 보아 구성원에게 과세하는 '구성원과세' 중 하나를 선택할 수 있다. 대상판결에서 미국의 유한책임회사 B가 미국법에 따라 구성원과세를 선택함으로써 그 활동으로 얻은 소득에 대하여 B가 아니라 그 구성원이 포괄적인 납세의무를 부담하게 되었는데, 이러한 단체를 투과과세 단체(Fiscally Transparent Entity)라고 한다.

대상판결에서는 B가 구성원과세를 선택하여 투과과세 단체가 되었다는 이유로 한·미 조세조약상 미국 거주자가 아니라고 해석될 수 있는지가 문제되었다. 만약 구성원과세가 적용되는 B를 조세조약상 거주자로 보지 않는다면 그 단체에 대한 조세조약의 적용이 배제되어 이중과세 문제가 생길 수 있다.

2. 조세조약 적용요건으로서의 거주자 개념

조세조약의 적용에 있어서 거주자란 각국의 내국세법에 따라 전세계 소득에 대한 납세의무를 부담하는 자라고 해석되므로, 어느 소득의 귀속자가 거주자로서 조세조약상 혜택을 주장하기 위해서는 적어도 일방 체약국의 내국세법에 따른 납세의무를 부담해야 한다(OECD 모델 조세조약 제4조 제1항). 한·미 조세조약 제4조 제1항은 "일방 체약국의 거주자는, 이 협약에서 정한 제한에 따를 것으로 하여, 타방 체약국 내에 원천을 둔 소득에 대하여 또한 그러한 소득에 대해서만 동 타방체약국에 의하여 과세될 수 있다"고 하여 '거주자'에 대해서만 조세조약 이 적용된다고 규정하고 있다. 이처럼 조세조약이 적용되기 위해서는 기본적으로 체약당사자국의 거주자성이 인정되어야 한다.

3. 구성원과세를 선택한 미국 단체에 대한 한·미 조세조약의 적용 여부

미국 거주자가 한국 법인이 발행한 주식을 양도하여 얻은 소득에 대해서는 한·미 조세조약이 법인세법에 우선하여 적용되므로(한·미 조세조약 제16조), 미국 거주자가 한국에서 주식 양도소득을 얻은 경우 한국의 과세가 면제됨이 원칙이다.

한편, 한·미 조세조약 제3조 제1항 (b)호는 "미국의 거주자라 함은 (i) '미국 법인' (ii) '미국의 조세 목적상 미국에 거주하는 기타의 인'이라고 규정하면서, 단서 규정을 통하여 '다만 조합원 또는 수탁자로서 행동하는 인의 경우에, 그러한 인에 의하여 발생되는 소득은 거주자의 소득으로서 미국의 조세에 따라야 하는 범위에 한한다'고 규정하고 있다. 대상판결에서 미국 유한책임회사 B는 (ii)목의 '미국의 조세 목적상 미국에 거주하는 기타의 인'에 해당하나, 그 단서에 따라 '거주자'에서 제외되는지 여부가 문제된다.

대상판결은 위 단서가 규정한 '미국의 조세 목적상 미국에 거주하는 기타의 인' 중 '조합원으로서 행동하는 인'이란 미국 세법상 조합원 등의 구성원으로 이루어진 단체의 활동으로 얻은 소득에 대하여 그 구성원이 미국에서 납세의무를 부담하는 단체를 뜻한다고 보아야 하고, '그러한 인에 의하여 발생되는 소득은 거주자의 소득으로서 미국의 조세에 따라야 하는 범위에 한한다'는 의미는 그러한 단체의 소득에 대하여 그 구성원이 미국에서 납세의무를 부담하는 범위에서 그 단체를 한·미 조세조약상 미국의 거주자로 취급한다는 뜻이라고 판시하였다.

위와 같은 해석에 의하면, 미국의 어떠한 단체가 우리나라에서 소득을 얻었음에도 미국에서 납세의무를 부담하지 않는 경우 그 구성원이 미국에서 납세의무를 부담하는 범위에서만 한·미 조세조약상 미국의 거주자에 해당하여 조세조약을 적용받을 수 있고, 그 단체가 원천지국인 우리나라에서 얻은 소득 중 그 구성원이 미국의 거주자로 취급되지 아니하는 범위에 대하여는 한·미 조세조약을 적용할 수 없다(이른바 '가분적 거주자 이론').

대상판결에서는 이 사건 주식 양도소득이 미국 유한책임회사 B에게 실질적으로 귀속되었더라도 곧바로 한·미 조세조약을 적용할 수 없고, B의 주주인 미국법인 E, F와 홍콩법인 G가 미국에서 납세의무를 부담하는 범위를 확정한 후, 그에 따라 한·미 조세조약의 적용 여부를 판단하게 된다.

III. 대상판결의 의의

종전 대법원은 외국 유한파트너십 등 외국단체가 한·미 조세조약상 미국 거주자임을 전제로 판단하였을 뿐 명시적으로 거주자 판정기준을 명시한 적은 없었는데, 대상판결은 이를 명확하게 설시한 최초의 선례라는 점에서 중요한 의미를 갖는다. 대상판결에 따르면, 구성원과세를 선택한 미국의 단체가 납세의무자인 경우 한·미 조세조약의 적용 여부를 판단하기 위해서는 그 구성원의 거주지국과 납세의무에 대한 판단이 선행되어야 한다.

한편, 대상판결은 한·미 조세조약에 국한된 것이어서 다른 조세조약의 해석에도 그대로 적용될 수 있을지가 문제되었는데, 이후 대법원은 한·독 조세조약의 적용과 관련하여 독일 투과과세 단체도 그 구성원이 단체가 얻은 소득에 관하여 독일에서 포괄적인 납세의무를 부담하는 범위에서 조세조약상 독일의 거주자에 해당한다고 판시한 바 있다(대법원 2015. 3. 26. 선고 2013두7711 판결).

[필자: 법무법인 태평양 변호사 안현국]

[21] 주식 양도소득의 실질적 귀속자 문제

【대상판결】 대법원 2014. 7. 10. 선고 2012두16466 판결

【사실관계】 프랑스에 본점을 둔 최상위 지주회사 A사는 100% 출자하여 네덜란드에 본점을 둔 B사를 설립하였고, 중간 지주회사 B사는 100% 출자하여 대한민국에 본점을 둔 원고를 설립하였다. A사는 대한민국에서 사업을 영위하던 C사의 모회사인 프랑스 법인 D사를 흡수합병함으로써 C사의 주식을 취득하였고, 이후 원고가 C사를 흡수합병함에 따라 원고의 지분을 취득하게 되었다. 이에 따라 원고의 주식은 B사와 A사가 나누어 소유하게 되었는데, 그 후 B사와 A사는 원고의 주식 전부를 주식양수법인에게 양도하였다. 주식양수법인은 A사가 보유하였다가 양도한 원고의 주식 양도소득에 대한 법인세는 '한·불 조세조약' 및 구 법인세법(2006. 12. 30. 법률 제8141호로 개정되기 전의 것) 제98조에 따라 A사로부터 원천징수하여 납부하였고, 법인세할 주민세도 구 지방세법(2010. 1. 1. 법률 제9924호로 개정되기 전의 것) 제179조의3에 따라 특별징수의무자로서 신고 납부하였다. 하지만 B사가 보유하였다가 양도한 원고의 주식 양도소득(이하 '이 사건 주식 양도소득')에 대하여는 '한·네 조세조약' 제14조 제4항, 구 법인세법 제98조의4에 따라 법인세 비과세·면제신청을 하였다. 이에 대하여 피고가 B사의 법인세 비과세·면제 신청에 대한 부분조사 및 주식이동조사를 실시한 결과, B사는 조세회피를 위해 설립한 도관회사이고 A사가 '이 사건 주식 양도소득'의 실질귀속자이므로, 주식양수법인에게 '이 사건 주식 양도소득'에 대한 원천징수 무신고·

무납부에 대한 과세예고통지를 하였다. 이 후 주식양수법인은 원고에게 흡수합병되어, 피고는 이 사건 주식양수법인의 납세의무를 승계한 원고에게 '이 사건 주식 양도소득'의 원천징수의무자로서 '이 사건 주식 양도소득'에 대한 법인세를 결정고지(이하 '이 사건 법인세 부과처분') 하였다. 원고는 '이 사건 주식 양도소득'의 법인세액을 과세표준으로 하여 법인세할 주민세(이하 '이 사건 주민세 부과처분')를 신고·납부하였다. 원고는 '이 사건 법인세 및 주민세 부과처분'에 불복하여 조세심판원에 심판청구를 제기하였으나 기각되었다.

【판결요지】 1. 구 국세기본법(2007. 12. 31. 법률 제8830호로 개정되기 전의 것) 제14조 제1항에서 규정하는 실질과세의 원칙은 소득이나 수익, 재산, 거래 등의 과세대상에 관하여 귀속 명의와 달리 실질적으로 귀속되는 자가 따로 있는 경우에는 형식이나 외관을 이유로 귀속명의자를 납세의무자로 삼을 것이 아니라 실질적으로 귀속되는 자를 납세의무자로 보는 것이므로, 재산의 귀속명의자는 이를 지배·관리할 능력이 없고, 명의자에 대한 지배권 등을 통하여 실질적으로 이를 지배·관리하는 자가 따로 있으며, 그와 같은 명의와 실질의 괴리가 조세를 회피할 목적에서 비롯된 경우에는, 그 재산에 관한 소득은 재산을 실질적으로 지배·관리하는 자에게 귀속된 것으로 보아 그를 납세의무자로 삼아야 할 것이나(대법원 2012. 1. 19. 선고 2008두8499 전원합의체 판결 등 참조), 그러한 명의와 실질의 괴리가 없는 경우에는 소득의 귀속명의자에게 소득이 귀속된 것으로 보아야 할 것이다. 2. 법인세할 주민세는 법인세법의 규정에 의하여 부과되는 법인세액을 과세표준으로 하여 당해 시·군 내에서 법인세의 납세의무가 있는 법인이 납세의무를 지는 것이어서 법인세의 납세의무의 존재를 전제로 하고 있는 것이나, 법인세법에 의하여 부과되는 법인세액은 법인세할 주민세의 과세표준에 지나지 아니하므로 원천징수분 법인세 처분에 대한 불복과는 별개로, 과세표준이 되는 당해 법인세액의 결정의 위법을 이유로 특별징수분 법인세할 주민세를 다툴 수 있다.

【해설】

Ⅰ. 들어가는 말

대상판결의 쟁점은 조세조약의 해석에 있어서 실질과세원칙의 적용 여부와 '이 사건 주식 양도소득'의 실질적 귀속자가 누구인지(쟁점 ①)와 법인세액 결정의 위법을 이유로 특별징수분 법인세할 주민세를 다툴 수 있는지(쟁점 ②)이다.

Ⅱ. 실질과세원칙 적용 여부과 주식 양도소득의 실질적 귀속자(쟁점 ①)

1. 의의

조세조약과 국내 세법의 관계 및 조세법률주의와 조세조약 엄격해석의 원칙을 고려해 보았을 때 조세조약을 해석함에 있어서 실질과세원칙을 적용할 수 있는지와 이 사건 주식 양도의 거래주체 및 이로 인한 양도소득의 실질적 귀속주체는 누구인지가 문제되었다.

2. 원심의 태도

'한·네 조세조약'의 목적은 조세의 이중과세 회피뿐만 아니라 탈세방지에도 있는 것이고, '한·네 조세조약'상 "일방체약국이 이 협약을 적용함에 있어서 달리 정의되지 않은 용어는 달리 문맥에 따르지 아니하는 한, 이 협약의 대상 조세에 관련된 동 체약국의 법에 내포하는 의미를 가진다"고 규정하고 있으며, 조세조약은 일방 체약국의 세법에 의하여 창설된 과세권을 배분하거나 제약하는 기능을 하여 특정 조세조약의 적용 여부는 일방 체약국의 국내세법에 따라 정해질 수밖에 없으므로, '한·네 조세조약'상 실질과세원칙을 따로 두지 않더라도 그 원칙을 적용할 수 있다고 하였다.

다국적기업이 특정국가에 설립한 회사가 도관회사에 불과하다고 하기 위해서는, 그 회사가 소재한 국가에 조세피난처적 요소가 있다는 점만으로는 부족하고, 그 회사가 오로지 조약편승을 통한 조세회피의 목적으로 미리 설계한 투자구조 및 지배구조에 따라 형식적으로 만들어졌다는 점이 인정되어야 한다. B사는 네덜란드에서의 독립된 법인으로서 사업활동으로 하면서 네덜란드의 회계감독규정에 따라 장부를 기재하고 회계법인의 회계감사를 받고 있으며, 그 설립 이후 오랜 기간 동안 사업을 지속적으로 확장하였고 이 사건 주식의 양도대금도 직접 수령하여 자신의 명의로 수행하는 사업에 재투자하였으므로 조세부담 회피만을 위한 목적으로 설립된 법인으로 보기 어렵다. A사와 B사는 인적·물적 요소를 갖추어 수십 년간 존속하면서 자회사들의 주식 소유 및 관리를 주된 목적으로 하지만 자회사에 대한 직접적인 경영통제를 하지 않으므로, A사는 최상위 지주 회사이고 B사는 중간 지주회사일 뿐 B사가 A사 투자자금의 중간통로 역할만을 수행한 도관회사에 불과하다고 볼 수 없고, 이 사건 주식의 양도와 관련하여 모든 측면에서 거래를 주도한 주식 양도소득의 실질적 귀속주체는 B사로 보아야 하므로, 이 사건 주식 양도소득의 실질적 귀속주체가 A사인 것을 전제로 한 이 사건의 처분은 위법하다고 판단했다.

3. 대법원의 태도

B사의 설립 목적과 설립 경위, 사업활동 내역, 그 임직원 및 사무소의 존재, 이 사건 주식의 매각과 관련한 의사결정과정, 매각자금의 이동 등을 고려해 보았을 때, '이 사건 주식 양도소득'의 실질귀속자는 구조적으로 독립된 지주회사인 B사이고, '이 사건 주식 양도소득'에 대하여는 '한·네 조세조약'에 따라 우리나라가 과세할 수 없다. 따라서 A사가 '이 사건 주식 양도소득'의 실질귀속자에 해당한다고 보아 주식양수법인을 합병한 원고에게 '이 사건 법인세 부과처분'을 한 것은 위법하다고 판단했다.

Ⅲ. 법인세액 결정의 위법을 이유로 특별징수분 법인세할 주민세를 다툴 수 있는지(쟁점 ②)

1. 의의

법인세법에 의하여 부과된 법인세 처분이 위법하다고 주장하는 경우에 법인세액을 과세표준으로 하는 법인세할 주민세의 부과처분을 별도로 다툴 수 있는지가 문제되었다.

2. 대법원의 태도

법인세할 주민세는 법인세법의 규정에 의하여 부과되는 법인세액을 과세표준으로 하여 당해 시·군 내에서 법인세의 납세의무가 있는 법인이 납세의무를 지는 것이므로 법인세 납세의무의 존재를 전제로 하고 있는 것이나 법인세법에 따라 부과되는 법인세액은 법인세할 주민세의 과세표준에 지나지 아니하므로, 법인세 부과처분에 대한 불복과는 별개로 과세표준이 되는 당해 법인세액 결정의 위법을 이유로 법인세할 주민세를 다툴 수 있다(대법원 2013. 5. 24. 선고 2013두659 판결 등 참조)고 판단했다.

Ⅳ. 대상판결의 의의

대상판결은 주식 양도소득의 실질귀속자를 판단하는 과정에서 지주회사의 특징을 별도로 고려함으로써, 지주회사의 특성을 고려하지 않을 경우 중간 지주회사를 과세상 도관회사로 취급하기 쉬운 문제점을 해결하는 동시에, 중간 지주회사가 조세회피의 목적이라기 보다는 사업상 필요에 의해 설립된 경우라 하더라도 조세조약의 적용이 부정되어 온 실무상의 문제점을 해결해 주었다는 점에서 중요한 의의를 갖는다고 생각된다. 또한 조세조약을 남용하는 행위에 대한 대응수단으로서 실질과세원칙을 적용하는 경우 고려하여야 하는 요소 및 그 적용 과정에서 주의할 점을 판시함으로써 국제적 거래에 적용할 수 있는 실질과세원칙의 명확한 지침을 제공해 주었다는 점에서 의미가 있다고 사료된다.

[필자: 한양사이버대학교 교수 김경하]

[22] 외국의 혼성단체(Hybrid Entity)에 대한 조세조약의 적용

【대상판결】 대법원 2015. 3. 26. 선고 2013두7711 판결

【사실관계】 독일의 유한합자회사인 A는 독일의 유한회사인 B를 설립하여 발행주식 전부를 보유하였고, B는 우리나라의 유한회사인 원고를 설립하여 발행주식 전부를 보유하였다. 원고는 우리나라의 부동산을 매수한 후 2006년부터 2008년까지 B에 임대수익과 양도차익 등으로 발생한 소득금액을 배당금(이하 '이 사건 배당소득'이라 한다)으로 지급하면서 한·독 조세조약 제10조 제2항 (가)목에 따른 5%의 제한세율을 적용하여 원천징수한 법인세를 피고에 납부하였다. 피고는 2011. 3. 2. 원고에 대하여, 이 사건 배당소득의 실질귀속자는 A이고, A가 한·독 조세조약의 제한세율을 적용받을 목적으로 B를 설립하였다는 이유로, 한·독 조세조약의 적용을 배제하고 구 법인세법 제98조 제1항 제3호에서 정한 25%의 세율을 적용하여 2006~2008 각 사업연도 원천징수 법인세를 경정·고지하였다 (이하 '이 사건 처분'이라 한다).

【판결요지】 1. 조세조약은 거주지국에서 주소, 거소, 본점이나 주사무소의 소재지 또는 이와 유사한 성질의 다른 기준에 의한 포괄적인 납세의무를 지는 자를 전제하고 있으므로, 거주지국에서 그러한 포괄적인 납세의무를 지는 자가 아니라면 원천지국에서 얻은 소득에 대하여 조세조약의 적용을 받을 수 없음이 원칙이고, 한·독 조세조약 제1조와 제4조 제1항 역시 거주지국에서 포괄적인 납세의

무를 지는 거주자에 대하여만 조세조약이 적용됨을 밝히고 있다. 한·독 조세조약은 어떠한 단체의 활동으로 얻은 소득에 관하여 단체가 아니라 구성원이 포괄적인 납세의무를 부담하는 이른바 '투과과세 단체'(Fiscally Transparent Entity)가 '거주자'로서 조세조약의 적용대상인지에 관하여 아무런 규정을 두고 있지 않으나, 우리나라의 법인세법상 '외국법인'에 해당하는 독일의 투과과세 단체가 거주지국인 독일에서 포괄적인 납세의무를 부담하지 않는다고 하더라도 구성원이 위 단체가 얻은 소득에 관하여 독일에서 포괄적인 납세의무를 부담하는 범위에서는 조세조약상 독일의 거주자에 해당하여 한·독 조세조약의 적용을 받을 수 있고, 단체가 원천지국인 우리나라에서 얻은 소득 중 구성원이 독일에서 포괄적인 납세의무를 부담하지 아니하는 범위에서는 한·독 조세조약의 적용을 받을 수 없다고 보아야 한다. 그리고 독일의 투과과세 단체가 우리나라의 법인세법상 '외국법인'에 해당하더라도 독일 세법에 따라 법인세와 같은 포괄적인 납세의무를 부담하지 않는다면 이를 한·독 조세조약상 '법인'으로 볼 수는 없으므로, 원천지국인 우리나라에서 얻은 배당소득에 대하여는 구성원이 독일에서 포괄적인 납세의무를 부담하는 범위 안에서 한·독 조세조약 제10조 제2항 (나)목에 따른 15%의 제한세율이 적용될 수 있을 뿐이다.

2. 위와 같은 사안에서 B의 설립경위와 목적, B의 인적·물적 조직과 사업활동 내역, A와 B의 소득에 대한 지배·관리 정도 등에 비추어, B는 원고의 발행주식이나 배당소득을 지배·관리할 능력이 없고 A가 B에 대한 지배권 등을 통하여 실질적으로 이를 지배·관리하였으며, 우리나라의 법인세법상 '외국법인'에 해당하는 A가 직접 배당소득을 얻는 경우에는 한·독 조세조약에 따른 5%의 제한세율이 적용되지 아니하여 그와 같은 명의와 실질의 괴리가 오로지 조세를 회피할 목적에서 비롯된 것으로 볼 수 있으므로, 위 배당소득의 실질귀속자는 B가 아니라 A라고 보아야 한다.

【해설】

I. 들어가는 말

원고가 한·독 조세조약 제10조 제2항 (가)목에 따른 5%의 제한세율을 적용받으려면, 이 사건 배당소득을 지급받은 자가 ① 조세조약상 배당소득의 수익적 소유자이어야 하고, ② 한·독 조세조약에서 정한 독일의 거주자에 해당하여야 하며, ③ 한·독 조세조약상 '법인'으로서 원고의 지분을 25% 이상 직접 소유하고 있어야 한다. 다만, 위 ①, ② 요건을 충족하는 이상, 위 ③ 요건이 충족되지 않더라도 한·독 조세조약 제10조 제2항 (나)목에 따른 15%의 제한세율을 적용받을 수 있다.

Ⅱ. 조세조약의 해석·적용과 실질과세의 원칙(쟁점 ①)

대상판결의 명시적인 쟁점은 이 사건 배당소득의 실질귀속자(수익적 소유자)가 A와 B 중 누구인가이다. 대법원 2012. 1. 19. 선고 2008두8499 전원합의체 판결은 실질과세의 원칙의 요건으로 ① 명의와 실질의 괴리, ② 조세 회피의 목적을 제시하고 있고, 대법원 2012. 4. 26. 선고 2010두11948 판결(이른바 '라살레 판결')은 조세조약의 해석·적용에도 실질과세의 원칙이 적용된다고 판시한 바 있다. 이후 외국계 투자펀드(라살레 판결의 경우 영국의 유한 파트너십 등 투과과세 단체, 투과과세 단체란 영미법상 파트너십과 같이 투과단체의 활동으로 인한 소득에 대한 조세를 단체가 아니라 그 구성원들이 부담하는 단체를 말한다)가 이른바 도관회사(라살레 판결의 경우 벨기에 법인)를 통하여 우리나라에서 소득을 얻은 경우, 중간 도관회사의 존재를 무시하고 그 배후에 있는 외국계 투자펀드가 실질귀속자라는 판결례가 형성되어 왔다.

대상판결 역시 B의 설립이 오로지 조세 회피 목적에서 비롯된 것으로 보아 그 배후에 있는 A를 이 사건 배당소득의 실질귀속자라고 판단하였고, 이와 달리 B가 이 사건 배당소득의 실질귀속자라고 판단하고 이 사건 처분을 전부 취소한 환송 전 원심판결을 파기·환송하였다. 이에 대하여 비판적인 견해도 없지 않으나 이에 관한 상세한 언급은 생략하고, 이하에서는 판례공보의 '판결요지' 부분에 정리된 대상판결에서 처음으로 설시된 법리를 살펴보기로 한다.

Ⅲ. 외국의 혼성단체에 대한 조세조약의 적용(쟁점 ②)

대상판결은 이 사건 배당소득을 귀속받은 A(독일의 유한합자회사)가 '우리나라의 법인세법상 외국법인에 해당하는 독일의 투과과세 단체[이하 우리나라와 독일에서 세법상 단체의 성격을 달리 취급한다는 점에서 '외국의 혼성단체(Hybrid Entity)'라 한다]'에 해당한다는 전제 아래, 외국의 혼성단체가 ① 한·독 조세조약에서 정한 독일의 '거주자'에 해당하는지와 ② 5%의 제한세율을 적용받기 위한 한·독 조세조약에서 정한 '법인'에 해당하는지에 관한 법리를 처음으로 설시하였다. 대상판결에서 설시된 법리는 대상판결과 소득의 귀속자와 쟁점이 동일한 대법원 2015. 5. 28. 선고 2013두7704 판결에서 되풀이되고 있다.

먼저, 위 ① 쟁점과 관련하여, 대법원 2014. 6. 26. 선고 2012두11836 판결은 한·미 조세조약에서 혼성단체가 조약상 거주자에 해당하는지에 대하여 한·미 조세조약 제3조 제1항 (b)호 (ii)목 단서의 문언을 근거로 "구성원이 미국에서 납세의무를 부담하는 범위에서만 한·미 조세조약상 미국의 거주자에 해당한다"라고 판단한 바 있다. 한·독 조세조약에는 문언상 근거가 없어 위 법리가 그대로 적용될 수 있는지 문제되었는데, 대상판결은 "구성원이 위 단체가 얻은 소득에 관하여 독일에서 포괄적인 납세의무를 부담하는 범위에서는 조세조약상 독일의 거주자에 해당하여 한·독 조세조약의 적용을 받을 수 있고, 독일에서 포괄적인 납세의무를 부담하지 않는 범위에서는 한·독 조세조약의 적용을 받을 수 없다고 보아야 한다"라고 판시함으로써 이를 긍정하였다.

다음으로, 위 ② 쟁점과 관련하여, 대상판결은 "독일의 투과과세단체가 우리나라의 법인세법상 '외국법인'에 해당한다고 하더라도 독일 세법에 따라 법인세와 같은 포괄적인 납세의무를 부담하지 않는다면 이를 한·독 조세조약상 '법인'으로 볼 수 없다"는 이유로 한·독 조세조약 제10조 제2항 (나)목에 따른 15%의 제한세율이 적용될 수 있을 뿐이라고 판시하였다.

Ⅳ. 대상판결의 의의

대상판결 위와 같은 입장은, 거주지국 세법에 따른 납세의무 기준에 따라 거주자를 판단하는 한·독 조세조약 규정의 문언에 충실하면서도, 이중과세의 위험을 고려하여 한·독 조세조약상 명문의 규정이 없음에도 해석상 거주지국이 독일인 구성원의 지분율에 해당하는 부분에 한하여 15%의 제한세율을 적용하도록 한 것으로 평가할 수 있다.

이에 대하여 대상판결의 입장은 외국의 혼성단체 소재지국이 아닌 다른 나라의 거주자의 출자를 더 불리하게 취급하게 되어 조세중립성에 반하므로, OECD의 입장처럼 혼성단체 소재지국 밖에 거주지를 둔 출자자들에게 소득을 귀속시켜 조세조약을 적용시켜주는 방향으로 가야 하며, 이를 위해서는 이른바 론스타 판결(대법원 2012. 1. 27. 선고 2010두5950 판결) 등 외국단체의 국내법상 구분은 사법(私法)상 성질에 따른다고 본 대법원 판결을 변경할 필요가 있다는 비판적 견해가 제시되었다.

이와 관련하여 2018. 12. 말경 신설된 소득세법 제119조의2 및 법인세법 제93조의2는, '국외투자기구에 대한 실질귀속자 특례'라는 표제 아래 "비거주자 또는 외국법인이 국외투자기구를 통하여 국내원천소득을 지급받는 경우에는 그 비거주자 또는 외국법인을 국내원천소득의 실질귀속자로 본다. 다만, 국외투자기구가 투자자를 입증하지 못하는 경우(투자자가 둘 이상인 경우로서 투자자 중 일부만 입증하지 못하는 경우에는 입증하지 못하는 부분으로 한정한다) 등 일정 요건을 충족하는 경우에는 그 국외투자기구를 실질귀속자로 본다. 국외투자기구가 투자자를 입증하지 못하여 그 국외투자기구를 실질귀속자로 보는 경우에는 그 국외투자기구에 대하여 조세조약에 따른 비과세, 면제 및 제한세율의 규정을 적용하지 않는다"라고 정하고 있다.

〔참고문헌〕 정광진, 외국의 혼성단체(Hybrid Entity)에 대한 조세조약의 적용, 사법 제33호, 2015.

윤지현, 혼성단체에 대한 조세조약 적용과 '가분적 거주자 이론', 조세학술논집 제32집 제3호, 한국국제조세협회, 2016.

[필자: 서울남부지방법원 판사 김영완]

[23] 독일 투과과세단체의 실질귀속자 판단 기준 및 한·독 조세조약상 제한세율의 적용요건

【대상판결】 대법원 2015. 5. 28. 선고 2013두7704 판결

【사실관계】 원고는 부동산 임대 등을 주된 사업목적으로 설립된 회사로서, 서울 소재 빌딩을 보유하고 있었다. A법인은 독일 상법에 의하여 투자펀드로 설립된 독일 유한합자회사(partnership)이고, 2003. 8. 13. 독일 유한회사법에 의하여 B법인 및 C법인을 각각 설립하여 각 발행주식의 100%를 취득·보유하여 왔으며, B, C 법인은 2003. 8. 28.경부터 원고의 지분을 각 50%씩 취득·보유하여 왔다. 원고는 2006년부터 2008년까지 B, C법인에게 배당금(이하 '이 사건 배당소득')을 지급하였고, 이 사건 배당소득에 대하여 한·독 조세조약 제10조 제2항 가목의 제한세율 5%를 적용함으로써 법인세를 원천징수하여 피고에게 납부하였다. 피고는 이 사건 배당소득의 수익적 소유자가 B, C법인의 모회사인 A법인으로서, A법인이 한·독 조세조약의 제한세율 적용의 혜택을 받을 목적으로 B, C법인을 설립한 것으로 보아, 한·독 조세조약의 적용을 배제하고 구 법인세법(2008. 12. 26. 법률 제9267호로 개정되기 전의 것, 이하 같다) 제98조 제1항 제3호 소정의 25%의 세율을 적용하여 2011. 3. 2. 원고에게 법인세 등을 부과하는 이 사건 처분을 하였다.

【판결요지】 1. 원천지국이 과세권을 행사함에 있어서 조세조약을 적용할 경우 소득이 귀속되는 주체는 조세조약에 다른 정함이 없는 이상 원천지국의 국내법에 따라야 하므로 원천지국의 국내법에 의하면 투과과세 단체를 소득 귀속의 주체

로 보아야 하는 경우에 이를 무시한 채 그 구성원들을 소득 귀속의 주체로 보아 원천지국과 그 구성원들의 거주지국 사이에 체결된 조세조약을 적용할 수는 없으나, 투과과세 단체라고 하더라도 그 단체에 귀속된 소득에 관하여 그 구성원이 체약국의 거주자로서 포괄적인 납세의무를 부담하는 범위에서는 한·독 조세조약상 거주자로 취급될 수 있다.

2. 한·독 조세조약 제3조 제1항 (마)목에서 정의한 '법인'이란 어떤 단체가 설립된 국가의 법에 따라 단체 단계에서 법인세와 같은 포괄적인 납세의무를 부담하는 과세단위를 의미한다고 할 것이다. 따라서 독일의 투과과세 단체가 독일 세법에 따라 법인세와 같은 포괄적인 납세의무를 부담하지 않는다면 이를 한·독 조세조약상 '법인'으로 볼 수는 없으므로, 그 단체가 원천지국인 우리나라에서 얻은 배당소득에 대하여는 그 구성원이 독일에서 포괄적인 납세의무를 부담하는 범위에서 한·독 조세조약 제10조 제2항 (나)목에 따른 15%의 제한세율이 적용될 수 있을 뿐이다.

【해설】

Ⅰ. 들어가는 말

대상판결의 쟁점은 독일의 투과과세 단체가 국내에서 얻은 소득의 실질귀속자(쟁점 ①)와 한·독조세조약 제10조 제2항에 따라 배당소득에 관하여 5%의 제한세율이 적용되기 위한 요건 및 조세조약 제3조 제1항 (마)목에서 정의한 '법인'의 의미(쟁점 ②)이다.

아래 소개와 같이 대법원은 이 사건에서 원심판결을 파기하였고, 이에 대한 재상고심 판결도 있으나, 위 판결은 별도로 소개하기로 한다(제43번 판례평석).

Ⅱ. 독일의 투과과세 단체가 국내에서 얻은 소득의 실질귀속자(쟁점 ①)

1. 의의

과세대상에 관하여 귀속 명의와 달리 실질적으로 귀속되는 자가 따로 있는 경우에는 형식이나 외관을 이유로 귀속 명의자를 납세의무자로 삼을 것이 아니라 실질적으로 귀속되는 자를 납세의무자로 삼겠다는 실질과세원칙(국세기본법 제14조 제1항)은 조세조약의 해석과 적용에 대해서도 적용된다(대법원 2012. 4. 26. 선고 2010두11948 판결 등). 이 사건에서는 한·독 조세조약의 적용과 관련하여 이와 같은 실질과세원칙에 따라 독일의 투과과세 단체가 국내 원천소득의 실질귀속자가 될 수 있는지 여부와 그 판단기준이 문제되었다.

2. 1심 및 원심의 판단

1심(서울행정법원 2012. 6. 15. 선고 2011구합40042 판결)과 원심(서울고등법원 2013. 3. 27. 선고 2012누20832 판결)은 B, C법인이 독일 유한회사법에 의해 적법하게 설립된 유한회사로서, 원고에 대해서 B, C법인 명의로 출자가 이루어졌고, 투자관리계약 체결 및 수수료 지급 등 법률행위를 자신의 명의로 하였으며, 독일 법인세법상 이 사건 배당소득에 대한 법인세 납세의무자도 B, C법인이고, A법인과의 관계에 있어서 B, C법인과 동일한 위치에 있는 D법인이 A법인과 별개로 자금을 처분한 사정 등에 비추어 보면, B, C법인은 A법인과는 법률적 관점에서 독립된 권리의무의 주체로 보아야 한다는 등의 이유로 이 사건 배당소득의 실질적 귀속자는 B, C법인이라고 판단하였다.

3. 대법원의 판단

이에 반해 대법원은 B, C법인의 설립경위와 목적, 위 각 법인의 인적·물적 조직과 사업활동 내역, A, B, C법인의 소득에 대한 지배·관리 정도 등에 비추어 보면, B, C법인은 원고의 발행주식이나 이 사건 배당소득을 지배·관리할 능력이 없고, A법인이 B, C에 대한 지배권 등을 통하여 실질적으로 이를 지배·관리하였으며, 그와 같은 명의와 실질의 괴리가 오로지 조세를 회피할 목적에서 비롯된 것으로 볼 수 있으므로, 이 사건 배당소득의 실질귀속자는 B, C법인이 아니라 A법인이라고 보아야 한다고 판단하였다.

III. 배당소득에 관하여 5%의 제한세율이 적용되기 위한 요건(쟁점 ②)

1. 의의

한·독 조세조약 제10조 제2항에 따라 배당소득에 관하여 5%의 제한세율이 적용되기 위해서는 그 배당소득의 수익적 소유자, 즉 실질귀속자가 '법인'인 거주자이어야 한다. 한·독 조세조약 제3조 제1항 (마)목은 법인을 '법인격이 있는 단체 또는 조세목적상 법인격이 있는 단체로 취급되는 실체'라고 정의하고 있는데, 이 사건에서는 위 규정에서 정의한 '법인'이 구체적으로 어떤 의미인가가 문제되었다.

2. 1심 및 원심의 판단

1심과 원심은 이 사건 배당소득의 실질귀속자를 A법인으로 본다고 하더라도 A법인은 우리나라의 사법상 단체의 구성원으로부터 독립된 별개의 권리·의무의 귀속주체에 해당하여 '법인'으로 볼 수 있고, 나아가 B, C법인을 통하여 원고의 발행주식 전부를 보유하고 있으므로 이 사건 배당소득에 대하여 한·독 조세조약 제10조 제2항 (가)목에 따른 5%의 제한세율이 적용된다고 판단하였다.

3. 대법원의 판단

대법원은 우리나라의 법인세법상 '외국법인'에 해당하는 독일의 어떠한 단체가 우리나라에서 얻은 소득에 관하여 독일에서 포괄적인 납세의무를 부담하지 않는 투과과세 단체에 해당하는 경우 그 구성원이 위 단체가 얻은 소득에 관하여 독일에서 포괄적인 납세의무를 부담하는 범위에서는 조세조약상 독일의 거주자에 해당하여 한·독 조세조약의 적용을 받을 수 있고, 그 단체가 원천지국인 우리나라에서 얻은 소득 중 그 구성원이 독일에서 포괄적인 납세의무를 부담하지 아니하는 범위에서는 한·독 조세조약의 적용을 받을 수 없다고 보아야 한다고 보았다. 이러한 전제에서 대법원은 A법인이 독일의 투과과세 단체로서 독일에서 포괄적인 납세의무를 부담하지 않는 이상 한·독 조세조약상 '법인'으로 볼 수 없어 이 사건 배당소득에 대하여는 한·독 조세조약에 따른 5%의 제한세율을 적용할 수 없고, 그 구성원이 독일에서 포괄적인 납세의무를 부담하는 범위에서만 한·독 조세조약상 '거주자'로서 15%의 제한세율을 적용할 수 있을 뿐이라고 판단하였다.

IV. 대상판결의 의의

대법원은 지금껏 조세조약상 실질귀속자의 판단기준과 관련하여 일관되게, (1) 재산의 귀속 명의자와 실질적인 지배관리자가 다르고, (2) 명의와 실질의 괴리가 조세를 회피할 목적에서 비롯된 경우에는 그 재산의 실질적인 지배관리자를 소득의 귀속자로 보아왔다(대법원 2012. 4. 26. 선고 2010두15179 판결, 대법원 2012. 10. 25. 선고 2010두25466 판결 등 다수). 위 판결도 위와 같은 종전의 입장과 같은 맥락에 있다. 이 사건 1심과 원심은 B, C법인이 국내법상 법인의 실체를 갖추고 있다는 점을 주된 근거로 이 사건 배당소득의 실질귀속자를 위 각 법인으로 판단하였으나, 대법원은 위 각 요건을 보다 엄격히 적용하여 이를 부인하고, 그 배후에 있는 A법인을 실질귀속자로 판단하였다.

그리고 이러한 기준에 따라 판단된 실질귀속자가 단순히 우리나라 국내법상 그 구성원과 독립된 법인의 실질을 갖고 있다고 하더라도 그로써 곧바로 한·독 조세조약상 제한세율의 적용을 받을 수 있는 것이 아니라, 독일에서 포괄적인 납세의무를 부담하는지 여부를 별도로 따져 이를 부담하는 경우에 한하여 위 제한세율의 적용을 받을 수 있다는 점을 밝힌 데에 의미가 있다.

[필자: 법무법인 화우 변호사 이정렬]

[24] 인적용역 소득과 사용료소득의 구별

【대상판결】 대법원 2015. 6. 24. 선고 2015두950 판결

【사실관계】 독일법인 갑(원고)이 우리나라 회사 을에게 제철소 설비구매 계약(이하 "이 사건 계약")을 체결하여 플랜트 공사를 위한 설비 공급, 설계 등 용역(이하 "이 사건 용역")을 제공하고 대금을 수령하였다. 이때 을은 대금을 지급하면서 해당 대금(이하 "이 사건 설계대금")이 한·독 조세조약 상 사용료 소득에 해당한다고 보아 10%를 원천징수하였다. 원고는 이 사건 설계대금이 인적용역 제공에 따른 소득이지 사용료 소득이 아니라는 취지에서 해당 원천징수세액의 환급을 구하는 경정을 청구하였으나, 피고는 경정을 거부하였다(이하 "이 사건 처분").

【판결요지】 ① 이 사건 계약의 주된 목적은 원고가 A에게 특정한 사양의 이 사건 각 플랜트 설비를 공급하는 것이고, 이 사건 용역은 이 사건 각 플랜트 설비를 공급하는 데 필수적으로 수반되는 설계 및 도면작성 작업인 점, ② 이 사건 용역이 고도의 기술력을 필요로 하는 것이라 하더라도 동종의 용역수행자가 통상적으로 보유하는 전문적 지식이나 특별한 기능으로는 수행할 수 없는 수준이라고 단정할 수 없는 점, ③ 이 사건 계약상 비밀보호 조항은 쌍방에게 동등하게 비밀보호의무를 부과하는 것으로서 일반적인 용역계약 또는 판매계약에서 전형적으로 사용되는 내용인 점, ④ 이 사건 용역이 약 2년 6개월의 장기간에 걸쳐 이행되었고 그 대가인 이 사건 설계대금은 대부분 인건비 등 실비변상적 요소로 지

출되는 등 이 사건 설계대금이 인적 용역의 대가로 보기에 지나치게 높은 금액이라고 보기도 어려운 점, ⑤ 이 사건 계약에 따라 원고는 이 사건 용역의 이행과 결과를 보증하고 있는 점, ⑥ 원고가 보유한 코크 오븐 플랜트 설비 등 분야에 관한 고도의 기술력 및 비공개 기술정보가 이 사건 용역의 수행과정에서 일부 A에게 공개 또는 이전되었을 가능성이 있으나 이는 인적 용역의 제공과정에서 부수적으로 발생한 것으로 보이는 점 등을 종합하여 보면, 국내에 고정사업장이 없는 독일법인인 원고가 지급받은 이 사건 설계대금은 인적 용역의 대가로서 한·독 조세조약 제7조에 의하여 국내에서 원천납세의무가 없다

【해설】

Ⅰ. 들어가는 말

구 법인세법(2008. 12. 26. 법률 제9267호로 개정되기 전의 것, 이하 "구 법인세법") 제93조 제6호에서는 대통령령을 정하는 일정한 소득을 인적용역소득으로 규정하고 있고, 그 위임을 받은 같은 법 시행령(2009. 2. 4. 대통령령 제21302호로 개정되기 전의 것, 이하 "구 법인세법 시행령") 제132조 제6항에서는 영화·연극의 배우, 음악가 기타 공중연예인이 제공하는 용역, 직업운동가가 제공하는 용역, 변호사·공인회계사·건축사·측량사·변리사 기타 자유직업자가 제공하는 용역, 과학기술·경영관리 기타 분야에 관한 전문적 지식 또는 특별한 기능을 가진 자가 당해 지식 또는 기능을 활용하여 제공하는 용역을 인적용역으로 규정하고 있다. 이렇게 법인세법에서 규정된 일정한 인적용역 소득 외에, 법인이 사업목적으로 인적용역을 포함하는 용역을 제공하고 얻는 소득은, 사업소득(business profit)에 해당하고, 이 경우 외국법인이 국내에 고정사업장을 두고 있는 경우에 한하여 우리나라에서 과세된다(한·독 조세조약 제7조 제1항).

한편 사용료 소득은 영화필름, 라디오·텔레비전방송용 필름이나 테이프를 포함한 문학적·예술적 또는 학술적 작품에 관한 저작권, 특허권, 상표권, 의장이나 신안, 도면, 비밀공식이나 공정의 사용 또는 사용권, 산업적·상업적 또는 학술적 장비의 사용이나 사용권, 또는 산업적·상업적 또는 학술적 경험에 관한 정보에 대한 대가로 받는 모든 종류의 지급금으로 정의되며(한·독 조세조약 제12조

제3항), 그에 해당하면 일정한 세율로 원천징수된다(한·독 조세조약 제12조 제1항 제2항). 이처럼 이 사건 설계대금이 어떤 소득에 해당하는지 여부에 따라 과세여부가 달라진다.

Ⅱ. 사업소득의 보충성

사업소득은 사업활동에 따른 소득 중 조약상 다른 소득으로 규정되지 않는 것을 의미한다(보충성. 이는 OECD 모델조세협약 제7조 제4항, 한·독 조세조약 제7조 제7항에도 규정되어 있고, 대부분의 조세조약에서도 동일하게 규정하고 있다). 배당소득도, 이자소득도, 사용료 소득도 모두 사업활동에 따라 발생할 수 있으나, 이들 소득은 조약상 별도의 소득으로 분류되어 있으므로 사업소득이 아니라 다른 소득으로 취급된다. 따라서 문제되는 이 사건 설계대금이 사업소득인지 따질 것이 아니라, 그것이 사용료 소득에 해당하는지 여부를 따져야 한다.

Ⅲ. 사용료 소득 여부-노하우의 대가 관련 고려사항

한·독 조세조약상 사용료의 정의는 크게 보면 저작권, 특허권, 상표권 등 권리사용에 대한 대가와, 산업적·상업적 또는 학술적 경험(노하우)에 대한 대가로 구별할 수 있다. 그중 이 사건에서는 노하우의 대가인지 여부가 보다 문제되었다. 법인세법 기본통칙은 비밀보호규정이 있거나 제3자에게 공개되지 못하게 하는 특별한 장치가 있는지 여부, 기술용역제공대가가 당해 용역 수행에 투입되는 비용에 통상이윤을 가산한 금액을 상당히 초과하는지 여부, 사용자가 제공된 정보 또는 노하우를 적용함에 있어서, 제공자가 특별한 역할을 수행하도록 요구되는지 또는 제공자가 그 적용결과를 보증하는지 여부를 고려하여 당해 대가가 노하우의 대가인지 여부를 판단하도록 하고 있다(법인세법 기본통칙 93-132…7 제3항). 또한 내국법인이 외국법인과 체결한 기술도입계약상 도입대상이 제1항의 정보 또는 노하우와 제2항의 기술지원용역으로 혼합되어 있는 경우, 계약상 제공하는 정보 또는 노하우와 기술지원용역 중 어느 부분은 당해 계약의 주된 부분을 구성하고 있고, 다른 부분은 부수적이며 보조적인 부분으로 구성되어 있다면 당해 계약상의 전체 지급대가를 그 계약의 주된 부분의 소득으로 하여 소득의 성격을 판단하도록 규정한다(법인세법 기본통칙 93－132…7 제4항).

Ⅳ. 대상판결의 입장

대상판결은 법인세법 기본통칙이 제시하는 판단기준을 적용하면서 이 사건 설계대금이 사용료 소득에 해당하지 않는다고 보았고, 구체적인 사유는 앞서 본 [판결요지]와 같다.

Ⅴ. 대상판결의 의의

어떤 대가가 노하우의 대가인지 판단하는 것은 쉽지 않은 일이다. 법인세법 기본통칙이 일정한 기준을 제시하기는 하나, 법규성이 없고, 특히 해당 기준이 언제나 통용되는 절대적인 기준이라고 보기도 어렵다. 대법원은 이러한 기본통칙이 제시하는 틀을 기초로 판단하면서도 그것이 반드시 맞는 것은 아니라는 전제하에 판단하였다. 특히 계약상 비밀유지조항이 있다는 이유로 과세관청은 기본통칙을 근거로 노하우의 대가라고 주장하는 경우들이 적지 않은데, 대상판결은 그러한 비밀유지조항은 일반적인 용역계약 또는 판매계약에서 흔히 들어가는 것이라는 점을 지적하면서 이를 이유로 사용료소득이라고 볼 수 없다고 판단하였고, 이러한 판단은 타당하다. 그 외에 노하우의 이전이 목적이라면 그 노하우를 활용한 결과는 보장하지 않는 것인데, 이 사건 용역은 그 결과를 보장하는 조항이 있었다는 점도 노하우의 대가로 보기는 어려운 요소였다. 그러나 이 사건 설계대금이 용역대가로 보기에 지나치게 높은 금액인지 여부도 판단의 기준으로 제시하였던 점은 아쉬운 부분이다. 용역대가는 시장의 수요와 공급을 기초로 결정되는 것이지 노하우의 이전 여부로 결정되는 것은 아니다. 가령 같은 차량을 한국에서는 저렴하게 판매하고 미국에서 비싸게 판매한다고 해서, 미국에서의 거래가 갑자기 노하우 거래가 되는 것은 아닐 것이다. 마지막으로 좀 더 여러 경우에 적용될 수 있는 일반론을 제시하지 못하였던 점도 아쉬운 부분이다. 한편 예전에는 노하우의 이전대가 측면에서 사용료 소득 여부가 문제되었다면 최근에는 사용료 소득 중 저작권, 특허권 사용대가 부분이 쟁점으로 부각되는 사례가 많고, 이 경우 판단 기준은 대상판결의 그것과 또 구별된다. 사용료 소득 여부 판단에서 구별이 필요하다.

[필자: 김·장 법률사무소 변호사 오광석]

[25] 국외 특수관계자에 대한 이익분여와 법인세법상 부당행위계산부인 규정의 적용

【대상판결】 대법원 2015. 11. 26. 선고 2014두335 판결

【사실관계】 내국법인인 원고 회사를 100% 소유한 A사는 말레이시아 라부안 (Labuan) 법인으로, 싱가포르 거주자인 B와 국내 거주자이나 국제조세조정법에 따른 특정외국법인 배당간주 대상이 아닌 C가 각각 83%, 17%의 지분을 소유하고 있다. A사와 원고 회사는 D사가 보유하고 있는 E사의 주식을 일정한 가격에 취득할 수 있는 콜옵션(이하 '이 사건 콜옵션')을 공동으로 보유하고 있었는데, 원고 회사는 이 사건 콜옵션의 행사를 포기하고 A사 단독으로 이 사건 콜옵션을 행사하여 E사 주식을 취득하였고, 원고 회사는 보유하고 있던 E사 주식 전량을 이 사건 콜옵션 행사가와 동일한 가격으로 A사에 양도하였다. 이에 피고는 원고 회사가 A사와 공동으로 보유하는 이 사건 콜옵션을 A사가 단독으로 행사하도록 함으로써 콜옵션 행사가격과 시가의 차액 상당을, E사 주식을 A사에 저가로 양도함으로써 시가와의 차액 상당을 각 무상으로 이전하였음을 이유로, 법인세법상 부당행위계산부인 규정을 적용하여 원고 회사에 법인세를 부과하고, A사의 소유자로서 이익의 실질귀속자에 해당하는 B와 C에 각 상여 소득처분을 하였다.

【판결요지】 1. 국세기본법상 실질과세원칙은 소득이나 수익, 재산 등의 과세대상에 관하여 귀속명의와 달리 실질적으로 귀속되는 사람이 따로 있는 경우에는 형식적인 귀속명의자가 아닌 실질적으로 귀속되는 사람을 납세의무자로 삼겠다는

것이다. 따라서 명의자에 대한 지배권 등을 통하여실질적으로 지배·관리하는 사람이 따로 있으며, 명의와 실질의 괴리가 조세를 회피할 목적에서 비롯된 경우 재산에 관한 소득은 재산을 실질적으로 지배·관리하는 사람에게 귀속된 것으로 보아 그를 납세의무자로 삼아야 한다. 그리고 실질과세원칙은 비거주자나 외국법인뿐만 아니라, 거주자나 내국법인이 거주지국인 우리나라의 조세를 회피하기 위하여 소득세를 비과세하거나 낮은 세율로 과세하는 조세피난처에 사업활동을 수행할 능력이 없는 외형뿐인 이른바 '기지회사(Base Company)'를 설립하여 두고 법인형식만을 이용함으로써 실질적 지배·관리자에게 귀속되어야 할 소득을 부당하게 유보하여 두는 국제거래에도 마찬가지로 적용될 수 있다. 2. 국제조세조정법의 제·개정 연혁, 국제조세조정법 제3조 제2항의 신설 경위, 법인세법과 국제조세조정법의 상호 관계, 부당행위계산부인의 대상과 유형을 정한 법인세법 시행령 제88조 제1항 각호와 국제조세조정법의 적용배제 범위를 정한 구 국제조세조정법 시행령(2007. 12. 31. 대통령령 제20494호로 일부 개정되기 전의 것, 이하 같다) 제3조의2 각호의 성격과 체계 등을 종합하면, 특수관계 있는 사람들 사이의 국제거래에 대하여 국제조세조정법에서 정한 이전가격세제의 적용이 어렵고 거래의 실질이 내국법인의 국외 특수관계자에 대한 이익의 무상이전에 해당하는 경우에는 구 국제조세조정법 시행령 제3조의2 각호에 포함되는 것으로 해석하여야 한다. 따라서 내국법인이 국외 특수관계자와 함께 파생상품에 근거한 권리를 보유하다가 국외 특수관계자에게 그 권리의 전부를 행사할 수 있게 하는 방법으로 국외 특수관계자에게 이익을 분여하는 행위는 구 국제조세조정법 시행령 제3조의2 제1호에서 정한 '자산의 무상이전'에 준하는 것으로서 법인세법상 부당행위계산부인의 대상이 된다.

【해설】

I. 들어가는 말

대상판결의 쟁점은 국세기본법상 실질과세원칙이 국제거래에 적용될 수 있는지 여부(쟁점 ①)와 특수관계 있는 사람들 사이의 국제거래에 대하여 국제조세조정법에서 정한 이전가격세제의 적용이 어렵고 거래의 실질이 내국법인의 국외

특수관계자에 대한 이익의 무상이전에 해당하는 경우, 구 국제조세조정법 시행령 제3조의2 각호에 포함되는지 여부(쟁점 ②)이다.

II. 국세기본법상 실질과세원칙이 국제거래에 적용될 수 있는지 여부 (쟁점 ①)

1. 의의

대법원은 '대법원 2012. 1. 19. 선고 2008두8499 판결'을 통해 국제거래에 실질과세원칙이 적용됨을 판시한 이래로 줄곧 동일한 법리에 근거하여 판단을 하고 있는 것으로 보인다. 한편 국제조세조정법도 2006. 5. 24. 실질과세원칙에 관한 제2조의2(현 제3조)를 신설함으로써 국제거래의 경우에도 소득 또는 재산이 실질적으로 귀속되는 자를 납세의무자로 하여 조세조약을 적용하여야 함을 명시한 바 있다. 대상판결 역시 국제조세조정법의 규정과 종전 판례의 흐름을 그대로 이어가고 있다.

2. 1심 및 원심의 판단

1심 및 원심은 국세기본법상 실질과세원칙에 관하여 '소득이나 수익, 재산 등의 과세대상에 관하여 귀속명의와 달리 실질적으로 귀속되는 사람이 따로 있는 경우에는 형식적인 명의자가 아닌 실질적으로 귀속되는 사람을 납세의무자로 삼겠다는 것'이라고 하면서, 실질과세원칙은 비거주자나 외국법인뿐만 아니라, 거주자나 내국법인이 거주지국인 우리나라의 조세를 회피하기 위하여 조세피난처에 사업활동을 수행할 능력이 없는 외형뿐인 이른바 '기지회사(Base Company)'를 설립하여 두고 법인형식만을 이용함으로써 실질적 지배·관리자에게 귀속되어야 할 소득을 부당하게 유보하여 두는 국제거래에도 마찬가지로 적용될 수 있는 것으로 판단하였다. 다만, 1심 및 원심은 A사가 현지 법령에 따라 설립된 법인으로서 정관, 이사진, 주소, 은행계좌 등을 갖추고 모든 거래를 실명으로 진행하면서 독립된 주체로 활동하였으며, 외국법인으로서 국내 세법에 따른 각종 의무를 이행해 왔다는 등의 이유로 실질과세원칙을 적용하더라도 주주인 B와 C에 A사의 소득을 귀속시킬 수는 없다고 보았다.

3. 대법원의 판단

대법원은 일반적인 법리로서 국제거래에 관한 실질과세원칙의 적용에 대해서는 원심과 그 입장을 같이 하였다. 그러나 대법원은 A사가 조세피난처에 설립된 회사로서 그 명의로 실질적인 사업활동을 수행할 능력이 없고, B와 C가 지배권을 통해 A사의 의사결정과 자산관리를 하면서 실질적인 사업활동을 수행한 점을 고려할 때, A사는 이른바 '기지회사'로서 원고 회사의 콜 옵션 포기로 인한 이익분여나 저가양도에 따른 이익은 이를 실질적으로 지배·관리하는 B와 C에게 직접 귀속되었다고 봄이 타당하다고 하여 원심과 그 결론을 달리하였다.

Ⅲ. 특수관계에 있는 사람들 사이의 국제거래에 대하여 국제조세조정법에서 정한 이전가격세제의 적용이 어렵고 거래의 실질이 내국법인의 국외 특수관계자에 대한 이익의 무상이전에 해당하는 경우, 구 국제조세조정법 시행령 제3조의2 각호에 포함되는지 여부(쟁점 ②)

1. 의의

1996년 국제조세조정법이 제정되면서 법인세법과 독립된 규정으로 이전가격세제가 도입되었고, 2002. 12. 18. 법률 제6779호 개정을 통해 제3조 제2항을 신설하여 국제거래에 대해서는 원칙적으로 부당행위계산부인 규정을 적용하지 않되, 대통령령으로 정하는 일정한 자산의 증여 등에 대해서는 예외적으로 법인세법 등에 따른 부당행위계산부인 규정을 적용하도록 하였다(현 제4조 제2항). 해당 대통령령에서는 부당행위계산부인을 적용할 수 있는 경우로서 '자산의 무상 이전'을 규정하고 있는데, 이 사건 콜옵션 포기 등에 의한 이익분여가 이에 포함될 수 있는지 여부가 문제되었다.

2. 1심 및 원심의 판단

1심 및 원심은 (i) 법인세법 시행령 제88조 제1항 제3호에서 '자산을 무상으로 양도하는 경우'를 별도로 규정하고 있다는 점, (ii) 제한된 행위유형에 한하여 부당행위계산부인 규정을 적용하려는 국제조세조정법 제3조 제2항의 취지 등을 고려하여, 원고가 이 사건 콜옵션 행사를 포기함으로써 A사에 이익을 분여한 행위에 대하여 법인세법상 부당행위계산부인 규정을 적용할 수 없다고 판단했다. 또한 원고의 E사 주식 저가 양도로 인한 이익 분여에 대해서도, 구 국제조세조정법 시행령 제3조의2 제1호의 '자산을 무상으로 이전하는 경우'에 포함되지 않는 것으로 보아 법인세법상 부당행위계산부인 규정의 적용을 부정하였다.

3. 대법원의 판단

대법원은 국제조세조정법의 제·개정 연혁, 국제조세조정법 제3조 제2항의 신설 경위, 법인세법과 국제조세조정법의 상호 관계, 부당행위계산부인의 대상과 유형을 정한 법인세법 시행령 제88조 제1항 각호와 국제조세조정법의 적용배제 범위를 정한 구 국제조세조정법 시행령 제3조의2 각호의 성격과 체계 등을 종합하여 보면, 특수관계 있는 사람들 사이의 국제거래에 대하여 국제조세조정법에서 정한 이전가격세제의 적용이 어렵고 그 거래의 실질이 내국법인의 국외 특수관계자에 대한 이익의 무상이전에 해당하는 경우에는 구 국제조세조정법 시행령 제3조의2 각호에 포함되는 것으로 보아 원심과 그 판단을 달리하였다.

Ⅳ. 대상판결의 의의

대상판결은 국제거래 관계에서 파생상품에 대한 권리를 포기하는 방식으로 특수관계인에 이익을 분여한 경우를 구 국제조세조정법 시행령 제3조의2 제1호에서 정한 '자산의 무상이전'에 해당하는 것으로 보아 법인세법상 부당행위계산부인 규정을 적용하도록 하였다. 원심에서도 지적하였듯이, 법문 자체로도 이 사건 콜옵션 포기로 인한 이익 분여가 '자산의 무상 이전'에 포함되지 않음이 비교적 분명하고, 법인세법 시행령 제88조 제1항에서 '자산을 무상으로 이전하는 경우'(제3호)와, '파생상품에 근거한 권리를 행사하지 않는 방법으로 이익을 분여하는 경우'(제7호의2)를 별도로 규정하고 있다는 점에서 후자를 전자에 포함되는 관계로 해석한 대상판결의 판단은 다소 이해하기 어려운 부분이 있는 것으로 생각된다. 다만, 특수관계로서 국제거래 관계에서 우선적으로 적용되는 국제조세조정법상 이전가격세제의 적용이 어렵다는 점을 고려하면, 부당행위계산부인 규정의 예외적인 적용 가능성을 열어둔 구 국제조세조정법 시행령 제3조의2 각호의 규정을 유연하게 해석할 필요가 있을 수 있고, 이러한 점에서는 대상판결에서의 대법원의 판단을 수긍할 여지도 있을 것이다.

[필자: 법무법인 화우 변호사 정일영]

[26] 정상가격 산출방법 중 기타 합리적 방법의 적용과 정상가격 증명책임의 소재

【대상판결】 대법원 2015. 12. 10. 선고 2013두13327 판결

【사실관계】 원고는 은행업을 주업으로 하면서 신탁업을 겸영하는 법인으로 2001. 4. 24. 그의 호주 현지법인으로부터 원금의 32.3% 가격으로 부실채권을 매입하고 이후 국내 특수관계인인 유동화 전문 유한회사에 해당 채권을 양도하였다. 피고는 원고와 유동화 전문 유한회사 간 거래금액을 정상가격으로 보고 원고가 그의 호주 현지법인으로부터 매입한 금액과 정상가격 간 차액을 손금불산입했다(이하 '이 사건 처분 ①'이라 한다). 원고는 미국, 캐나다 및 브라질 소재 5개 현지법인에 대한 경영지원비를 청구하지 않았는데 피고는 원고가 국내에서 지출한 본점 건물, 해외영업본부, 여신심사부, 글로벌 본부장 관련 비용 중 일부가 해외현지법인에 대한 용역 제공에 따라 발생하였다고 판단하고, 해외현지법인 관련 비용을 비례하여 안분하는 방식(예를 들어 본점 건물비용은 본점 사무실 건평 중 국제부서 사무실이 차지하는 비율을 고려하여 산정)으로 산출한 뒤 그 금액을 해외현지법인에 대한 경영지원비 미청구액으로 익금산입했다(이하 '이 사건 처분 ②'이라 한다).

【판결요지】 1. 기타 거래의 실질 및 관행에 비추어 합리적이라고 인정되는 방법은 비교가능제3자가격방법, 재판매가격방법, 원가가산방법으로 정상가격을 산출할 수 없고, 이익분할방법, 거래순이익률방법도 적용할 수 없는 경우에 보충적으로 적용가능한 방법이다. 따라서 다른 방법들로 정상가격 산출이 불가능한 것을

입증하지 못한 경우, 기타 거래의 실질 및 관행에 비추어 합리적이라고 인정되는 방법을 통한 정상가격 산출은 적법하지 않다. 2. 과세관청이 정상가격을 기준으로 과세처분을 하기 위해서는 납세의무자에 대한 자료제출 요구를 통해 수집한 자료를 토대로 비교가능성 등을 고려하여 가장 합리적인 정상가격 산출방법을 선택하여야 하고, 비교되는 상황 사이의 차이가 비교되는 거래의 가격이나 순이익에 중대한 영향을 주는 경우에는 그 차이를 합리적으로 조정하여 정상가격을 산출하여야 하며, 과세처분의 기준이 된 정상가격이 이와 같은 과정을 거쳐 적법하게 산출되었다는 점에 대한 증명책임은 과세관청에게 있다.

【해설】

I. 들어가는 말

정상가격이란 거주자, 내국법인 또는 국내사업장이 국외특수관계인이 아닌 자와의 통상적인 거래에서 적용하거나 적용할 것으로 판단되는 가격을 말한다(국제조세조정법 제2조 제1항 제5호). 정상가격은 비교가능제3자가격방법, 재판매가격방법, 원가가산방법 중 가장 합리적인 방법에 의하여 계산한 가격이며, 이러한 방법으로 산출할 수 없는 경우에 한하여 대통령령으로 정하는 기타 합리적이라고 인정되는 방법으로 정상가격을 산출하도록 규정하고 있다[구 국제조세조정법 (2008. 12. 26 법률 제9266호로 개정되기 전의 것) 제5조 제1항]. 기타 합리적이라고 인정되는 방법으로 이익분할방법, 거래순이익률방법, 기타 거래의 실질 및 관행에 비추어 합리적이라고 인정되는 방법(이하 '기타 합리적 방법'이라 한다)이 있으며 각 방법을 순차적으로 적용한다고 규정하였다[구 국제조세조정법 시행령(2002. 12. 30. 대통령령 제17832호로 개정되기 전의 것) 제4조, 제5조].

또한 정상가격을 산출하는 경우 특수관계인 간 국제거래와 비특수관계인 간 국제거래 사이에 사업활동의 기능, 계약조건, 거래에 수반되는 위험, 재화나 용역의 종류 및 특성, 시장여건의 변화, 경제여건 등의 비교가능성이 높고, 당해 거래와 비특수관계인 간 거래 사이에서 수행된 기능, 부담한 위험 또는 거래조건 등 차이로 인하여 적용하는 가격·이윤 또는 거래순이익에 차이가 발생하는 때에는 그 가격·이윤 또는 거래순이익의 차이를 합리적으로 조정할 것 등을 규정하였다(구 국제조세조정법 제5조, 제6조).

대상판결의 쟁점은 정상가격 산출에 있어서 기타 합리적 방법을 어떠한 경우에 적용할 수 있는지(쟁점 ①)와 과세처분의 기준이 된 정상가격이 상기와 같이 높은 비교가능성을 충족하고, 가격·이윤 또는 거래순이익에 대한 차이를 합리적으로 조정하는 등 적법한 과정을 거쳐서 산출되었다는 점에 대한 증명책임을 과세당국이 부담해야 하는지 여부이다(쟁점 ②).

Ⅱ. 정상가격 산출방법 중 기타 합리적 방법을 적용할 수 있는 경우(쟁점 ①)

1. 의의

대상판결 사안의 경우, 과세관청은 거래환경의 차이로 비교가능한 제3자 가격이 존재하지 않기 때문에 비교가능제3자가격방법을 통한 정상가격 산출이 불가하다고 주장하며, 원고가 국내 특수관계인인 유동화 전문 유한회사에게 양도한 채권가액을 기타 합리적 방법에 따른 정상가격으로 판단하고 이 사건 처분 ①을 하였다. 따라서 어떠한 경우에 기타 합리적 방법을 적용하여 정상가격을 산출할 수 있는지가 문제된다.

2. 대법원의 태도

과거 대법원은 비교가능제3자가격방법, 재판매가격방법, 원가가산방법에 따라 정상가격을 산출할 수 없다는 과세관청의 주장이나 입증이 전혀 없던 사건에 있어 기타 합리적 방법은 그 외 다른 방법을 적용할 수 없는 경우에 보충적으로 적용 가능한 방법이므로 과세관청이 주장하는 기타 합리적 방법에 따른 정상가격을 인정하는 것은 적법하지 않다고 판단했다(대법원 2006. 7. 13. 선고 2004두4239 판결 참조). 대상판결도 동일한 관점에서 과세관청이 제출한 증거만으로는 비교가능제3자가격방법, 재판매가격방법, 원가가산방법으로 정상가격을 산정하는 것이 불가능하다고 인정하기 부족하므로 과세관청이 특수관계인에게 양도한 채권가액을 기타 합리적 방법에 따른 정상가격으로 판단하고 과세처분한 것을 위법하다고 판단했다.

Ⅲ. 정상가격 증명책임의 소재(쟁점 ②)

1. 의의

대상판결 사안의 경우, 납세의무자는 해외현지법인을 위해 용역을 제공한 것이 아니라 주주로서 자회사 업무를 관리·감독하거나 그 현황을 파악하는 것과 관련된 비용이라 주장하나 과세관청은 지출한 비용 중 일부가 해외현지법인에게 용역을 제공하여 발생한 것으로 판단하고 그러한 해외현지법인 관련 비용을 비례하여 안분하는 방식으로 정상가격을 산정한 뒤 이를 미수취한 것으로 보아 익금산입하였는데 이러한 처분이 적법하게 산출된 정상가격에 근거하였다는 점에 대한 증명책임이 과세관청에 귀속되는지 여부가 문제된다.

2. 대법원의 태도

과거 대법원은 비교가능성 등을 고려하여 가장 합리적인 정상가격 산출방법을 선택하여야 하고, 비교되는 상황 간 차이가 비교되는 거래의 가격이나 순이익에 중대한 영향을 주는 경우에는 그 차이를 합리적으로 조정하여야 하며 과세처분의 기준이 된 정상가격이 이와 같은 과정을 거쳐 적법하게 산출되었다는 점에 대한 증명책임은 과세관청에 있다고 판단했다(대법원 2012. 12. 26. 선고 2011두6127 판결 참조). 다른 대법원 판결도 처분의 기초가 된 정상가격이 소정의 자료 및 증빙서류의 제출을 요구하는 등 최선의 노력으로 확보한 자료에 기하여 합리적으로 산정한 정상가격인지 여부에 대한 입증책임이 과세관청에게 있다고 판단했다(대법원 2007. 9. 20. 선고 2007두13913 판결 참조).

원심은 경영지원비 미청구액은 원고가 국내에서 해외현지법인과 관련하여 지출한 자신의 용역에 대한 통상비용에 불과할 뿐만 아니라, 피고가 계산한 경영지원비 미청구액을 정상가격으로 볼 자료가 없다고 판단했다. 대상판결 또한 납세의무자의 비용 중 일부가 해외현지법인에게 용역을 제공하기 위해 발생하였다는 과세관청의 주장에도 불구하고 그러한 용역이 제공되었음을 확인할 자료가 제출되지 않은 상황 등을 고려하였을 때 정당한 정상가격을 산정할 수 없다고 보고, 즉 과세관청이 정상가격이 적법하게 산출되었다는 점을 입증하지 못한 것으로 판단하여 과세관청의 처분을 위법하다고 판단했다.

Ⅳ. 대상판결의 의의

대상판결은 과세관청이든 납세의무자이든 기타 합리적 방법을 통한 정상가격 산출을 위해서는 기타 합리적 방법 외 다른 정상가격 산출방법, 즉 비교가능제3자가격방법, 재판매가격방법, 원가가산방법, 거래순이익률방법, 이익분할방법을 통한 정상가격 산출이 불가능함을 입증하여야 하는 것을 확인했다.

또한, 대상판결은 과세관청이 스스로 산출한 정상가격에 근거하여 과세처분을 하기 위해서는 비교가능성 등을 고려한 가장 합리적 정상가격 산출방법을 선택하여 정상가격을 산출하여야 하며 비교되는 상황 간 차이가 가격이나 순이익에 영향을 주는 경우 그 차이를 합리적으로 조정하여야 하는 등과 같은 정상가격 산출의 적법성에 대한 증명책임을 부담하는 것을 확인했다. 정상가격이 적법하게 산출되었다는 증명책임을 과세관청에 귀속시킨 대법원 판단은 더 큰 틀에서 과거부터 조세부과처분의 적법성과 과세요건사실의 존재에 관하여 과세관청이 입증책임을 부담할 것을 명시한 판례에 부합하는 결정이다(대법원 1987. 10. 24. 선고 87누0285 판결, 대법원 1993. 2. 23. 선고 92누15161 판결 참조).

[필자: 삼정회계법인 미국회계사 박종서]

[27] 지연손해금에 대한 한·미 조세조약상 소득구분

【대상판결】 대법원 2016. 6. 10. 선고 2014두39784 판결

【사실관계】 미국 델라웨어 주법에 의하여 설립된 원고는 내국법인 주식 양도의 대가로 주식매매대금을 매수인으로부터 지급받기로 하면서, 매수인이 매매대금을 약정 기일에 지급하지 아니할 경우에는 매수인으로부터 지급기일 다음날부터 연 15%의 비율에 의한 지연이자를 지급받기로 약정하였고, 실제 매수인이 대금 지급을 지연함에 따라 매수인으로부터 위 약정에 따른 지연손해금 11,909,572,105원 (이하 '쟁점 소득')을 지급받았다. 한편, 매수인은 쟁점 소득에는 한·미 조세조약의 12% 제한세율이 적용되지 않고 법인세법이 적용되는 것으로 판단하여 20%의 세율을 적용하여 원천징수·납부하였다. 이에 대해 원고는 쟁점 소득은 한·미 조세조약에 따라 12%의 제한 세율이 적용되는 이자라는 이유로 피고에게 매수인이 원천징수하여 납부한 원천분 법인세 2,381,914,421원 중에서 과다하게 원천징수된 952,765,768원을 환급하여 달라는 경정청구를 하였으나, 피고는 이를 거부하였다.

【판결요지】 한·미 조세조약은 소득을 이자, 배당, 사용료 등 종류별로 구분한 다음 각 소득별로 원천지국과 거주지국 사이에 과세권을 조정하는 조항을 두고 있으므로, 한·미 조세조약 제13조 제6항(이하 '쟁점 조항') 전단의 '모든 종류의 채권으로부터 발생하는 소득'의 의미를 채권으로부터 유래된 소득이기만 하면 모

두 이자에 해당한다는 것으로 볼 수 없다. 한편 한·미 조세조약에서 '모든 종류의 채권으로부터 발생하는 소득'에 관하여 특별한 정의규정을 두고 있지 아니하고 달리 문맥상 문언의 의미가 명확하게 드러난다고 할 수도 없는데, 이와 같은 경우에 한·미 조세조약 제2조 제2항 제1문에 의하면 해당 용어는 조세가 결정되는 체약국의 법에 따라 내포하는 의미를 가진다. 우리나라 국내법에 쟁점 조항이 말하는 '모든 종류의 채권으로부터 발생하는 소득'에 해당되는 정의 규정은 없으나, 구 법인세법(2010. 12. 30. 법률 제10423호로 개정되기 전의 것, 이하 같다) 제93조가 인용하는 구 소득세법(2009. 12. 31. 법률 제9897호로 개정되기 전의 것) 제16조 제1항은 이자소득으로 제12호에서 '제1호부터 제11호까지의 소득과 유사한 소득으로서 금전 사용에 따른 대가로서의 성격이 있는 것'을 규정하고 있는 반면, 구 법인세법의 해석에서 채무의 이행지체로 인한 지연손해금은 본래의 계약의 내용이 되는 지급 자체에 대한 손해가 아니고 채무가 금전채무라고 하여 달리 볼 것도 아니므로 구 법인세법 제93조 제1호의 '이자소득'이 아니라 제11호 (나)목의 '위약금 또는 배상금'에 해당할 수 있을 뿐이다. 쟁점 조항과 관련 규정들의 문언과 체계 등에 비추어 보면, 금전채무의 이행지체로 인하여 발생하는 지연손해금은 쟁점 조항에서 정한 이자에 해당하지 아니한다.

【해설】

I. 들어가는 말

대상판결의 쟁점은 약정 지연손해금에 해당하는 쟁점 소득이 한·미 조세조약 제13조 제2항, 제6항에 따라 12%의 제한 세율이 적용되는 "이자"에 해당하는지 여부로서, 조세조약상 소득 구분의 문제이다. 아래에서 살펴볼 것과 같이 대상판결은 쟁점 소득을 한·미 조세조약상 이자로 판단한 원심 판결을 파기한바, 이는 대상판결과 원심 판결 간 조세조약의 해석 방법의 차이에서 비롯된 것으로 이해된다.

Ⅱ. 대상판결의 판단

1. 관련 법규

한·미 조세조약 제13조는 제2항에서 이자에 대하여 원천지국이 부과하는 세율은 그 이자 총액의 12%를 초과해서는 아니된다고 규정하고, 제6항은 "이 협약에서 사용되는 '이자'라 함은 공채, 사채, 국채, 어음 또는, 그 담보의 유무와 이익 참가권의 수반 여부에 관계없는, 기타의 채무증서와 모든 종류의 채권으로부터 발생하는 소득 및 그 소득의 원천이 있는 체약국의 세법에 따라 금전의 대부에서 발생한 소득으로 취급되는 기타의 소득을 의미한다."라고 규정하고 있다.

그리고 한·미 조세조약 제2조 제2항 제1문은 "이 협약에서 사용되나 이 협약에서 정의되지 아니한 기타의 용어는, 달리 문맥에 따르지 아니하는 한, 그 조세가 결정되는 체약국의 법에 따라 내포하는 의미를 가진다."라고 규정하고 있다.

2. 제1심 판결 및 원심 판결의 판단

제1심 판결(서울행정법원 2014. 2. 28. 선고 2013구합57143 판결)과 원심 판결(서울고등법원 2014. 7. 9. 선고 2014누46036 판결, 원심 판결은 제1심 판결을 인용하고 일부 주장만 다시 판단하고 있어 제1심 판결 위주로 정리하였다)은 ① 1977년 OECD 모델조세협약 제11조 제3항 제2문에서 지급지체로 인한 벌과금은 이자에서 제외된다는 규정과 그 주석의 내용을 참고하여 그러한 문언이 없는 한·미 조세조약이 지연손해금을 이자의 범위에 포함시키기로 정하였다고 전제하였으며, ② 쟁점 소득이 한·미 조세조약상 이자소득에 해당하고 법인세법령상 기타소득에 해당한다면 조세조약에서 규율하고 있는 법률관계에 있어서는 당해 조약이 국내법의 특별법적인 지위에 있으므로 국내법보다 우선하여 적용되고, 국제조세조정법 제28조는 외국법인의 국내원천소득의 구분에 있어 조세조약과 국내법이 상이한 경우 조세조약이 우선하여 적용된다고 명시하고 있으므로, 쟁점 소득은 이자소득에 해당하고, 따라서 쟁점 소득을 기타소득으로 보아 원고의 경정청구를 거부한 피고의 처분이 위법하다고 판단하였다.

3. 대법원의 판단

대법원은 ① 한·미 조세조약은 소득을 이자, 배당, 사용료 등 종류별로 구분한 다음 각 소득별로 원천지국과 거주지국 사이에 과세권을 조정하는 조항을 두고 있으므로, 쟁점 조항 전단의 '모든 종류의 채권으로부터 발생하는 소득'의 의미를 채권으로부터 유래된 소득이기만 하면 모두 이자에 해당한다는 것으로 볼 수 없고, ② 한·미 조세조약에서 '모든 종류의 채권으로부터 발생하는 소득'에 관하여 특별한 정의규정을 두고 있지 아니하고 달리 문맥상 위 문언의 의미가 명확하게 드러난다고 할 수도 없는 경우이므로, 한·미 조세조약 제2조 제2항 제1문에 따라 해당 용어는 그 조세가 결정되는 체약국의 법에 따라 내포하는 의미를 가지는데, 국내세법에서는 쟁점 소득을 기타소득으로 보고 있고, ③ OECD 모델조세협약 제11조 제3항 제2문에서는 지급지체로 인한 벌과금은 이자에서 제외된다고 규정하고 있고, 위 조항의 주석에서는 체약당사국은 양자 간 협상에서 위 제2문을 생략하고 벌과금을 이자로 취급할 수 있다고 설명하고 있으나, 이러한 내용은 1977년 개정판에서 비로소 신설된 것이므로, 1976. 6. 4. 이미 체결된 한·미 조세조약에서 체약당사국인 대한민국과 미합중국이 위 내용을 참조하여 지연손해금을 이자의 범위에 포함시키기로 정하였다고 볼 수는 없으므로, 원심에는 쟁점 조항의 해석에 관한 법리를 오해한 위법이 있다고 판단하였다.

IV. 대상판결의 의의

대상판결의 쟁점은 주식매매계약의 매수인이 매도인에게 매매대금 지급을 지체함으로 인하여 발생하는 약정 지연손해금의 한·미 조세조약상 소득 구분이다. 결론 측면에서는, 대상판결은 한·미 조세조약의 적용에 있어서 금전채무의 이행지체로 인하여 발생하는 지연손해금은 12%의 제한 세율이 적용되는 이자소득이 아니라는 점을 처음으로 명확하게 판단한 판결이라는 점에 의의가 있다.

나아가, 대상판결은 위 쟁점을 판단하면서, 조세조약의 해석에 관한 법리도 설시하고 있다. 대상판결은 구체적으로, ① 조세조약에서 특별한 정의규정을 두고 있지 아니하고 달리 문맥상 문언의 의미가 명확하게 드러난다고 할 수도 없는 경우의 해석에 관한 법리를 설시하였고(한·미 조세조약의 경우, 제2조 제2항 제1문에 따라 조세가 결정되는 체약국의 법에 따라 내포하는 의미로 해석한다는 결론이다), ② 조세조약의 체결 이후 OECD 모델조세협약 및 그 주석의 개정이 있는 경우의 조세조약의 해석에 관해서도 설시하고 있는바(특히 원심 판결은 1977년 OECD 모델조세협약 규정 및 그 주석의 내용을 주요 판단 논거로 삼았으나, 대상판결은 OECD 모델조세협약 규정의 개정 시점을 고려하여 원심 판결과 달리 이를 판단 논거로 삼지 않았다), 대상판결은 조세조약의 해석에 관하여 참고할 만한 다양한 시사점을 내포하고 있는 판결이라는 데 의의가 있다.

[필자: 김·장 법률사무소 변호사 김현환]

【대상판결】 대법원 2016. 7. 14. 선고 2015두2451 판결

【사실관계】 갑 회사는 영국법에 따라 설립된 유한책임회사이고, 을 회사는 갑 회사의 최종 모회사로 프랑스법에 따라 설립되어 석유화학 관련 사업을 영위하고 있는 병 그룹의 모회사이다. 원고는 내국법인인 정 법인과 갑 회사가 지분을 각 50%씩 보유하는 합작법인이다. 원고는 2006년부터 2010년까지 주주인 갑 회사에 배당한 금액(이하 '이 사건 배당소득')에 대하여 한·영 조세조약 제10조 제2항 (가)목에 따라 5% 제한세율을 적용하여 법인세를 원천징수 및 납부하였다. 피고는 갑 회사가 한·영 조세조약 제10조 제2항에서 정한 수익적 소유자(beneficial owner)가 아님을 전제로 위 조항의 5% 제한세율의 적용을 부인하고, 최종 모회사인 을 회사를 배당소득의 수익적 소유자로 보아 한·불 조세조약에 따라 원천징수세액을 재계산하면서, 을 회사가 원고의 주식을 직접 소유하고 있지는 않다는 이유로 한·불 조세조약 제10조 제2항 (가)목이 아닌 (나)목의 세율(지방소득세 포함 15%)을 적용한 다음 원고에게 법인세 및 지방소득세 등을 각 부과하였다(이하 '이 사건 처분').

【판결요지】 1. 국세기본법 제14조 제1항에서 규정하는 실질과세의 원칙은 소득이나 수익, 재산, 거래 등의 과세대상에 관하여 귀속 명의와 달리 실질적으로 귀속되는 자가 따로 있는 경우에는 형식이나 외관을 이유로 귀속명의자를 납세의무

자로 삼을 것이 아니라 실질적으로 귀속되는 자를 납세의무자로 삼겠다는 것이므로, 재산의 귀속명의자는 이를 지배·관리할 능력이 없고, 명의자에 대한 지배권 등을 통하여 실질적으로 이를 지배·관리하는 자가 따로 있으며, 명의와 실질의 괴리가 조세를 회피할 목적에서 비롯된 경우에는, 재산에 관한 소득은 재산을 실질적으로 지배·관리하는 자에게 귀속된 것으로 보아 그를 납세의무자로 삼아야 하나, 명의와 실질의 괴리가 없는 경우에는 소득의 귀속명의자에게 소득이 귀속된 것으로 보아야 한다. 이러한 원칙은 법률과 같은 효력을 가지는 조세조약의 해석과 적용에서도 이를 배제하는 특별한 규정이 없는 한 그대로 적용된다. 2. 위와 같은 사안에서, 갑 회사의 설립 경위와 사업활동 내역, 주식의 취득과 관련한 의사결정과정과 비용부담 및 취득자금의 원천, 주주활동 경과, 배당소득의 지급 및 사용 내역 등을 종합하면, 갑 회사는 독립된 실체와 사업목적을 갖고 있는 병 그룹 내 관련 사업의 중간지주회사로서 배당소득을 지배·관리할 수 있는 실질적인 귀속자 또는 그에 관한 한·영 조세조약 제10조 제2항의 수익적 소유자에 해당한다고 볼 여지가 충분하고, 갑 회사가 지주회사로서 자체 영업부서 등을 갖추는 대신에 대부분의 업무를 자회사 직원들을 통하여 수행하였다는 등의 사정만으로 갑 회사가 배당소득의 실질귀속자 또는 수익적 소유자가 아니라고 단정할 것은 아닌데도 이와 달리 본 원심판단에 법리를 오해하여 판결에 영향을 미친 잘못이 있다.

【해설】

I. 들어가는 말

이 사건 배당소득에 대해 원고가 한·영 조세조약상의 5% 제한세율을 적용받아 원천징수를 하기 위해서는 원고의 주식을 소유하고 있는 갑 회사가 배당소득의 수익적 소유자 내지 실질귀속자에 해당하여야 한다. 이와 관련하여, 국내세법상의 실질과세원칙이 조세조약에도 적용될 수 있는지 여부(쟁점 ①) 및 원고와 같은 중간지주회사를 배당소득의 수익적 소유자 내지는 실질귀속자로 인정할 수 있는지 여부(쟁점 ②)가 문제된다.

Ⅱ. 조세조약과 실질과세의 원칙(쟁점 ①)

대상판결의 명시적인 쟁점은 이 사건 배당소득의 실질귀속자(수익적 소유자)가 갑 회사와 을 회사 중 누구인가이다. 이 사건 배당소득이 영국 법인인 갑 회사에 귀속된다고 하면 한·영 조세조약에 따라 5%의 제한세율이 적용되는 반면, 프랑스 법인인 을 회사에게 귀속된다고 볼 경우 이 사건 처분과 같이 15%(다만, 을 회사가 원고의 주식을 직접 소유하고 있다고 볼 경우 10%)의 세율을 적용받게 된다.

국내세법상의 실질과세원칙이 조세조약에 적용되는지에 관하여, 대법원은 라살레 판결(대법원 2012. 4. 26. 선고 2010두11948 판결) 이후 일관되게 이를 긍정하는 입장을 보여 왔다. 특히, 대법원은 소득의 실질귀속자를 판단하는 요소에 관하여, 대체로 소득을 발생시키는 당해 재산의 취득 경위와 목적, 투자자금의 제공주체, 수취한 소득금액의 지배·관리·처분, 인적·물적 설비, 회사 기관의 운영 현황, 사업활동 내역 등을 종합적으로 고려하여 왔다. 대상판결도 동일한 법리 하에 한·영 조세조약의 적용 여부를 판단하였다.

Ⅲ. 중간지주회사의 수익적 소유자 내지 실질귀속자 인정 여부(쟁점 ②)

대법원 2014. 7. 10. 선고 2012두16466 판결(일명 '까르푸 판결')은 최종 지주회사가 아닌 제3국에 설립한 중간지주회사를 국내에 원천을 둔 주식양도소득의 실질귀속자로 인정하였다. 위 사안은 프랑스의 까르푸 본사가 네덜란드에 중간지주회사를 세운 다음 중간지주회사를 통하여 설립한 국내 자회사의 주식을 양도하고 한·네 조세조약에 따라 주식 양도소득에 관하여 원천징수를 하지 아니하자 과세관청에서 위 중간지주회사가 도관회사에 불과하고 최종 지주회사가 주식양도소득의 실질귀속자라는 이유로 한·불 조세조약을 적용하여 원천징수처분을 한 사안에서, 중간지주회사의 설립 목적과 설립 경위, 사업활동 내역, 그 임직원 및 사무소의 존재, 주식의 매각과 관련된 의사결정과정, 매각자금의 이동 등과 같은 제반사정에 비추어 중간지주회사를 주식양도소득의 실질귀속자로 인정하였다.

대상판결도 같은 맥락에서, ① 갑 회사가 원고에 대한 투자를 위해 설립된 것이 아니라 병 그룹의 영국 내 지주회사로 영국에서 실체적인 활동을 하고 있었고, 독자적인 의사결정과정을 거쳐 투자자금의 실질적인 제공을 통해 원고의 주주가 된 점(설립경위, 주식의 취득과 관련한 의사결정과정과 비용부담), ② 갑 회사는 원고에 대한 투자 이후에도 이사회 운영을 통해 주주활동을 수행하였고, 다른 자회사들에 대한 지급보증, 모회사에 대한 배당지급 등 지주회사 고유의 활동을 수행하여 온 점(주주활동 경과), ③ 갑 회사는 원고로부터 수취한 배당을 독립적으로 운용·관리해 왔고, 을 회사에 대한 배당도 필요한 경우 배당결의를 통해 지급한 점(이 사건 배당소득의 지급 및 사용내역) 등에 비추어 갑 회사가 독립된 실체와 사업목적을 갖고 있는 중간지주회사로서 이 사건 배당소득을 지배·관리할 수 있는 실질적인 귀속자 또는 그에 관한 한·영 조세조약 제10조 제2항의 수익적 소유자에 해당한다고 판시하였다.

한편 대상판결은 조세조약상 수익적 소유자와 실질과세원칙의 적용에 따른 실질귀속자의 개념을 별도로 구분하지 않고, 국내법상 실질과세의 원칙에 관한 법리를 적용하여 이 사건 배당소득의 수익적 소유자 내지는 실질귀속자가 누구인지 여부를 판단하였다. 이 사건이 갑 법인을 수익적 소유자 겸 실질귀속자 모두로 볼 수 있는 사안이었기 때문인 것으로 보인다. 이후 대법원 2018. 11. 15. 선고 2017두33008 판결은 수익적 소유자는 조세조약상의 고유한 개념으로서 국내법상 실질과세원칙에 따른 실질귀속자와 개념적으로 구분된다는 점을 보다 명확히 하였다.

Ⅳ. 대상판결의 의의

대상판결은 중간지주회사가 조세조약상 배당소득의 제한세율을 적용받기 위한 수익적 소유자 내지 실질귀속자가 되기 위하여 갖추어야 할 요건을 적극적으로 제시하고, 나아가 중간지주회사가 도관이 아닌 조세조약상 수익적 소유자 내지는 실질귀속자에 해당한다고 보아 원심을 파기하였다는 점에서 의의가 있다.

〔참고문헌〕 김정홍, 한·영 조세조약상 배당소득의 실질귀속자, 대법원판례해설 제110

호, 법원도서관, 2016.

  김동욱, 2016년 법인세 및 소득세 판례회고, 조세법연구 제23권 제1호, 한국세법학회, 2016.

  이의영, 조세조약에서 수익적 소유자의 의미와 판단방법 등, 대법원판례해설 제118호, 법원도서관, 2019.

[필자: 대법원 재판연구관 방진영]

【사실관계】 미국법인 A는 2009. 10. 2. 룩셈부르크법인 B에게 국내비상장주식(이
하 '이 사건 주식')을 증여하였고, B는 수증소득이 법인세법상 국내원천소득이지
만 한·룩 조세조약 제21조 제1호에 따라 룩셈부르크에만 과세권이 있다는 이유
에서 국내에서 비과세·면제신청서를 제출하여 법인세를 면제 받았다. 이후 B는
2010. 12. 13. 원고에게 이 사건 주식을 양도하였고, 원고는 2011. 1. 31. B의 주
식양도차익이 법인세법상 국내원천소득이고 한·룩 조세조약에 대한 의정서에
따라 국내에 과세권이 있다는 이유에서 이 사건 주식의 수증일 당시 시가를 취
득가액으로 보아 양도차익의 20% 상당을 원천징수하여 납부하였다. 피고는 당
초 B의 이 사건 주식 취득가액이 확인되지 않는다는 이유에서 양도가액의 10%
를 납부하여야 한다고 보고 법인세를 경정·고지하였으나 심판 단계에서 증여자
A의 이 사건 주식 취득가액이 확인되고, B가 이 사건 주식을 증여 받을 당시 수
증소득에 대한 법인세를 면제 받았다는 이유에서, 법인세법 시행령 제129조 제3
항 제2호(이하 '이 사건 조항') 단서의 '이 사건 주식의 증여로 인한 소득이 과세된
경우'에 해당하지 아니하므로 동호 본문에 따라 A를 양도자로 보고 A의 이 사건
취득가액으로 계산된 양도차액의 20% 상당을 법인세로 결정하여 당초 부과 처
분 중 일부를 감액하였다.

【판결요지】 1. 한·룩 조세조약 및 그 의정서는 원천지국에서 얻은 소득에 대하여 거주지국과 원천지국이 모두 과세권을 행사할 경우 이중과세의 문제가 발생하므로 거주지국의 과세권과 원천지국의 과세권을 적정하게 배분·조정하고자 체결된 것으로서, 소득을 사업소득, 이자소득, 배당소득, 기타소득 등으로 구분한 다음 각 소득별로 원천지국과 거주지국 사이에 과세권을 조정하는 조항을 두고 있을 뿐, 각 소득금액의 구체적인 산정방법이나 양도소득 및 수증소득의 범위 등에 관하여 따로 정하고 있지 아니하다. 한편 국내사업장이 없는 외국법인이 증여받은 내국법인 발행 주식을 양도함으로써 발생하는 소득을 계산할 때 증여자가 주식을 보유한 기간 동안의 가치증가액에 상응하는 자본이득을 수증법인에게 귀속되는 양도소득으로 보아 과세할지 여부는 입법정책의 문제이고, 이 사건 조항 본문은 수증법인이 그 주식을 양도할 때에 그와 같은 자본이득이 수증법인에게 실현된 것으로 보아 양도소득금액을 계산하도록 규정하여 한·룩 조세조약에 따라 원천지국의 과세권이 인정되는 양도소득의 범위를 정하고 있을 따름이므로, 증여재산 자체의 가치에 대하여 증여를 과세의 계기로 삼아 수증소득으로 과세하는 규정으로 볼 수 없다. 따라서 과세관청이 국내사업장이 없는 룩셈부르크 법인이 증여받은 내국법인 발행 주식을 양도함으로써 발생하는 양도소득금액을 계산하면서 본문 조항을 적용한 것을 두고 수증소득에 대한 원천지국의 과세권을 제한하는 한·룩 조세조약 제21조 제1호에 위반된다거나 소득구분에서 조세조약의 우선 적용을 규정한 국제조세조정법 제28조에 반하여 위법하다고 볼 수 없다. 2. 나아가 법인세법 시행령 제129조 제3항 제2호 단서는 문언의 내용과 취지 등에 비추어 볼 때 수증법인이 양도하는 내국법인 발행 주식의 취득가액을 수증 당시의 시가로 정하면서 조세조약을 이용한 조세회피 등을 방지하기 위하여 적용 범위를 수증소득이 과세된 경우로 한정하고 있음을 알 수 있으므로, 수증소득이 실제 과세된 바가 없다면 한·룩 조세조약에 따라 비과세되더라도 단서 조항이 적용될 수 없다.

【해설】

Ⅰ. 들어가는 말

외국법인의 국내원천소득의 경우, 그 소득이 어떤 유형의 소득으로 구분되는지 여부에 따라 국내에 과세권이 있는지 여부가 좌우되고, 이에 대하여는 국내세법에 우선하여 조세조약이 적용된다(국제조세조정법 제28조). 한편, 한·룩 조세조약 및 그 의정서상 B의 국내원천소득 중 수증소득에 대해서는 룩셈부르크(거주지국)에만, 양도소득에 대해서는 국내(원천지국)에도 과세권이 있다.

대상판결의 쟁점은, B가 국내비상장주식을 수증 받은 후 양도함에 따라 국내원천 비상장주식양도소득이 발생한 경우, 그에 대해 국내에서 이 사건 조항 본문에 따라 당초 증여자의 취득가액으로 양도차익을 계산한 것이 수증소득에 대해 국내(원천지국)에서 과세하는 결과를 낳으므로 조세조약 및 국제조세조정법 제28조에 반하는지(쟁점 ①), 조세조약에 반하지 않더라도 적법하게 과세 면제된 경우 '과세된' 경우나 마찬가지로 보아야 하므로 위 단서가 적용되는지 여부(쟁점 ②)이다.

Ⅱ. 이 사건 조항 본문 적용 시 실질적으로 수증소득에 대해 국내에서 과세하는 결과를 낳아 국제조세조정법 및 한·룩 조세조약에 반하는지 여부(쟁점 ①)

1. 의의

외국법인의 국내원천소득의 구분에 대해서는 법인세법에 우선하여 한·룩 조세조약이 적용되는데(국제조세조정법 제28조), 한·룩 조세조약 및 그 의정서에 의하면 룩셈부르크법인의 국내원천소득 중 수증소득에 대해서는 룩셈부르크에만, 양도소득에 대해서는 국내에도 과세권이 있다. 한편, B가 이 사건 주식을 A로부터 증여 받아 양도하는 과정에서 과세대상이 될 수 있는 가치에는 (a) A의 취득가액 (b) A가 취득 후 증여 시까지 보유 기간 자본 이득, (c) B가 수증받은 후 양도 시까지 보유 기간 자본 이득으로 구성되는데, 피고는 이 사건 주식 양도소득에 대해 과세함에 있어 법인세법 시행령 제129조 제3항 제2호에 따라 (a) +

(b)+(c)에서 (a)를 공제하여 (b)+(c)를 B의 양도차익으로 계산하여 과세하였다. 이러한 방식은 B의 수증이익(=(a)+(b)) 중 일부에 대해 국내에서 과세하는 것이어서 국제조세조정법 제28조 및 한·룩 조세조약에 반하는지 여부가 문제된다.

2. 대법원의 태도

대상판결은 (i) 한·룩 조세조약 및 그 의정서는 각 소득별로 원천지국과 거주지국 사이 과세권을 조정하는 조항을 두고 있을 뿐 각 소득금액의 구체적인 산정방법이나 양도소득/수증소득의 범위 등에 관하여는 따로 정하고 있지 아니한 점, (ii) 외국법인이 국내주식을 증여받은 후 양도함에 있어 당초 증여자의 주식보유 기간 가치 증가에 따른 자본 이득을 수증자의 양도소득으로 보아 과세할지 여부는 입법 정책의 문제인 점, (iii) 이 사건 조항 본문은 한·룩 조세조약에 따라 원천지국의 과세권이 인정되는 양도소득의 범위에 대하여 정하고 있는 규정일 뿐 증여를 과세의 계기로 삼아 수증소득에 대해 과세규정으로 볼 수 없는 점에서 이 사건 조항 본문을 적용하는 것이 한·룩 조세조약이나 국제조세조정법 제28조에 반한다고 볼 수 없다고 판단하였다.

Ⅲ. 수증소득에 대해 적법하게 과세 면제된 경우에도 이 사건 조항 단서의 '증여로 인한 소득이 과세된 경우'에 해당한다고 볼 수 있는지 여부(쟁점 ②)

1. 의의

이 사건 조항 단서는 '수증자가 양도한 유가증권이 법인세법 제93조 제10호 다목에 따라 과세된 경우'에는 예외적으로 증여자의 당초 취득가액이 아닌 수증자의 수증 당시 시가를 취득가액으로 하여 수증자의 양도차익을 계산하도록 규정하고 있다. 한편, B는 한·룩 조세조약에 따라 수증소득에 대해 국내에서 과세면제가 되었는데, 이렇게 조세조약에 따라 비과세·면제된 경우에는 위 단서 조항의 '과세된 경우'에 해당한다고 보아야 하는지 여부가 문제된다.

2. 대법원의 태도

대상판결은 이 사건 조항 단서는 (i) 그 문언상 '과세된 경우'라고만 하고 있고 '비과세소득 또는 면세소득을 포함한다'와 같은 괄호 규정을 두고 있지 아니한 점, (ii) 실제 과세된 경우에만 그 과세된 금액을 취득가액으로 인정하여 조세조약을 이용한 조세회피 등을 방지하기 위한 데 취지가 있는 점 등에서, 법인세법 시행령 제129조 제3항 제2호 단서는 조세조약에 따라 비과세·면제된 경우에는 적용되지 않는다고 봄이 타당하다고 판단한 원심의 판단을 그대로 인용하였다.

Ⅳ. 대상판결의 의의

대상판결은 조세조약과 법인세법이 충돌하는 경우 그 적용 관계에 대해 보다 명확히 한 의의가 있다고 생각된다. 또 대상판결은 이 사건 조항 단서의 '과세된 경우'에 대해서도 문언, 취지, 체계, 상식, 의의를 고려한 세법 해석의 법리에 대하여 다시 한번 확인한 의의가 있다.

[필자: 김·장 법률사무소 변호사 오현지]

[30] 조세조약상 투자소득의 실질귀속자 판단 기준 및 한·미 상호합의의 효력

【대상판결】 대법원 2016. 12. 15. 선고 2015두2611 판결

【사실관계】 원고 론스타펀드III(U.S.) 엘.피.는 미국 델라웨어주 법률에 의하여 설립된 미국 유한 파트너십이고, 원고 론스타펀드III(버뮤다) 엘.피.는 버뮤다국 법률에 의하여 설립된 버뮤다국 유한 파트너십이다(이하 원고들과 허드코 파트너스 코리아 엘티디(버뮤다)를 합하여 '론스타펀드III'). 론스타펀트III는 벨기에 법인(이하 'SH')을 설립하였는데, SH는 주식회사 스타타워 주식(이하 '이 사건 주식') 전부를 매수하였고, SH는 이 사건 주식을 싱가폴투자청 산하 법인 2개에 각 50%씩 나누어 매각하였다. SH는 벨기에 거주자로서 한·벨 조세조약에 따라 피고에게 비과세 면세·신청서를 제출하였는데, 피고는 SH가 도관회사에 불과하여 이 사건 주식의 양도소득은 론스타펀드III에게 귀속된다면서 원고들에게 양도소득세 및 가산세를 부과하였다.

【판결요지】 1. 구 국세기본법(2007. 12. 31. 법률 제8830호로 개정되기 전의 것) 제14조 제1항에서 규정하는 실질과세의 원칙은 소득이나 수익, 재산, 거래 등의 과세대상에 관하여 귀속 명의와 달리 실질적으로 귀속되는 자가 따로 있는 경우에는 형식이나 외관을 이유로 명의자를 납세의무자로 삼을 것이 아니라 실질적으로 귀속되는 자를 납세의무자로 삼겠다는 것이므로, 재산의 귀속 명의자는 이를 지배·관리할 능력이 없고, 명의자에 대한 지배권 등을 통하여 실질적으로 이를 지

배·관리하는 자가 따로 있으며, 명의와 실질의 괴리가 조세를 회피할 목적에서 비롯된 경우에는, 재산에 관한 소득은 재산을 실질적으로 지배·관리하는 자에게 귀속된 것으로 보아 그를 납세의무자로 삼아야 한다. 이러한 원칙은 법률과 같은 효력을 가지는 조세조약의 해석과 적용에서도 이를 배제하는 특별한 규정이 없는 한 그대로 적용된다.

2. 외국의 법인격 없는 사단·재단 기타 단체가 구 소득세법(2004. 12. 31. 법률 제7319호로 개정되기 전의 것) 제119조 또는 구 법인세법(2004. 12. 31. 법률 제7317호로 개정되기 전의 것, 이하 같다) 제93조에 정한 국내원천소득을 얻어 이를 구성원인 개인들에게 분배하는 영리단체에 해당하는 경우, 구 법인세법상 외국법인으로 볼 수 있다면 단체를 납세의무자로 하여 국내원천소득에 대하여 법인세를 과세하여야 한다. 여기서 단체를 외국법인으로 볼 수 있는지에 관하여는 구 법인세법에 외국법인의 구체적 요건에 관하여 본점 또는 주사무소의 소재지 외에 별다른 규정이 없는 이상 단체가 설립된 국가의 법령 내용과 단체의 실질에 비추어 우리나라의 사법(私法)상 단체의 구성원으로부터 독립된 별개의 권리·의무의 귀속주체로 볼 수 있는지에 따라 판단하여야 한다.

3. 한·미 조세조약 제27조는 개별적 과세처분에 관한 상호합의뿐만 아니라 '조약의 적용에 관하여 발생하는 곤란 또는 의문'을 해결하기 위한 일반적 상호합의절차를 규정하고 있고, 일반적 상호합의의 대상 중 하나로 '특정 소득항목의 원천을 동일하게 결정하는 것'을 들고 있으며[제2항 씨(C)호], 권한 있는 당국이 그러한 합의에 도달하는 경우 그 합의에 따라 양 체약국이 그 소득에 대하여 과세하며 또한 조세의 환불 또는 세액의 공제를 허용한다고 규정하고 있다(제4항). 그리고 제6조 제9항은 소득별 원천을 규정한 제1항 내지 제8항이 적용되지 아니하는 항목의 소득원천에 관하여 일방 체약국 법이 타방 체약국 법과 상이하거나 또는 어느 체약국 법에 의하여 용이하게 결정될 수 없을 경우에 이중과세를 회피하거나 기타 조약상 목적을 촉진하기 위하여 양 체약국의 권한 있는 당국이 조약 목적상 공동의 원천을 확정할 수 있다고 규정하고 있다. 부동산을 과다 보유하고 있는 회사의 주식이 양도됨에 따라 발생하는 소득(이하 '부동산 주식 양도소득'이라 한다)의 경우 외형상으로는 주식의 양도소득에 해당함이 분명하지만 실질은 부동산 자체가 양도됨으로써 발생하는 소득과 다를 바 없다고 볼 여지가

있는데, 한·미 조세조약 제15조는 부동산 소득의 경우 부동산이 소재하는 체약국에 의하여 과세될 수 있다고 규정한 반면 제16조는 타방 체약국에 소재하는 부동산의 매각 등에 의하여 발생하는 소득이거나 타방 체약국 내의 고정사업장과 실질적으로 관련되는 소득 등이 아닌 한 자본적 자산의 매각 등으로부터 발생하는 소득은 거주지국에서만 과세되고 타방 체약국에 의한 과세로부터 면제된다고 규정하고 있으면서도, 소득별 원천에 관한 제6조는 부동산 주식 양도소득에 관하여 따로 규정하고 있지 아니하다. 한편 조세조약과 국내법 사이의 우열관계를 신법우선의 원칙에 따르도록 하고 있는 미국은 한·미 조세조약의 체결 이후에 국내법으로 미국 소재 부동산을 과다보유한 법인의 주식 양도소득에 대하여 미국 원천소득으로 과세하도록 하였고, 한국 역시 한국 소재 부동산을 과다보유한 법인의 주식 양도소득에 대하여 국내원천소득으로 보아 과세하는 규정을 두고 있다. 이러한 경우 한국과 미국 사이에 한국 소재 부동산을 과다보유한 법인 주식의 양도소득에 대한 한국의 과세권 행사에 관하여 상호합의절차가 개시되어 한국 원천소득으로 합의하였다면(이하 '이 사건 합의'), 이 사건 합의는 한·미 조세조약 제27조 제2항 씨(C)호가 예정한 조약의 적용, 특히 특정 소득항목의 원천을 동일하게 결정하는 데 관하여 발생하는 곤란 또는 의문을 해결하기 위한 상호합의에 해당하여 유효하므로 한국은 그에 따라 한국 소재 부동산을 과다보유한 법인 주식의 양도소득에 대하여 과세할 수 있고, 이 경우 국내에서 따로 조약 개정에 준하는 절차를 밟지 않았다고 하여 효력을 부인할 것이 아니다. (판결요지[4] 생략)

【해설】

Ⅰ. 들어가는 말

대상판결의 주요 쟁점은 조세조약상 투자소득의 실질귀속자를 판단하는 기준이 무엇인지(판결요지1, 2, 이하 '쟁점 ①')와 조약 개정에 준하는 절차를 밟지 않은 한·미 상호합의의 효력을 인정할 수 있는지 여부(판결요지3, 이하 '쟁점 ②')이다. (판결요지 4.는 국제 조세와 직접 관련이 없으므로 소개를 생략한다.)

Ⅱ. 조세조약상 투자소득의 실질귀속자 판단기준(쟁점 ①)

대법원은 벨기에 법인 SH는 별도의 사업목적이나 활동이 없었고 이 사건 주식 거래에서 독립적으로 이익을 얻지 않았으며 거래 전 과정을 론스타펀드Ⅲ의 임원 등이 주도하였고 이 사건 주식 양도 이후 대금이 단기간 내에 론스타펀드 Ⅲ의 개별 투자자들에게 분배되었다는 점을 근거로 SH를 도관회사로 판단하여 SH가 실질귀속자에 해당하지 않는다고 보았다.

그 후 원고들이 이 사건 주식 매입자금의 실질적인 공급처 역할을 했고 실체를 유지하면서 SH를 비롯한 다수의 투자지주회사를 설립하여 투자거래를 수행하여 온 점, 구성원들과는 별개의 재산을 보유하여 독자적 존재로서의 성격을 갖고 있다는 점 등을 근거로 원고들 자체가 이 사건 주식 양도소득의 실질귀속자로서 법인세 납세의무자에 해당한다고 판단하였다.

Ⅲ. 조약 개정에 준하는 절차를 밟지 않은 한미 상호합의의 효력을 인정할 수 있는지 여부(쟁점 ②)

대법원은 한·미 조세조약이 부동산 주식 양도소득에 관하여 따로 규정하고 있지 않고, 미국은 국내법을 개정하여 미국 소재 부동산 주식 양도소득을 미국 원천소득으로 보아 과세하고 있었는데, 이러한 배경에서 체결된 이 사건 상호합의는 한·미 조세조약 제27조 제2항 C호가 예정한 상호합의로서 유효하며, 국내에서 따로 조약 개정에 준하는 절차를 밟지 않았다고 하여 그 효력을 부인할 수 없다고 판단하였다.

Ⅳ. 대상판결의 의의

쟁점 ①은 국세기본법상 실질과세의 원칙은 이를 배제하는 특별한 규정이 없는 한 조세조약의 해석과 적용에도 그대로 적용된다는 기존 법리(대법원 2012. 4. 26. 선고 2010두11948 판결 등)와, 외국의 법인격 없는 단체를 우리나라 법인세법상 외국법인으로 판단할 때 단체 설립국의 법령과 단체의 실질에 비추어 우리나라 사법상 독립된 주체로 볼 수 있는지 여부를 판단해야 한다는 기존 법리(대법원 2012. 1. 27. 선고 2010두5950 판결 등)를 재확인했다는 점에서 의의가 있다.

쟁점 ②에 대해서는, 상호합의가 조약이 위임한 범위에서 유효하게 체결되었다면 법규성이 인정된다는 견해와 그 경우에도 국회의 비준동의 등 국내법상 절차를 거치지 않은 행정부 사이의 합의에 불과하므로 법규성을 부정해야한다는 견해가 존재한다. 대상판결은 법원이 법규성 인정설의 입장을 보여줬다는 점에서 의의가 있다. 대상판결 이후 정부와 국회는 더 이상의 논란을 종식시키기 위하여 2019. 12. 31. 소득세법 제119조 제9호 나목과 법인세법 제93조 제7호 나목을 개정하여 "상호합의에 따라 우리나라에 과세권이 있는 것으로 인정되는 부동산주식등"도 국내원천소득에 해당한다는 점을 명확히 규정하였다.

[필자: 법무법인 광장 변호사, 공인회계사 이강]

[31] 조세피난처 과세제도의 특정외국법인의 배당가능 유보소득 계산

【대상판결】 대법원 2017. 3. 16. 선고 2015두55295 판결

【사실관계】 원고는 조세피난처인 버진아일랜드 소재법인 A의 1인 출자주주이다. 법인 A는 완전자회사인 법인 B를 통해 법인 C의 주식 70%를 보유하고 있었다. 법인 C는 '광산업'을 영위하는 해외자원개발회사이다. 법인 A는 2008. 10. 31. 홍콩 상장회사인 법인 D의 완전자회사인 법인 E에, 법인 A가 보유한 법인 B 주식의 90%를 양도하고 그 대가로 법인 D가 발행한 전환사채를 받기로 하는 내용의 인수계약을 체결하였다. 이후, 법인 A는 법인 D가 발행한 전환사채에 대한 전환권행사로 얻은 주식을 양도하고 수령한 매각대금에서 그 매입원가를 공제한 주식처분이익 41,736,678달러를 2009 사업연도 재무상태표에 계상하였다. 또한, 법인 A는 2009. 5. 25, 법인 D와 자금융통계약을 추가로 체결하여 주식 양도로 인한 매각대금 일부를 법인 D에 대여하였다. 과세당국은 원고에 대한 세무조사를 실시하여 재무제표에 처분 전 이익잉여금으로 기재된 19,935,559달러를(이하 '쟁점금액') 구 국제조세조정법(2010. 1. 1. 법률 제9914호로 개정되기 전의 것) 제17조 제1항 소정의 배당가능 유보소득으로 보고, 2012. 1. 13, 원고에게 2010년 종합소득세 14,506,871,590원을 부과하였다(이하 '쟁점사건'). 원고는 이 사건 처분에 불복하여 조세심판원에 심판청구를 하였다. 원고는 쟁점사건의 자금융통계약은 쟁점사건의 인수계약과 별도로 체결된 것이 아니라 처음부터 하나의 거래로 계획된 것으로써, 해당 자금융통계약에 따르면 법인 A는 쟁점사건의 전환권행사

로 얻은 주식을 매각하더라도 그 대금을 임의로 처분할 수 없고, 법인 D와 사전에 합의한 에스크로 계좌에 전액 보관하였다가 이를 법인 D에 대여할 의무가 있다고 주장하였다. 원고가 제시한 사실관계에 따르면 법인 D가 홍콩 증권거래소 상장법인이기는 하였으나, 종래의 사업목적에 '광산업'이 포함되어 있지 않았으므로, 법인 B 주식을 인수한 후에도 상장법인 자격을 유지하기 위해서는 '회사가 현재 필요로 하는 운전자금의 125%에 해당하는 자금을 12개월 이상 보유하고 있어야 한다'는 홍콩 증권선물위원회의 상장규정 요건을 충족할 필요가 있었기 때문이었다. 법인 A가 해당 자금융통계약을 해지하고, 해당 대여금 채권을 회수하려면 법인 D가 사업을 통해 충분한 내부 재원을 확보하거나, 외부투자 등을 유치할 것을 요하는데, 이는 모두 광산 개발사업의 성공 가능성과 직결된 문제였다. 원고는 당초 예정하였던 갱도채굴 사업은 쟁점사건 변론 종결일 현재까지도 탐사 단계에 머물러 있어 성공 여부가 불투명하여, 2009 사업연도 당시에는 쟁점사건의 대여금을 회수할 가능성이 낮았으므로, 쟁점금액이 2009 사업연도 배당가능한 소득에 포함될 수 없다고 주장하였다.

【판결요지】 특정외국법인의 배당가능한 유보소득은 원칙적으로 그 거주지국에서 일반적으로 인정되는 회계원칙을 적용하여 산출한 처분 전 이익잉여금을 기초로 계산하여야 하고, 특정외국법인의 거주지국에서 일반적으로 인정되는 회계원칙이 우리나라의 기업회계기준과 현저히 다른 경우에 한하여 우리나라의 기업회계기준을 적용하여 계산할 수 있다. 이 경우 특정외국법인의 거주지국에서 일반적으로 인정되는 회계원칙이 우리나라의 기업회계기준과 현저히 다르다는 점은 이를 주장하는 자가 증명할 책임을 진다. 쟁점사건 재무제표가 법인 A의 거주지국에서 재무제표 작성 시 일반적으로 인정되는 회계원칙에 따라 작성되었다는 점에 관하여 당사자들 사이에서 사실상 다툼이 없고, 쟁점사건 재무제표 작성 당시 적용된 회계원칙이 우리나라의 기업회계기준과 현저히 다르다는 점이 증명된 바도 없으므로, 특별한 사정이 없는 한 법인 A의 거주지국에서 일반적으로 인정되는 회계원칙에 따라 작성된 것으로 보이는 쟁점사건 재무제표에 기재된 처분 전 이익잉여금을 기초로 법인 A의 배당가능한 유보소득을 계산하여야 한다.

【해설】

I. 들어가는 말

국제조세조정법 제17조 제1항은 '법인의 실제발생소득의 전부 또는 상당 부분에 대하여 조세를 부과하지 아니하거나 그 법인의 부담세액이 당해 실제발생소득의 100분의 15 이하인 국가 또는 지역에 본점 또는 주사무소를 둔 외국법인에 대하여 내국인이 출자한 경우에는 그 외국법인 중 내국인과 특수관계가 있는 법인의 각 사업연도 말 현재 배당가능한 유보소득 중 내국인에게 귀속될 금액은 내국인이 배당받은 것으로 본다'고 규정하고 있다.

구 국제조세조정법 시행령(2012. 2. 2. 대통령령 제23600호로 개정되기 전의 것) 제31조 제1항은 배당가능 유보소득은 당해 특정외국법인의 거주지국에서 재무제표 작성시에 일반적으로 인정되는 회계원칙에 의하여 산출한 처분 전 이익잉여금을 바탕으로 계산하도록 하고 있으며, 그 거주지국에서 일반적으로 인정되는 회계원칙이 우리나라의 기업회계기준과 현저히 다른 경우에는 우리나라의 기업회계기준을 적용하도록 하고 있다.

II. 배당가능 유보소득의 계산

1. 쟁점 요약

쟁점 사건의 경우, 조세피난처인 버진아일랜드에 법인이 설립되어 있고 원고가 해당 법인의 1인 주주이므로 해당 법인은 구 국제조세조정법에 따른 특정외국법인으로 볼 수 있으며 배당가능한 유보소득이 있는 경우 배당간주금액을 계산하여 종합소득세를 부과한 것은 규정에 따른 것으로 문제가 없다.

또한, 배당가능한 유보소득을 계산 시 '당해 사업연도에 거주지국 법령으로 정하는 의무적립금 또는 의무적인 이익잉여금 처분액'(구 국제조세조정법 제31조 제1항 제3호)을 공제하여야 하는데, 홍콩 증권선물위원회의 상장조건을 위해 대여한 것이 거주지국 법령으로 정하는 의무적립금이라고 보기에는 무리가 있다. 그러므로 위 주식처분이익을 배당가능한 유보소득에서 차감한다고 보기 어렵다.

따라서 쟁점사건에서 문제의 소지가 있는 것은 현지 법인의 재무제표에 이익잉여금으로 기재된 배당가능한 유보소득이 현지 법인의 거주지국에서 재무제표를 작성할 때에 일반적으로 인정되는 회계원칙에 따라 산정한 금액이 아니거나 우리나라 기업회계기준에 따라 산정한 금액과 현저한 차이가 있는지 여부이나 이 부분은 판례에서 다루어지지 않았다.

2. 대법원의 태도

원심(서울고등법원 2015. 10. 14. 선고 2015누45979 판결)은 1심 판결(서울행정법원 2015. 5. 15. 선고 2014구합8063 판결)의 판시사항을 그대로 인용하였다. 제1심은 기업회계기준에 따른 주식처분이익을 인식함에 있어 전제가 되는 것은 '소득의 발생'이며, 소득이 발생했는지 여부는 권리확정주의에 따라 판단하여야 한다고 판시하였다. 쟁점사건의 경우 법인 A는 전환권 행사로 얻은 주식의 매각대금을 임의로 처분할 수 없고 법인 D에 대여해야 했으며 대여금의 회수가 불확실한 상황이었다. 따라서, 우리나라의 기업회계기준 등을 적용하여 계산한 처분 전 이익잉여금에 상응하는 소득이 원고의 2009 사업연도에 아직 발생하지 아니하였으므로 원심은 이 사건 처분이 위법하다고 판단하였다.

하지만 대법원은 특별한 사정이 없는 한 거주지국에서 일반적으로 인정되는 회계원칙에 따라 작성된 재무제표에 기재된 처분 전 이익잉여금을 기초로 배당가능한 유보소득을 계산하여야 하므로, 우리나라의 회계기준을 다시 적용하여 쟁점금액에 대한 처분이 위법하다고 판단한 원심은 구 국제조세조정법 제17조 제1항에서 정한 '배당가능한 유보소득'의 범위에 관한 법리를 오해한 것이라고 보아 원심판결을 파기환송하였다.

Ⅲ. 대상판결의 의의

쟁점사건의 원고는 전환 주식의 처분금액에 해당하는 현금을 약정에 따라 에스크로 계좌를 통해 매각대금 일부를 대여하였으므로 비록 처분소득이 2009 사업연도 재무제표에 이익잉여금으로 계상되어 있더라도 우리나라의 회계기준을 다시 적용하여 배당가능한 유보소득을 산출하는 경우, 권리의무확정주의에 의하여 쟁점금액은 구 국제조세조정법 제17조 제1항에서 정한 '배당가능한 유보소득'

에 해당하지 않는다고 주장하였다.

하지만 대법원에 따르면 '배당가능한 유보소득'을 계산함에 있어 해당 거주지국에서 재무제표 작성 시에 일반적으로 인정되는 회계원칙에 따라 산출하였다면, 우리나라 기업회계기준과 현저히 다른 경우가 아닌 이상 그대로 인정되어야 하며 우리나라 기업회계기준과 현저히 다르다는 것은 이를 주장하는 자(쟁점사건의 경우 원고)가 입증할 책임을 진다고 하였다.

과세관청이 임의로 현지 회계원칙이 아닌 우리나라 회계기준을 다시 적용하여 배당가능한 유보소득을 산출한다면 납세 관련 법적 안정성이 훼손될 수 있으며 상이한 회계기준의 적용으로 납세자에게 불리한 결과를 초래할 수도 있다. 따라서, 일반적으로 조세소송에서 입증책임은 피고인 과세관청이 부담하나, 쟁점사건과 같이 원고가 자신에게 유리한 부분인 회계기준의 상이를 주장함에 있어서는 과세관청이 아닌 원고에게 입증책임을 부담하도록 하고 있다.

[필자: 삼일회계법인 공인회계사 김재원]

[32] 조세조약에 대한 실질과세원칙의 적용과 투과과세단체의 조세조약상 거주자 여부 판단

【대상판결】 대법원 2017. 7. 11. 선고 2015두55134, 55141 판결

【사실관계】 L펀드는 미합중국에 본사를 둔 사모펀드로, 매번 투자가 완료되면 새로운 펀드를 구성하는 방식으로 'L펀드 I '부터 'L펀드Ⅳ'까지 결성되었다. L펀드 Ⅳ-1엘피, L펀드Ⅳ-2엘피 등 6개 회사는 주식회사 FF은행의 발행주식에 투자하기 위하여 버뮤다국 법률에 의하여 설립된 유한파트너십이다(이하 '6개 상위투자자들'). 위 6개 상위투자자들과 L펀드Ⅳ는 각 버뮤다국과 룩셈부르크에 설립된 L홀딩스와 F홀딩스를 통해 벨기에 법률에 의하여 설립된 원고 A홀딩스(이하 '원고')의 지분 99.9%를 보유하였다. L펀드Ⅳ는 국내 은행인 F은행을 매수할 것을 결정하고 원고를 직접 매수인으로 하여 주식양수도계약을 체결하였다. 이후 원고는 매수한 F은행의 주식을 국내 은행지주회사인 H은행지주에 매각하였고, H은행지주는 위 양도가액(이하 '본건 양도소득')의 10%에 상당하는 금액을 원천징수하여 납부하고, 나머지 잔액을 원고에 지급하였다. 원고는 2012. 5. 9. 피고 B세무서장(이하 '피고')에 대하여 한·벨 조세조약 제4조 및 제13조에 따라 본건 양도소득이 비과세 되어야 한다고 주장하면서 원천징수세액의 환급을 구하는 경정청구를 하였으나, 피고가 2월 내 아무런 통지를 하지 않아 경정청구를 거부한 것으로 간주되었다.

【판결요지】 1. 구 국세기본법(2013. 1. 1. 법률 제11604호로 개정되기 전의 것) 제14

조 제1항에서 규정하는 실질과세의 원칙은 소득이나 수익, 재산, 거래 등의 과세대상에 관하여 귀속 명의와 달리 실질적으로 귀속되는 자가 따로 있는 경우에는 형식이나 외관을 이유로 귀속명의자를 납세의무자로 삼을 것이 아니라 실질적으로 귀속되는 자를 납세의무자로 삼겠다는 것이므로, 재산의 귀속명의자는 이를 지배·관리할 능력이 없고, 명의자에 대한 지배권 등을 통하여 실질적으로 이를 지배·관리하는 자가 따로 있으며, 명의와 실질의 괴리가 조세를 회피할 목적에서 비롯된 경우에는, 재산에 관한 소득은 그 재산을 실질적으로 지배·관리하는 자에게 귀속된 것으로 보아 그를 납세의무자로 삼아야 한다. 이러한 원칙은 법률과 같은 효력을 가지는 조세조약의 해석과 적용에서도 이를 배제하는 특별한 규정이 없는 한 그대로 적용된다.

2. 한·미 조세조약 제16조 제1항은 일방 체약국의 거주자가 얻은 주식의 양도소득은 원천지국에 의한 과세로부터 면제되도록 규정하고 있다. 그리고 제3조 제1항 (b)호는 "'미국의 거주자'라 함은 다음의 것을 의미한다"라고 규정하면서, (i)목에서 '미국법인'을 들고 있고, (ii)목에서 "미국의 조세 목적상 미국에 거주하는 기타의 인(법인 또는 미국의 법에 따라 법인으로 취급되는 단체를 제외함), 다만 조합원 또는 수탁자로서 행동하는 인의 경우에, 그러한 인에 의하여 발생되는 소득은 거주자의 소득으로서 미국의 조세에 따라야 하는 범위에 한한다."라고 규정하고 있다. 한·미 조세조약 제3조 제1항 (b)호 (ii)목 단서의 문언과 체계 등에 비추어 보면, 여기서 규정한 '조합원으로서 행동하는 인'이란 미국 세법상 조합원 등의 구성원으로 이루어진 단체의 활동으로 얻은 소득에 대하여 구성원이 미국에서 납세의무를 부담하는 단체를 뜻한다고 보아야 하고, '그러한 인에 의하여 발생되는 소득은 거주자의 소득으로서 미국의 조세에 따라야 하는 범위에 한한다'는 의미는 그러한 단체의 소득에 대하여 구성원이 미국에서 납세의무를 부담하는 범위에서 단체를 한·미 조세조약상 미국의 거주자로 취급한다는 뜻으로 해석하여야 하며, 이때 구성원들이 미국에서 납세의무를 부담하는지는 현실적으로 과세되는지가 아니라 추상적·포괄적 납세의무가 성립하는지에 따라 판단하여야 한다.

【해설】

Ⅰ. 들어가는 말

대상판결의 쟁점은 재산의 실질적 지배·관리자와 귀속명의자가 다르고, 그 명의와 실질의 괴리가 조세회피목적에서 비롯된 경우, 국세기본법상 실질과세원칙이 조세조약의 해석과 적용에도 그대로 적용되는지 여부(쟁점 ①)와 한·미 조세조약 제3조 제1항 (b)호 (ii)목 단서에서 정한 '조합원으로서 행동하는 인'의 의미와 이 사건 양도소득 중 최종투자자들에게 귀속되는 부분에 한·미 조세조약이 적용되는지 여부(쟁점 ②)이다.

Ⅱ. 재산의 실질적 지배·관리자와 귀속명의자가 다르고, 그 명의와 실질의 괴리가 조세회피 목적에서 비롯된 경우, 국세기본법상 실질과세원칙이 조세조약의 해석과 적용에도 그대로 적용되는지 여부(쟁점 ①)

1. 의의

대법원은 '대법원 2012. 1. 19. 선고 2008두8499 판결'을 통해 국제거래에 실질과세원칙이 적용됨을 판시한 이래로 줄곧 동일한 법리에 근거하여 판단을 하고 있는바, 국세기본법상 실질과세원칙이 조세조약의 해석에 적용된다는 점은 더 이상 그 자체로서 특기할 만한 법리로 보기는 어려운 것으로 생각된다. 국제조세조정법 역시 2006. 5. 24. 실질과세원칙에 관한 제2조의2(現 제3조)를 신설함으로써 국제거래의 경우에도 소득 또는 재산이 실질적으로 귀속되는 자를 납세의무자로 하여 조세조약을 적용하여야 함을 명시한 바 있다.

2. 1심 및 원심의 판단

1심과 원심은 조세조약에 대해서도 국세기본법상 실질과세원칙이 적용됨을 전제로 본건 소득의 귀속명의자인 원고가 실질귀속자에 해당하는 6개 상위투자자들의 조세회피를 위한 도관회사로서 본건 양도소득의 과세에 한·벨기에 조세조약이 적용될 수 있는지 여부를 판단하였다. 구체적으로, 1심과 원심은 (i) 벨기에가 지분면제제도와 자본이득에 대한 비과세로 인해 조세절감 수단국으로 이용되어 왔다는 점, (ii) L펀드Ⅳ가 한국 내 자산의 투자로 인한 수익률을 극대화하기 위해 다양한 조세회피방안을 분석해 왔다는 점, (iii) 과세 면제를 목적으로 F은행과 주식양수도계약을 체결하기 직전에 원고를 설립하여 매수인이 되도록 하였고, (iv) F은행 주식의 매수와 매도는 모두 6개 상위투자자들의 자금으로 이루어졌고, L펀드Ⅳ의 지배하에 있던 국내 자산관리회사의 임원들이 주식양도거래 전 과정을 주도하였다는 점, (v) 거주지국 내에서 다른 사업활동을 한 정황이 없고, 상위투자자들에 대한 배당 이외에 독립적인 경제적 이익을 갖고 있지 아니한 점, (vi) 조세조약은 국내세법에 따른 과세권의 비과세 혹은 감면요건으로 작용하므로 조세조약 적용에 대한 입증책임은 납세자 측에 있다는 점, 등을 근거로, 원고를 벨기에 거주자 자격을 취득하기 위한 조세회피 목적의 도관회사에 불과한 것으로 판단하였다.

3. 대법원의 판단

대법원은 원심의 판단 중 원고가 이 사건 양도소득의 실질귀속자, 즉 조세조약의 적용에 관한 입증책임을 원고 스스로 부담한다고 전제한 부분을 적절하지 않은 것으로 보면서도, 원고가 조세회피를 위한 도관에 불과하여 이 사건 양도소득의 실질귀속자로 볼 수 없다고 판단함으로써 원심의 결론을 그대로 인정하였다.

Ⅲ. 한·미 조세조약 제3조 제1항 (b)호 (ii)목 단서에서 정한 '조합원으로서 행동하는 인'의 의미와 이 사건 양도소득 중 최종투자자들에게 귀속되는 부분에 한·미 조세조약이 적용되는지 여부(쟁점 ②)

1. 의의

대상판결의 사안에서 원고는 예비적 주장으로서, 이 사건 양도소득이 실질적으로 귀속되는 6개 상위투자자 및 L펀드Ⅳ의 상위투자자(이하 '최종투자자')가 미합중국의 거주자에 해당하여 이 사건 양도소득의 과세에 한·미 조세조약이 적용되어야 한다고 주장하였다. 이와 관련하여 외국세법상 단체가 포괄적 납세의무를 부담하는 것이 아니라 구성원이 납세의무를 지는 투과과세단체의 경우 우리나라와 설립지국 사이에 체결된 조세조약에 따른 거주자로서 조세조약상 혜택을 적용받을 수 있는지 여부가 문제되었다.

2. 대법원의 판단

대법원은 6개 상위투자자 및 L펀드IV에 대해 F은행의 경영에 참여하여 가치를 증대시킨 후 그 주식을 양도하여 수익을 얻으려는 목적으로 설립된 영리단체라는 점을 주요 근거로 위 투자자들을 법인세법상 외국단체에 해당하는 것으로 판단하였다. 이에 따라 최종투자자가 아닌 6개 상위투자자 및 L펀드IV의 설립지국 조세조약이 적용되어야 하는 것으로 보았고, 논리적인 귀결로서 버뮤다국에 설립된 6개 상위투자자들에 대해서는 버뮤다국과 대한민국 사이에 조세조약이 체결되어 있지 않아 이 사건 양도소득에 적용할 조세조약이 존재하지 않는다고 판단하였다.

한편 L펀드IV에 대해서는, 한 · 미 조세조약 제3조 제1항 (b)호 (ii)목 단서에 관하여, 구성원이 납세의무를 부담하는 투과과세단체의 경우 원칙적으로 한 · 미 조세조약의 적용을 받는 미국 거주자가 될 수 없으나, 예외적으로 단체에 조세조약의 혜택을 부여하고자 하는 특별규정에 해당한다는 점, 그리고 한 · 미 조세조약의 체결 목적이 이중과세의 방지에 있다는 점 등을 고려하여 단체의 소득에 대하여 구성원이 미국에 납세의무를 부담하는 범위에서 해당 단체를 조세조약상 미국의 거주자로 취급한다는 의미로 해석하였다. 이에 따라 대법원은 L펀드IV의 최종투자자들이 미국의 거주자로서 이 사건 소득을 배분받아 미국에 납세의무를 부담하는 이상 이 사건 양도소득 중 L펀드IV의 최종투자자들에 귀속되는 부분에 대해서는 한 · 미 조세조약의 적용을 받는 것으로 판단하였다.

IV. 대상판결의 의의

대상판결은 실질과세원칙을 적용하여 배후의 실질적 귀속자를 기준으로 거주지국을 판단함으로써 조세피난처에 설립한 SPC를 활용하여 조세 부담을 회피하려는 시도를 효과적으로 방지하였을 뿐만 아니라, 더 나아가 실질적 귀속자로 인정된 투과과세단체와의 관계에서도 조세조약의 허점을 이용한 조세회피를 방지할 수 있도록 하였다는 데 의의가 있다. 대상판결에서 새로운 법리를 구성하여 제시한 것은 아니나, 기존 대법원 판례의 법리를 적재적소에 활용하여 효과적으로 조세 회피 시도에 대응하였다는 점에서 의미가 있고, 특히 세간의 이목이 집중된 사건으로서 유사한 사건에서 중요한 선례로 작용할 것으로 생각된다.

[필자: 법무법인 화우 변호사 정일영]

[33] 사모펀드와 고정사업장 과세 문제

【대상판결】 대법원 2017. 10. 12. 선고 2014두3044, 3051 판결

【사실관계】 1. 원고 A는 버뮤다국 법률에 의하여 설립된 버뮤다국 법인이고, 원고 B는 미국 델라웨어주 법률에 의하여 설립되어 미국의 투자자들이 유한책임사원으로서 투자한 유한 파트너십이며, 원고 C는 미국 외 투자자들이 유한책임사원으로서 투자한 유한 파트너십이고, 나머지 원고들 D~I은 외환은행의 발행주식에만 투자하기 위하여 버뮤다국 법률에 의하여 설립된 버뮤다국의 유한 파트너십이다.

2. 원고들은 LSGH 등 버뮤다국 법인 등과 룩셈부르크 법인을 통하여 벨기에 법률에 의하여 설립된 LKH의 지분 중 99.9%를 보유하고, LKH는 2003~2005년경 외환은행 주식을 취득했다. LKH는 2007년경 외환은행으로부터 배당금을 받았는데, 당시 외환은행은 한·벨 조세조약에 따라 15% 세율을 적용한 금액을 원천징수하여 과세관청에 납부했다. 이후 LKH는 2007년경 증권사를 통하여 기관투자자 등에게 보유주식 일부를 매각했고, 위 증권은 매각대금에 11% 세율을 적용한 금액을 원천징수하여 과세관청에 납부했다. 3. 원고 A, B, C는 순차로 SHL 등 버뮤다국 법인 등과 룩셈부르크 법인인 LSCI를 통하여 벨기에 법률에 의해 설립된 지주회사인 KH Ⅰ 및 KH Ⅱ(이들을 통틀어 KH)의 지분 99.9%를 보유했다. KH는 2003~2004년경 극동건설 주식을 취득했고, 2004년, 2005년 극동건설로부터 배당금을 받았다. 극동건설은 한·벨 조세조약에 따라 15% 세율을 적용

한 금액을 원천징수하여 과세관청에 납부했다. 이후 KH는 2007년 국내법인에 보유주식 전부를 매각하였으나 한·벨 조세조약이 적용된다고 보아 세금을 납부하지 않았다. 4. 원고 A, B, C는 순차로 SL Holdings L.P.등 버뮤다국 법인 등과 룩셈부르크 법인인 LSCI를 통하여 벨기에 법률에 의해 설립된 지주회사인 HH 및 LSH(이하 '이 사건 벨기에 법인들')의 지분 99.9%를 보유했다. 이 사건 벨기에 법인들은 2002~2005년경 스타리스의 주식을 취득하고, 2006년에 스타리스로부터 배당금을 받았는데, 당시 스타리스는 한·벨 조세조약에 따라 15% 세율을 적용한 금액을 원천징수하여 과세관청에 납부했다. 이 사건 벨기에 법인들은 2007년 국내법인에 보유주식 전부를 매각하였으나 한·벨 조세조약이 적용된다고 보아 별도로 세금을 납부하지 않았다. 5. 피고는, 2008. 7. 7. 외환은행 등 주식의 주주명부상 소유자인 이 사건 벨기에 법인들은 조세회피목적을 위하여 설립된 도관회사에 불과하고, 외환은행 등 주식에 대한 배당소득(이하 '이 사건 배당소득') 및 양도소득(이하 '이 사건 양도소득', 이 사건 배당소득과 통틀어 '이 사건 소득')의 실질귀속자는 상위투자자인 원고들이며, 원고들은 국내에 고정사업장을 두고 이 사건 소득을 취득한 것이라고 보아, 이 사건 양도소득 중 원고들에 실제 귀속되었다고 본 부분 및 이 사건 배당소득 전부를 피고의 기준에 따라 안분하여, 원고 A에 대하여는 법인세를, 나머지 원고들에 대하여는 소득세를 각각 결정하였다.

【판결요지】 1. 구 법인세법(2010. 12. 30. 법률 제10423호로 개정되기 전의 것) 제94조 제1항, 제4항, 한·미 조세조약 제8조 제1항, 제9조 제1항, 제3항의 문언과 체계 및 그 취지 등에 비추어 보면, 국내에 외국법인의 고정사업장이 존재한다고 보기 위해서는 외국법인이 처분 또는 사용권한을 갖는 국내의 건물, 시설 또는 장치 등의 사업상 고정된 장소를 통하여 외국법인의 직원이나 그 지시를 받는 사람이 예비적이거나 보조적인 사업활동이 아닌 본질적이고 중요한 사업활동을 수행하는 경우여야 하고, 이때 본질적이고 중요한 사업활동에 해당하는지 여부는 사업활동의 성격과 규모, 전체 사업활동에서 차지하는 비중과 역할 등을 종합적으로 고려하여 판단하여야 한다.

  2. 구 법인세법 제94조 제3항은 '외국법인이 국내사업장을 가지고 있지 아니한 경우에도 국내에 자기를 위하여 계약을 체결할 권한을 가지고 그 권한을 반

복적으로 행사하는 자를 두고 사업을 영위하는 경우에는 그 자의 사업장 소재지에 국내사업장을 둔 것으로 본다'고 규정하고 있고, 한·미 조세조약 제9조 제4항에서도 종속대리인을 통한 간주고정사업장에 관하여 위 법인세법 규정과 유사하게 규정하고 있다. 이처럼 외국법인이 종속대리인을 통하여 국내에 고정사업장을 가지고 있다고 하기 위해서는, 대리인이 국내에서 상시로 외국법인 명의의 계약체결권을 행사하여야 하고, 그 권한도 예비적이거나 보조적인 것을 넘어 사업활동에 본질적이고 중요한 것이어야 한다.

【해설】

I. 들어가는 말

고정사업장은 비거주자(외국법인)의 사업활동에 대해 원천지국 과세권을 확보하는 도구이고 거주지국과 원천지국 사이의 과세권 배분의 기준이다. 거주지국이 일반적으로 비거주자(외국법인)의 사업소득에 대한 우선적인 과세권을 갖지만 원천지국에 고정사업장이 있으면, 원천지국이 비거주자(외국법인)의 사업소득에 대하여 우선적인 과세권을 가지게 된다. 또 외국법인이 종속대리인을 통하여 활동하는 경우에도 원천지국 과세권을 인정하고 있다. 대상판결의 쟁점은 국내에 외국법인의 고정사업장이 존재한다고 보기 위한 판단 기준(쟁점 ①)과 외국법인이 종속대리인을 통하여 국내에 고정사업장을 가지고 있다고 보기 위한 판단 기준(쟁점 ②)이다.

II. 고정사업장의 판단 기준(쟁점 ①)

1. 의의

대상판결에서는, 원고 B와 관련하여서는 한·미 조세조약, 원고 C 및 원고 D~I와 관련하여서는 국내세법에 따른 고정사업장의 존재 여부가 문제되었다. 사실상 한·미 조세조약과 국내 세법은 고정사업장의 개념에 관하여 그 내용상 차이가 없다.

2. 대법원의 태도

대상판결은 판결 요지 1.과 같이 외국법인의 고정사업장 판단 기준을 제시하고, 다음과 같은 원심의 판단이 정당하다고 보았다.

원심[서울고등법원 2014. 1. 10. 선고 2013누8792, 8808(병합)]은 ① 자금 모집, 주식에 대한 투자 결정, 자산 매각, 투자금 회수 등 주요한 결정은 모두 원고 A를 제외한 나머지 원고들의 무한책임사원인 LSP 또는 LSGA를 통하여 미국에서 이루어진 점, ② 론스타펀드가 수익창출을 위하여 부실기업을 인수하고 그 경영에 개입하는 과정에서 소외 2, 3, 4 등이 상당 부분 개입하였지만, 이들의 역할은 LSP와 법적으로 별개 법인인 LSAK 또는 HAK의 대표이사나 임원 자격으로 이루어진 것으로 보이고, LSAK나 HAK가 론스타펀드와 밀접한 관계가 있고 실질적으로 소외 1에 의하여 지배되고 있더라도, 그러한 사정만으로 론스타펀드와 별개 법인격을 갖는 실체임을 부인하기는 어려운 점, ③ 소외 2 등이 외환은행의 경영에 관여하고, 외환카드 주식회사와의 합병비용을 줄이기 위하여 주가조작까지 하였으나, 이러한 사정만으로는 곧바로 론스타펀드의 대리인이나 유한책임사원의 지위에서 이루어진 것이라고 단정하기 어렵고, 더욱이 이들은 외환은행 등 주식의 매각과정에는 전혀 관여하지 아니한 점, ④ LSAK와 HAK의 설립 목적이나 활동 내용에 비추어 소외 2 등이 외환은행 등의 인수 및 경영에 관여한 활동은 LSP나 LSGA가 투자 여부를 결정하기 위한 사전적, 예비적 활동 또는 자산을 관리하며 그 처분시점을 결정하는 데 도움을 주기 위한 보조적 활동으로 볼 수 있는 점 등을 종합하여 보면, 원고들이 국내에 고정사업장을 가지고 있다고 보기는 어렵다고 판단하였다.

Ⅲ. 종속대리인 고정사업장의 판단 기준(쟁점 ②)

1. 의의

대상판결에서는 외국법인이 종속대리인을 통하여 국내에 고정사업장을 가지고 있다고 하기 위한 요건이 문제되었다.

2. 대법원의 태도

대상판결은 판례 요지 2.처럼 외국법인이 종속대리인을 통하여 국내에 고정사업장을 가지고 있다고 인정하기 위한 요건을 제시하고, 다음과 같은 원심의 판단이 정당하다고 보았다.

원심은 소외 2가 론스타펀드 IV의 국내 관리자였고, 소외 2, 3 등이 론스타펀드 IV로부터 극동건설 등의 인수과정에서 협상하고 계약서에 서명할 권한 등을 위임받아 행사하였더라도, 이와 같은 행위는 LSP와 법적으로 별개 법인으로서 LSGA 등과 업무수탁계약을 체결한 LSAK, HAK의 대표이사나 임원 자격에서 한 것으로 보이고, 달리 이들이 원고들의 대리인으로서 국내에서 원고들을 위하여 계약을 체결할 권한을 가지고 그 권한을 반복적으로 행사하였음을 인정할 만한 증거가 없으므로, 이들의 사업장 소재지에 원고들의 국내 고정사업장이 있는 것으로 간주할 수 없다고 판단하였다.

또한 대상판결은 '소외 2, 3 등 대신에 LSAK와 HAK가 원고들의 종속대리인이라는 취지'의 피고 주장과 관련하여서도 'LSAK와 HAK가 원고들 명의의 계약체결권을 국내에서 상시적으로 행사하는 종속대리인에 해당한다고 볼 수 없다'고 판시하였다.

Ⅳ. 대상판결의 의의

과세관청은 론스타 펀드가 문제된 이번 사안에서 외환은행 등에 대한 투자로 인한 수익에 대하여 고정사업장 과세를 하였으나, 대상판결은 론스타의 국내 관계회사와 주요 파트너들의 활동이 고정사업장이나 종속대리인 고정사업장 요건에 해당하지 않는다고 판시하였다. 대상판결에서는 종래의 고정사업장 법리를 근거로 '본질적으로 중요한 사업활동'이 국내에서 이루어지지 않았고, 투자자 모집 등 주요 활동이 미국에서 있었다는 등의 이유로 종속대리인 고정사업장 요건에도 해당하지 않는다고 판시하였다.

대상판결은 사모펀드의 고정사업장 문제에 대하여 정면으로 설시하였고 위 펀드의 특성, 국내 관련 구체적 활동 내용을 고려하여 판단하였다는 점에서 주목

할 만하다.

〔참고문헌〕 김정홍, 사모펀드와 고정사업장 과세 문제 - 대법원 2017. 10. 12. 선고 2014두3044, 3051(병합) 판결을 중심으로 -, 세무와 회계 연구 통권 제7권 제2호, 한국 조세연구소, 2018.

[필자: 부산지방법원 서부지원 부장판사, 법학박사 김세현]

[34] 완전모자회사관계의 외국법인간 합병과정에서 내국법인 주식이 이전된 경우의 과세문제

【대상판결】 대법원 2017. 12. 13. 선고 2015두1984 판결

【사실관계】 독일 법률에 따라 설립된 원고(甲 외국법인)는 같은 외국법인 乙 피합병법인의 지분 100%를 보유하고 있었는데, 2005. 11. 22. 乙 법인을 흡수합병하였다(이하 "이 사건 합병"). 그런데 이 사건 흡수합병 과정에서 乙 법인이 보유하던 내국법인의 상장주식(이하 "이 사건 주식")이 甲 법인에게 이전되었고, 원고는 이와 관련하여 피합병법인 또는 그 주주에게 신주를 발행하거나 합병대가를 지급하지 않았다. 그러나 과세관청은 이 사건 주식의 이전이 내국법인이 발행한 유가증권 양도에 해당한다는 이유로 원고에게 법인세와 증권거래세를 결정·고지하였다.

【판결요지】 외국법인인 甲 법인과 乙 법인 사이의 합병에 따라 乙 법인이 자산으로 보유하던 내국법인의 상장주식을 甲 법인에 이전하는 것은 구 법인세법(2005. 12. 31. 법률 7838호로 개정되기 전의 것) 제93조 제10호 (가)목 및 구 증권거래세법(2008. 1. 9. 법률 8838 호로 개정되기 전의 것) 제2조 제3항의 '주식의 양도' 및 '주권의 양도'에 해당하고, 위와 같은 과세가 한·독 조세조약 제24조 제1항에서 규정한 무차별원칙에 위배되지 않는다.

【해설】

I. 이 사건 주식의 양도로 발생한 소득이 국내원천소득에 해당하는지 여부

1. 쟁점

대상판결에서는 외국법인인 乙 피합병법인이 다른 외국법인이자 완전모회사인 원고(甲 외국법인)와 합병을 하는 과정에서 보유하고 있던 국내주식을 원고에게 이전하였는데, 이러한 이전이 국내세법상 주식의 양도로서 양도차익의 과세계기(Taxable Event)에 해당하는지가 문제 되었다.

2. 대법원의 판단

대법원은 외국법인 사이의 합병에 따른 내국법인 발행주식의 이전은 양도차익이 실현되는 자산의 양도로서 구 법인세법 제93조 제10호 (가)목의 '주식의 양도'에 해당한다고 보아야 하며(대법원 2013. 11. 28. 선고 2010두7208 판결 참조), 이와 같이 보는 이상 합병법인이 합병 전에 피합병법인의 주식 전부를 보유하고 있는 경우라고 하여 달리 볼 것은 아니라고 판단하였다. 또한 대법원은 위 경우에 합병법인의 주식이나 합병교부금이 피합병법인 주주에게 교부되지 아니하였다 하더라도 마찬가지라는 이유로, 피합병법인이 원고에게 이 사건 주식을 이전한 것은 국내 법인세법에 따라 과세된다고 판단하였다.

대법원은 위와 같이 판단하면서 그 선례로서 대법원 2013. 11. 28. 선고 2010두7208 판결(이하 "비교판결")을 제시하였는데, 비교판결의 사실관계는 아래와 같다. 스페인 법인인 A법인은 2006. 8. 1. 그 발행주식의 60.83%를 보유하고 있던 모회사인 B법인에 흡수합병되었다. 그런데 A법인은 내국법인이 발행한 주식을 보유하고 있었고 이 사건 합병으로 인하여 해당주식의 소유권은 B 법인에게 이전되었다. 이에 과세관청은 A 법인에게 국내주식의 양도로 인한 국내원천소득이 발행했다고 보아 원고에게 법인세 및 증권거래세를 부과하였다.

비교판결에서 대법원은 (i) 내국법인의 경우 원칙적으로 합병에 따른 자산의 이전을 과세계기로 보면서 다만 예외적인 경우 그에 따른 양도차익을 이연해 주는 특례를 두고 있는데, 이와는 달리 외국법인 간의 합병에 따른 주식 등의 이전에 대하여 과세를 이연하는 정책적 특례규정을 두고 있지 아니한 점, (ii) 외국법인 간의 합병에 따른 국내 자산의 이전을 내국법인 간의 합병에 따른 국내 자산의 이전과 달리 양도차익이 실현되는 자산의 양도로 보지 않을 합리적인 이유가 없는 점 등을 이유로 과세관청의 처분이 적법하다고 판단하였다.

3. 평석

대법원의 판단과 같이 외국법인과 내국법인 사이에서 차이를 둘 이유가 없으므로, 외국법인 간의 합병에 따른 국내 자산의 이전을 내국법인 간의 합병에 따른 국내 자산의 이전 역시 원칙적으로 법인세 과세대상인 거래로 보는 것이 타당하다. 다만 관련하여 법인세법 제2조가 1967. 11. 29. '외국법인에 있어서는 청산소득에 대한 법인세를 부과하지 아니한다'고 규정한 이래 그 내용은 오늘까지 이어지고 있는데(법인세법 제4조 제1항 단서), 외국법인인 乙 법인은 이 사건 합병을 통해 결국 소멸하였다. 그렇다면 결국 이 사건 주식으로 인한 소득은 외국법인인 피합병법인의 청산소득에 해당하므로 우리 법인세법상 과세대상이 아닌 것은 아닌지, 아니라면 두 조항의 관계는 무엇인지 문제가 될 수 있는데, 대상판결은 이에 대한 언급을 남기고 있지 않아 아쉬움을 남긴다.

II. 이 사건 처분이 한·독 조세조약상 무차별원칙에 위반되는지 여부

1. 쟁점

한·독 조세조약 제24조 제1항은 무차별원칙을 규정하고 있는데, 무차별원칙이란 일방 체약국의 국민이 타방 체약국에서 타방 체약국의 국민과 동일한 상황에 있거나 동일한 활동을 수행하는 경우에는 국적이 다르다는 이유만으로 세제상의 차별적인 불이익을 받지 않도록 해야 한다는 것을 의미한다(대법원 2012. 4. 26. 선고 2010두15179 판결 등 참조).

그런데 2009. 12. 31. 개정 법인세법(2009. 12. 31. 법률 9898호로 개정된 것, "이하 2009년 개정 법인세법")은 제44조 제3항을 통해 "내국법인이 발행주식총수 또는 출자총액을 소유하고 있는 다른 법인을 합병하거나 그 다른 법인에 합병되는 경우에는 제2항에도 불구하고 양도손익이 없는 것으로 할 수 있다."는 규정을 신설함으로써 완전모자관계인 내국법인 간의 합병에서는 적격합병의 과세특례 요건 충족 여부와 관계 없이 양도차익에 대한 과세를 이연할 수 있도록 하였다. 그런데 위 규정의 법적 성질을 창설적인 것이 아니라 확인적인 것으로 이해한다면, 만약 원고와 피합병법인이 모두 내국법인이었다면 모회사인 원고가 피합병법인의 주식 100%를 소유하고 있어 완전모회사간의 합병에 해당하는 이 사건에서도, 합병에서 발생한 양도차익에 대해서는 과세가 이연되므로, 이 사건 처분이 무차별원칙에 위반되지는 않는지 문제가 되었다.

2. 대상판결의 판단

대법원은, 원고와 피합병법인 사이의 합병에 따른 이 사건 주식의 이전을 자산의 양도로 보아 내국법인 사이의 합병과 달리 과세한다고 하더라도, 외국법인이 내국법인과 원칙적으로 동일한 상황에 있다고 할 수 없고 또한 그 과세를 두고서 그 설립의 준거법이 다르다는 이유만에 따른 차별이라고 볼 수도 없으므로, 한·독 조세조약상의 무차별원칙에 위배된다고 보기 어렵다고 판단하였다.

3. 평석

대상판결이 이 사건에서 "원고와 피합병법인 사이의 합병에 따른 이 사건 주식의 이전을 자산의 양도로 보아 내국법인 사이의 합병과 달리 과세한다고 하더라도"라고 판시한 내용에 비추어 볼 때, 대상판결은 만약 원고와 피합병법인이 내국법인이었다면 이 사건 주식의 이전에 대하여 법인세를 내지 않았을 수도 있었다고 판단한 것으로 보인다. 즉, 대상판결은 2009년 개정 법인세법 제44조의 법적 효력은 창설적인 것이 아니고 마치 확인적인 것에 해당한다고 판단한 것으로 보인다. 그럼에도 불구하고 대상판결은, 외국법인이 내국법인과 원칙적으로 동일한 상황에 있다고 할 수 없고 또한 그 과세를 두고서 그 설립의 준거법이 다르다는 이유만에 따른 차별이라고 볼 수도 없다는 다소 추상적인 이유를 밝히면서, 이 사건 처분이 한·독 조세조약상 무차별원칙에 반하지 않는다고 판단하였는데, 보다 구체적인 이유를 제시하지 않았다는 점에서 아쉬움이 남는다.

Ⅲ. 대상판결의 의의

 대상판결은 외국법인간의 합병 과정에서 내국법인이 발행한 주식이 포괄승계되는 경우, 이 역시 원칙적으로 한국세법상 과세계기에 해당한다는 점을 밝혔다는 점에서 의의가 있다. 다만 대상판결은 (i) 해당 법리가 외국법인의 청산소득에 대한 법인세법의 조항과 어떤 관련성을 가지는지 명시적으로 밝히지 않았다는 점에서, (ii) 또한 대법원은 국내세법상 '과세계기'에 해당하는지를 판단함에 있어서는 외국법인과 내국법인 사이에서 차이를 둘 이유가 없다는 전제하에 판단을 내리면서도, 정작 이 사건 처분이 한·독 조세조약상 무차별 원칙에 위배되는지를 판단함에 있어서는 외국법인이 내국법인과 원칙적으로 동일한 상황에 있다고 할 수 없다는 이유로 이 사건 처분이 무차별원칙에 반하지 않는다고 판시하였고, 그 구체적인 이유도 밝히지 않았다는 점에서 아쉬움을 남긴다.

[필자: 김·장 법률사무소 변호사 한병기]

【사실관계】 1. 론스타펀드IV는 외환은행 주식(이하 '이 사건 주식') 인수와 매각 등으로 인한 소득을 얻기 위해 결성된 사모펀드로, ① 미국 거주자인 최종투자자들로 구성된 미국 델라웨어주 유한파트너십[해당 미국 델라웨어 유한파트너십은 무한책임사원과 유한책임사원인 38명의 최종투자자들(이하 '이 사건 최종투자자들')로 구성되어 있었고, 이 사건 최종투자자들은 모두 미국 거주자였다]과, ② 버뮤다국 법인, ③ 6개의 버뮤다 유한파트너십 등 8개의 상위투자자들(이하 '이 사건 상위투자자들')로 구성되어 있었다. 2. 이 사건 상위투자자들은 2003. 8. 중 버뮤다국 법인과 유한파트너십, 룩셈부르크국 유한책임회사 등을 통하여 99.9% 지배하는 벨기에국 법인인 LSF-KEB Holdings SCA(이하 'SCA')를 설립하였고, SCA는 이 사건 주식의 인수계약을 체결하였다. 3. 원고는 SCA의 국내 재산관리인으로, SCA가 2008~2011년경 외환은행으로부터 지급받은 배당금(이하 '이 사건 배당소득')에 대하여 한·벨 조세조약상 제한세율을 적용하여 원천징수하였다. 4. 피고는 SCA가 조세회피 목적을 위한 도관회사로서 이 사건 배당소득의 실질귀속자가 아닌 것으로 보아 한·벨 조세조약 적용을 부인하고, 국내 법인세법상 원천징수세율을 적용하여, 원고에게 2008~2011 사업연도 귀속 원천징수분 법인세를 경정·고지 하였다.

【판결요지】 1. 주식의 인수계약 등에서 당사자는 SCA의 명의로 되어 있지만, SCA는 배당소득에 대한 과세를 회피하기 위하여 벨기에 거주자 자격을 취득하고자 설립된 도관회사에 불과하여 배당소득이 SCA에 귀속되었다고 볼 수 없다. 2. 외국의 법인격 없는 사단·재단 기타 단체가 영리단체에 해당하는 경우, 해당 단체의 구 법인세법(2013. 1. 1. 법률 제11607호로 개정되기 전의 것, 이하 같다)상 외국법인 해당 여부는, 단체가 설립된 국가의 법령 내용과 단체의 실질에 비추어 우리나라의 사법(私法)상 단체의 구성원으로부터 독립된 별개의 권리·의무의 귀속주체로 볼 수 있는지 여부에 따라 판단하여야 한다.

【해설】

Ⅰ. 들어가는 말

대상판결은 론스타펀드Ⅳ가 받은 배당소득에 관하여, 기존 국제조세 주요 쟁점에 대한 대법원의 입장을 다시 확인하면서, 해당 배당소득에 관한 법인세를 얼마나 원천징수해야 하는지를 마무리짓는 최종 확정판결이다. 대상판결은 새로운 법리 설시 없이 각 쟁점에 대한 원심의 판단을 모두 긍정하였다. 즉, 대상판결은 론스타펀드Ⅳ가 받은 배당소득에 관하여, ① 배당소득을 직접 지급받은 SCA가 도관회사이고, ② 이 사건 상위투자자들이 이 사건 배당소득의 실질귀속자라고 판단하면서, 그 결과 최종투자자들은 실질귀속자에 해당할 수 없음을 확인하는 한편, ③ 원고에게 이 사건 배당소득의 실질귀속자를 기준으로 원천징수할 의무가 있음을 확인하였다. 대상판결을 통하여 약 1조 2,391억 원의 배당소득에 대하여, 약 2,412억 원(가산세 포함)의 법인세가 확정되었다. 한편 대상판결은 쟁점이 많을 뿐 특별히 새로운 법리를 설시한 것은 없으므로, 분량 제한상 국외투자기구의 조세조약 적용방식(이른바 '가분적 거주자론'의 적용)에 대한 부분은 생략한다.

Ⅱ. 이 사건 배당소득의 실질귀속자가 SCA인지(쟁점 ①)

대상판결은, 실질과세원칙을 조세조약에 적용할 수 있다고 본 대법원 2012. 4.

26. 선고 2010두11948 판결(이른바 '라살레 판결')을 원용하면서 원심의 판단을 긍정하였다.

원심은, ① 벨기에는 이 사건 주식 취득 당시 조세절감 수단국으로 이용되는 점, ② SCA는 이 사건 주식의 인수계약을 체결하기 직전에 설립된 점, ③ 이 사건 주식의 투자자금은 이 사건 상위투자자들의 자금으로 조달되었고 인수계약 실무작업은 계열회사 임직원이 주도한 점, ④ SCA는 소속직원이 없고 총 자산의 99%는 이 사건 주식이며 그 주소지가 관계회사의 소재지와 동일한 점, ⑤ 지주회사로서의 형식적 역할 외에 다른 사업목적이나 활동을 한 정황이 없는 점 등의 사정을 고려하여, SCA가 이 사건 배당소득의 실질귀속자가 아니라고 보았다.

Ⅲ. 이 사건 배당소득의 실질귀속자가 SCA가 아니라면, 이 사건 최종 투자자들과 이 사건 상위투자자들 중 누가 실질귀속자인지(쟁점 ②)

본 쟁점에 대해서는 이미 동일한 투자구조에 대한 선행사건이 있다. 대법원 2012. 1. 27. 선고 2010두5950 판결(이른바 '론스타 판결'로 널리 알려져 있는 '스타타워 판결'로, 해당 사건에서는 론스타펀드Ⅲ의 국내 주식 양도소득에 대한 '소득세' 과세 가능 여부가 쟁점이 되었다)의 후속 사건에 해당하는 대법원 2016. 12. 15. 선고 2015두2611 판결이 그것이다. 위 '론스타 판결(스타타워 판결)'에서 미국 델라웨어 유한파트너십이 외국법인에 해당하여 '소득세'가 아닌 '법인세' 부과대상이라는 점이 밝혀지자, 과세당국은 그에 따른 재처분으로서 미국 델라웨어 유한파트너십과 버뮤다 유한파트너십에 대하여 법인세를 부과하였고, 이것이 다시 다투어졌다. 위 대법원 2015두2611 판결은, 각 파트너십에 대한 개별 투자자가 아닌 각 파트너십이 주식 양도소득의 실질귀속자로서 법인세 납세의무자에 해당한다고 판단하였다.

대상판결 역시 위 판결과 동일한 관점에서, 이 사건 상위투자자들이 사업목적을 갖고 설립된 영리단체로서, 그 설립국의 법령 내용과 단체의 실질 등에 비추어 구성원으로부터 독립된 별개의 권리·의무 귀속 주체로 볼 수 있는 독자적 존재로서의 성격을 갖고 있으므로 구 법인세법상 외국법인에 해당하고, 이 사건 배당소득은 이 사건 상위투자자들에게 귀속된다고 본 원심을 긍정하였다.

Ⅳ. 국내 재산관리인에 해당하는 원고의 원천징수 책임의 한계(쟁점 ③)

대상판결은 대법원 2013. 4. 11. 선고 2011두3159 판결(이른바 'CJ CGV 판결')을 원용하며, 원고가 이 사건 배당소득을 지급하는 과정에서 성실하게 조사를 하였음에도 불구하고 위 배당소득의 실질적인 귀속자가 SCA가 아니라는 사실을 알 수 없었다고 보기 어렵다는 이유로 원고에게 원천징수납부불성실 가산세를 부과한 것은 정당하다고 판단한 원심을 긍정하였다.

Ⅴ. 대상판결의 의의

대상판결은 론스타펀드Ⅳ가 받은 배당소득에 관하여, 앞서 선고된 국외투자기구에 대한 국제조세 판결들의 결론을 총 망라하여 다시 확인한 판결이다. 즉, 대상판결은 종전의 조세조약에 대한 실질과세원칙, 미국 델라웨어 및 버뮤다 유한 파트너십에 대한 외국법인 인정 및 가분적 거주자론의 채택, 원천징수의무자의 원천징수 책임 한계 등을 재확인하였다.

다만 대상판결은 해당 구체적인 사안에 있어 다음과 같은 아쉬움을 남겼다.

먼저, 법인인 SCA를 실질귀속자로 인정하지 않을 경우, 최종투자자들이 아닌 이 사건 상위투자자들을 특별히 실질귀속자로 인정한 근거가 불명확하다. 이 사건 상위투자자들과 SCA 또는 최종투자자들과 차이가 있다면, 이 사건 상위투자자들 중 상당수는 조세조약이 체결되지 않은 버뮤다에 설립되었다는 것에 불과하다.

다음으로, 원천징수의무자의 책임과 관련하여서도, 해당 사건의 원고는 단순히 SCA의 국내 재산관리인에 불과하여, 실질귀속자를 따로 알기 어려웠을 수 있다. 더욱이 이 사건 배당소득의 지급 당시 국외투자기구를 통한 투자소득과 관련한 실질귀속자에 대하여 확립된 견해가 없었다. 오히려 종전에는, 소득을 직접 지급받은 자가 세법상 도관으로 인정될 경우 그 최종투자자를 기준으로 원천징수해야 한다고 보는 것이 일반적이었고(재국조 46017-177, 2002. 12. 16. 등), 그와 다른 대법원의 입장은 2012년 '론스타 판결(스타타워 판결)'로 비로소 확인되었다. 따라서 원고에게 가산세까지 부담하도록 한 것은 지나치게 가혹하다.

한편, 대상판결의 선고 이후 일련의 대법원 판결들에 대하여 여러 비판적인 견해가 제기되자, 기획재정부는 2018년말 세법 개정을 통하여, 국외투자기구에 대한 실질귀속자 특례 규정을 신설하고, 외국법인의 판단 기준을 정비하였다.

먼저, 소득세법 및 법인세법에 국외투자기구에 대한 실질귀속자 특례 규정을 신설하였다. 이에 대하여 기획재정부는 국외투자기구에 대해서는 원칙적으로 그 투자자를 실질귀속자로 간주하려는 것임을 밝히고 있다.

다음으로, 종전 법인세법 시행령 제1조 제2항은 외국법인에 해당하기 위한 기준으로, (i) 설립된 국가의 법에 따라 법인격이 부여된 단체(제1호), (ii) 구성원이 유한책임사원으로만 구성된 단체(제2호), (iii) 구성원과 독립하여 자산을 소유하거나 소송의 당사자가 되는 등 직접 권리·의무의 주체가 되는 단체(제3호), (iv) 그 밖에 해당 외국단체와 동종 또는 유사한 국내의 단체가 「상법」 등 국내의 법률에 따른 법인인 경우의 그 외국단체(제4호)를 제시하고 있었다. 그런데 위 2018년말 개정을 통하여 이 중 "직접 권리·의무의 주체가 되는 단체(제3호)"의 기준을 삭제하였다. 기획재정부는 위 개정 이유에 대하여 "파트너십 등 법인성이 낮은 외국단체에 대해서는 그 실질에 따라 그 단체의 구성원(투자자)별로 과세되도록 외국법인 판정기준을 개선"하려는 것임을 밝히고 있다.

만약 대상판결에 이와 같은 개정 법령이 적용되었다면 그 결과는 완전히 달라졌을 것이다.

[참고문헌] 김정홍, 케이만 유한 파트너쉽의 외국법인 해당 여부에 대한 검토 및 향후 과제, 조세학술논집 제36집 제1호, 2020.
　　김준희, 2017년 국제조세 판례회고, 조세법연구 제24권 제2호, 한국세법학회, 2018.

[필자: 법무법인 율촌 변호사 성수현]

[36] 외국법인 국내지점에 대한 과소자본세제의 적용에 따른 한도초과이자의 소득구분

【대상판결】 대법원 2018. 2. 28. 선고 2015두2710 판결

【사실관계】 원고인 A 은행은 싱가포르에 본점을 두고 우리나라에 지점(이하 '원고 한국지점')을 개설하여 금융업을 영위하고 있다. 이후 원고 한국지점은 2010 사업연도에 원고 본점으로부터의 차입금 중 원고 본점의 출자지분의 6배를 초과한 부분의 지급이자에 해당하는 7,684,517,875원(이하 '이 사건 쟁점금액')에 대하여 손금불산입한 후 '기타 사외유출'로 소득처분하였다(따라서, 원고 본점에게는 국내세법상 별다른 과세효과가 발생하지 아니하였다). 이후 피고는 2011. 7. 18. 이 사건 금액을 '배당'으로 소득처분하면서 원고에게 소득금액 변동통지를 하였다.

【판결요지】 구 국제조세조정법(2013. 1. 1. 법률 제11606호로 개정되기 전의 것, 이하 같다) 제14조 제1항, 제2항, 구 국제조세조정법 시행령(2010. 12. 30. 대통령령 제22574호로 개정되기 전의 것) 제25조 제6항, 제26조, 구 법인세법(2010. 12. 30. 법률 제10423호로 개정되기 전의 것) 제93조 제2호(이하 '위 각 조항들')에 의하면, 금융업을 영위하는 내국법인(외국법인의 국내사업장을 포함한다)의 차입금 중 국외지배주주로부터 차입한 금액이 국외지배주주가 주식 등으로 출자한 출자지분의 6배를 초과하는 경우에는 초과분에 대한 지급이자 중 일정액은 내국법인의 손금에 산입하지 아니하고 법인세법 제67조에 따른 배당으로 처분된 것으로 보아 국외지배주주인 외국법인의 국내원천소득이 된다. 한편 한·싱 조세조약은 배당소

[36] 외국법인 국내지점에 대한 과소자본세제의 적용에 따른 … 179

득과 이자소득에 관하여 거주지국 및 원천지국 과세를 모두 허용하면서, 제10조 제4항에서 배당소득의 의미를, 제11조 제5항에서 이자소득의 의미를 각각 규정하고 있다. 그리고 구 국제조세조정법 제28조는 외국법인의 국내원천소득의 구분에 관하여 법인세법 제93조에도 불구하고 조세조약이 우선하여 적용된다고 규정하고 있다. 이러한 규정들의 내용과 체계 등을 종합하여 보면, 외국법인의 국내사업장을 포함한 내국법인이 국외지배주주로부터 금전을 차입한 경우 차입금 중 일정 한도 초과분에 대한 지급이자는 위 각 조항들에서 배당으로 보아 국외지배주주의 국내원천소득으로 규정하고 있으므로 원칙적으로 배당소득에 해당하나, 해당 초과분에 대한 지급이자가 조세조약상 배당소득으로서 원천지국의 과세권이 인정되는지는 우리나라가 국외지배주주인 외국법인이 거주자로 되어 있는 나라와 체결한 조세조약에 따라 판단하여야 하고, 이때 만일 조세조약상 배당소득이 아닌 이자소득 등 다른 소득에 해당한다면 그에 따라 원천지국의 과세권 유무나 적용되는 제한세율 등이 결정된다.

【해설】

Ⅰ. 들어가는 말

대상판결의 쟁점은 구 국제조세조정법 제14조에 따른 과소자본세제가 적용되어 손금불산입된 금원(원고 한국지점에서 싱가포르 본점으로 송금된 이자 상당액 중 본점의 출자지분의 6배를 초과하는 부분, 이하 '초과이자')이 국내세법 및 한·싱 조세조약상 과세대상이 되는가이다. 초과이자는 국내세법상으로는 '배당소득'으로서 외국법인의 국내원천소득이 되나 한·싱 조세조약상으로는 여전히 '이자소득'에 해당하는데, 이와 같이 동일한 소득에 대한 소득구분이 국내세법과 조세조약상 다르게 적용될 수 있는지를 판단하였던 선례적 사안(leading case)이다.

Ⅱ. 원심 및 제1심 법원의 판단

원심(서울고등법원 2015. 6. 3. 선고 2013누17178 판결) 및 제1심(서울행정법원 2013. 5. 24. 선고 2012구합9505 판결)은 (i) 이 사건 쟁점금액(초과이자)이 국내세법인 구 국제조세조정법 제14조 제1항, 같은 법 시행령 제25조 제6항, 구 법인세법 제67조, 제93조에 의하여 배당으로 소득처분된 금원으로서 국내원천 배당소득에 해당된다고 하더라도 (ii) 국내세법보다 우선하는 한·싱 조세조약상으로는 여전히 이자소득에 해당하는 것으로 보아야 하므로, 이 사건 쟁점금액이 배당소득으로 과세되어야 함을 전제로 한 이 사건 소득금액 변동통지는 위법하다고 판단하였다.

Ⅲ. 대법원의 판단

그러나 대법원은 과소자본세제가 적용되어 배당으로 소득처분된 초과이자가 구 법인세법 제93조 제2호 마목에 따라 국내원천 배당소득으로 소득구분되는 것과 한·싱 조세조약상 이자소득으로 소득구분되는 것은 서로 별개의 쟁점이라는 전제하에서, 외국법인의 국내원천소득의 구분에 관하여 조세조약이 우선하여 적용된다는 구 국제조세조정법 제28조의 의미는 그 조세조약상의 소득구분에 따라 원천지국의 과세권 유무나 제한세율이 결정된다는 의미라고 판단하였다. 따라서, 이 사건 쟁점금액은 (i) 국내세법상으로는 외국법인의 국내원천 배당소득이 되므로 과세대상 소득이 되고, (ii) 한·싱가포르 조세조약상으로는 조약 제11조 제5항에 따른 이자소득으로서 같은 조 제2항에 따라 원천지국인 우리나라에 과세권이 있으며 그 제한세율인 10%가 적용된다고 보았다(한·싱 조세조약상 배당소득과 이자소득의 제한세율이 10%로 동일하므로 결과적으로 이 사건 소득금액 변동통지는 적법하다는 원고패소 취지로 파기환송된 것이다).

Ⅳ. 대상판결의 의의

외국법인에 대하여 과세관청이 과세처분을 함에 있어서 국내세법과 조세조약의 관계는, (i) 먼저 국내세법에 따라 해당 소득에 대하여 우리나라에 과세권이 존재하는지 여부를 판단한 후, (ii) 다음으로 조세조약에 따라 여전히 우리나라에 과세권이 존재하는지를 따지는 이른바 '단계적 판단방법'으로 설명된다. 즉, 조세조약은 새로운 과세권을 창설하는 적극적인 기능을 하지는 못하고, 다만 국내세법에 의하여 부여된 과세권을 박탈하거나 제한하는 소극적인 역할을 하는 것에 지나지 아니한다. 이러한 현행 법제하에서 과소자본세제가 적용된 금원에 관한 과세처분의 적법성이 다툼이 된 대상판결은, 위와 같은 단계적 판단방법의 적법성을 확인한 선례적 사안이 되었다. 즉, 국내세법상 과소자본세제가 적용된 초과이자를 국내원천 배당소득으로 구분하는 문제와, 조세조약상 해당 금원이 원천지국(우리나라)에 과세권이 있는 이자소득에 해당하는지는 서로 다른 별개의 문제라는 것이다. 즉, 이차원설(二次元說)의 입장이라고도 요약할 수 있다.

다만, 이 사건 소득금액 변동통지가 이루어진 당시(처분시)의 법령인 구 국제조세조정법 제28조는 "비거주자 또는 외국법인의 국내원천소득의 구분에 관하여는 「소득세법」 제119조 및 「법인세법」 제93조에도 불구하고 조세조약이 우선하여 적용된다"라고 규정되어 있었다(위 조항은 대상판결이 선고되고 난 이후에 2018. 12. 31. 법률 제16099호의 개정에 의하여 삭제되었고, 그 개정이유로는 '조세조약상 소득구분이 국내법상 소득구분을 결정하는 것으로 오해할 소지가 있으므로 해당 조문을 삭제함'이라고 제시되어 있다). 즉, 대상판결의 논리적 순서가 일반론적으로는 타당성을 부여받을 수 있을지라도 위 구 국제조세조정법 제28조의 문언의 범위를 넘어선 해석이라고 생각된다. 만일 (i) 국내세법에 따른 외국법인에 대한 우리나라의 과세권 유무 판단, (ii) 조세조약에 따른 원천지국의 과세권 유무 판단이라는 이차원설에 의할 것이라면, 구태여 입법자들이 위와 같은 구 국제조세조정법 제28조를 도입하여 둘 이유가 없었기 때문이다.

물론, 원심 및 제1심 판결의 결론에 따른다면 과소자본세제의 과세상 효과가 국내지점의 손금불산입에 국한되므로 그 정책적 효력이 반감된다는 비판이 있을 수 있다. 그러나 이후 2018. 12. 31. 구 국제조세조정법의 개정으로 법 제28조가 삭제된 점에 비추어 볼 때에도, 이와 같은 근거가 조세법률주의의 원칙상 법 문언에 대한 확장해석 이전에 입법론으로의 해결이 선행되어야 한다는 원칙을 뒤집을 만한 근거가 되기는 어려워 보인다. 구 국제조세조정법 제28조가 존재되던 시기의 대상판결이나, 위 조항이 폐지된 현재의 시점이나 소득구분이나 제한세율에 관한 국내세법과 조세조약의 관계는 위 이차원설에 따라서 설명된다. 그렇다면 구 국제조세조정법 제28조의 존재 의의가 무엇이었는지, '법인세법 제93조에도 불구하고 조세조약이 우선하여 적용된다'라는 문구는 사실상 사문화된 조항으로 보아야 하는지에 대한 의문이 남는다(필자가 위 조항에 대한 공개된 입법 자료 등을 살펴보았으나 그 도입 취지가 조금이라도 언급되어 있는 자료는 발견되지 않았다).

[필자: 이화여자대학교 법학전문대학원 조교수 임재혁]

【대상판결】 대법원 2018. 3. 13. 선고 2017두59727 판결

【사실관계】 원고는 중국 완전자회사들로부터 2010 사업연도에 배당금을 수령하면서 한·중 조세조약 제10조 제2항 (가)목에서 정한 5%의 제한세율에 따른 원천징수세액을 납부하였다. 원고는 위 납부세액을 법인세법 제57조 제1항 제1호에 따른 외국납부세액(이하 '직접외국납부세액')으로 공제하여 법인세를 신고·납부하는 한편, 한·중 조세조약 제2의정서(이하 '제2의정서') 제5조 제1항(이하 '이 사건 조항') 후문에서 정한 10%의 세율을 적용한 금액과 위 5%의 제한세율을 적용한 금액의 차액도 법인세법 제57조 제3항에 따른 외국납부세액(이하 '간주외국납부세액')으로 추가 공제되어야 한다고 주장하면서 피고에게 법인세 경정청구를 하였다. 이에 대해 피고는 '이 사건 조항 후문은 공제의 한도를 10%로 정하고 있는 것일 뿐이고, 중국 국내세법의 변경으로 2010 사업연도에는 한·중 조세조약 제10조 제2항 (가)목에서 정한 5%의 제한세율보다 더 낮은 조세감면조치가 시행하지 않았으므로, 간주외국납부세액공제를 적용할 수 없다'는 이유로 거부처분을 하였다.

【판결요지】 한·중 조세조약 제10조 제2항 (가)목은 '배당의 수익적 소유자가 배당을 지급하는 회사의 자본 25% 이상을 직접 소유하는 회사인 경우'에는 이중과세를 최소화하고 국제투자를 촉진할 필요성이 일반적인 경우보다 크다고 보아

일반적인 경우에 적용되는 제한세율인 총배당액의 10%보다 낮은 5%의 한도 내에서만 배당소득에 대한 원천지국 과세를 인정하고 있는데, 이 사건 조항 후문은 그와 같은 경우에 실질적으로 투자유치의 효과를 거둘 수 있도록 일률적으로 10%의 세율이 적용되는 것으로 간주하여 외국납부세액을 산정하도록 하고 있다. 이처럼 공제세율을 간주함으로써 특별한 조세혜택을 부여하는 방식은 한·중 조세조약 체약국의 의사에 따라 적용대상과 시한이 명확히 한정되어 있는 만큼, 원천지국의 국내법률에서 거주지국 투자회사가 받는 배당소득에 대한 세율이 변경되었다고 하여 그에 따라 위 조항 후문의 의미가 달라진다고 보기 어렵다. 이러한 간주외국납부세액 공제에 관한 규정의 체계와 내용 등에 비추어, 한·중 조세조약 제10조 제2항 (가)목에 의하여 원천지국에서 5%의 제한세율로 배당소득에 대한 조세를 납부하였더라도, 이 사건 조항 후문에 따라 원천지국에 납부한 것으로 간주되는 세액은 총배당액의 10%로 보는 것이 타당하다.

【해설】

I. 들어가는 말

한·중 조세조약은 제10조 제2항에서 일방체약국의 회사가 그 지분의 25% 이상을 직접 소유하는 타방체약국 회사에 지급하는 배당소득에 대하여는 5%의 제한세율을, 기타 배당소득에 대하여는 10%의 제한세율을 적용하도록 규정하는 한편, 제23조 제1항에서는 직접외국납부세액공제, 같은 조 제3항에서는 간주외국납부세액공제에 관하여 각각 규정하고 있었다. 그리고, 이 사건 조항은 간주외국납부세액공제의 일몰시한을 2014년까지 10년간 연장하는 한편, 한·중 조세조약 제23조 제3항을 대체하면서, 전문에서 '조세경감, 면제 또는 경제발전 촉진을 위한 그 밖에 조세유인조치 관련 법률규정'(이하 '조세유인조치 규정')이 없었더라면 납부하여야 할 조세는 외국납부세액에 포함하는 것으로 간주한다고 하고, 그 후문에서 '이 항의 목적상 제10조 제2항 등의 경우에는 세액은 배당 등 총액의 10%인 것으로 간주한다'고 규정하였다.

한편, 종래 중국 국내세법은 외국인투자자가 외국인투자기업으로부터 취득하는 이윤에 대하여 기업소득세를 면제하도록 규정하였는데, 2008년부터는 외국인

투자기업에게 지급되는 배당소득에 대해 10%의 세율로 원천징수하도록 개정되었다. 이때 중국 회사 지분 25% 미만을 보유하고 있는 한국 회사가 10%의 제한세율에 따른 원천징수세액을 직접외국납부세액으로 공제받는데에는 이론이 없으나, 중국 회사 지분 25% 이상을 보유한 한국 회사가 5%의 제한세율에 따른 원천징수세액을 직접외국납부세액으로 공제받는 외에, 이 사건 조항 후문에서 정한 10%의 세율과 한·중 조세조약 제10조 제2항 (가)목에서 정한 5%의 제한세율의 차이분에 대해서도 추가로 외국납부세액 공제를 받을 수 있는지 여부가 문제되었다.

따라서 이 사건의 쟁점은 ① 배당소득에 대해 5%의 제한세율을 적용하도록 규정한 한·중 조세조약 제10조 제2항 (가)목이 이 사건 조항 전문에서 정한 '조세유인조치 규정'에 해당하는지, ② 이 사건 조항 후문이 그 전문과 별개의 독립된 규정으로 10%의 세율을 적용한 간주외국납부세액공제를 정한 것인지 여부이다.

Ⅱ. 사건의 진행경과

1. 선행 사건의 경과

이 사건 이전에도 이 사건 조항 전문과 후문을 각각 어떻게 해석할 것인지가 논란이 되었는데, 서울행정법원 2013. 12. 3. 선고 2013구합6374 판결은 대상판결과 동일한 취지로 판시하였고, 이에 대해 과세관청이 항소하였으나 항소심인 서울고등법원 2014. 5. 28. 선고 2013누53402 판결은 항소를 기각하였다.

그런데, 과세관청이 위 항소심 판결에 대하여 상고를 하면서 이 사건 조항의 전문과 후문의 각 해석에 관한 최초의 법리적 판단을 구하였음에도 불구하고, 대법원은 2014. 10. 15.자 2014두38019 판결로 심리불속행 기각을 하였으며, 이로 인해 중국에 투자한 기업들의 세무처리상 혼란이 가중되었다. 그리고 과세관청은 위 선행사건에도 불구하고, 간주외국납부세액공제를 적용한 기업들에 대해서는 부과처분을, 이를 적용하지 아니하였다가 경정청구를 한 기업들에 대해서는 거부처분을 각각 하였으며, 이에 이 사건 및 동일한 쟁점의 사건들이 다수 문제되었다.

2. 1심 및 원심의 판단

1심(서울행정법원 2016. 8. 11. 선고 2015구합72047 판결)은 간주외국납부세액공제 제도는 자본수입국이 행한 세제혜택의 효과를 보전해 주기 위함에 그 취지가 있으므로, 정해진 과세권 범위 안에서 상대방국, 즉 원천지국이 조세유인조치 규정을 두어 정해진 과세권의 범위를 스스로 축소하여야 할 것이 전제되는데, 한·중 조세조약 제10조 제2항 (가)목에서 정한 바와 같은 제한세율은 조세조약에 따라 체약상대국의 거주자 또는 법인에 대하여 과세할 수 있는 최고세율을 의미하는 것이므로, 제한세율을 정한 조약 규정 자체는 중국의 감면 규정이라고 볼 수 없다는 이유로 원고의 청구를 기각하였다.

원심(서울고등법원 2017. 8. 18. 선고 2016누62711 판결)도 제1심 판결의 이유를 인용하는 외에, 추가적으로 '이 사건 조항 후문은 전문의 조세유인조치가 있음을 전제로 적용되는 것일 뿐, 전문과는 별개의 독립된 간주납부세율규정으로 볼 수 없다'고 판단하면서 원고의 항소를 기각하였다.

3. 대법원의 판단

대법원은 이 사건 조항 후문은 한·중 조세조약 제10조 제2항 등의 경우에는 세액공제의 대상인 외국납부세액을 배당 등 총액의 10%로 간주하는 방식을 채택하여 조세조약 자체에서 체약당사국에서 납부한 것으로 간주되는 세액을 일률적으로 정하고 있는 것이며, 원천지국의 국내법률에서 거주지국 투자회사가 받는 배당소득에 대한 세율이 변경되었다고 하여 그에 따라 이 사건 조항 후문의 의미가 달라진다고 보기 어려우므로, 한·중 조세조약 제10조 제2항 (가)목에 의하여 원천지국에서 5%의 제한세율로 배당소득에 대한 조세를 납부하였더라도, 이 사건 조항 후문에 따라 원천지국에 납부한 것으로 간주되는 세액은 총배당액의 10%로 보는 것이 타당하다고 판단하여, 원심판결을 파기환송하였다.

Ⅲ. 대상판결의 의의

대상판결은 5%의 제한세율에 관한 한·중 조세조약 제10조 제2항 (가)목이 이 사건 조항 전문에서 정한 '조세유인조치 규정'에 해당하는지 여부에 대해서는 달리 명시적으로 판단하지 않았으나, 이 사건 조항 후문에 따라 원천지국에 납부한 것으로 간주되는 세액은 총배당액의 10%라고 판단하여 한·중 조세조약상 외국납부세액공제의 범위를 명확히 하였다는 점에 그 의의가 있다. 그러나 선행 사건에서 그와 같은 명확한 판단이 이루어질 수 있었음에도 불구하고 대법원은 법리 판단을 하지 아니한 채 심리불속행 판결을 함으로써 불필요한 논란을 가중시킨 측면이 있다. 이에 향후 대상판결과 같이 중요한 법리판단이 쟁점이 되는 사건의 경우 대법원은 심리불속행 판결을 할 것이 아니라 상고법원 본연의 임무에 따라 법리판단을 함으로써 과세실무상 혼란을 방지하고 명확한 과세기준을 선언할 필요가 있다.

그리고, 이 사건 조항은 2014년 일몰기한이 도래하여 더 이상 동일한 쟁점이 직접적으로 다시 문제되지는 않을 것이나, 향후 다국적기업이 일부 국가에서 조세유인조치 규정을 적용받은 경우의 외국납부세액공제, 글로벌 최저한세 적용범위가 문제될 경우 대상판결이 주요한 참고가 될 수도 있다는 점에서도 그 의의가 있다고 생각된다.

[필자: 법무법인 태평양 변호사 이진우]

[대상판결] 대법원 2018. 6. 28. 선고 2018두35025 판결

【사실관계】 원고는 1974년 A법인에 입사하여 의류 수출부서에서 근무하다가 1980년 위 회사의 미국 뉴욕지사로 발령을 받았고 배우자와 장남 갑, 장녀 을과 함께 미국으로 이주하였다. 원고와 가족들은 미국 영주권을 취득하였고, 장남 갑, 장녀 을은 각 미국시민권을 취득하였다.

한편, 홍콩 소재 법인 B(이하 '세지'라 한다)는 2001. 5. 9.경 미화 50만불을 자본금으로 하여 설립되었다. 갑과 을은 세지의 설립당시부터 그 발행주식을 25만 주씩 보유한 것으로 등재되어 있었고, 세지가 2006년 미화 400만 달러를 증자하였을 때 각 신주 200만 주를 취득한 것으로 등재되어 있었다(이하 위 합계 450만 주를 '이 사건 주식'이라 한다).

과세관청은, 원고가 소득세법상 거주자라고 판단하였고, 이에 따라 세지 명의로 발생한 해외원천 소득의 실질적인 귀속자가 원고라는 이유로 원고에게 종합소득세를 부과하였다. 나아가, 과세관청은 비거주자인 갑과 을이 이 사건 주식을 취득할 당시 20대 초·중반에 불과하였던 데다가, 이 사건 주식 취득자금의 출처에 대한 소명자료를 제시하지 못하였으므로, 원고로부터 자금을 증여받아 이 사건 주식을 취득하였다고 보아 원고에게 구 국제조세조정법(2010. 1. 1. 법률 제9914호로 개정되기 전의 것) 제21조 제1항(이하 '쟁점 조항'이라 한다) 본문을 적용하여 증여세를 부과하였다(이하 '이 사건 증여세 부과처분'이라 한다).

【판결요지】 구 국제조세조정법 제21조는 거주자가 비거주자에게 국외에 있는 재산을 증여하는 경우 증여자에게 증여세 납세의무를 지우면서(제1항 본문), 증여세 과세대상, 증여세과세가액, 세율 등에 관한 상속세 및 증여세법(이하 '상증세법'이라 한다)의 여러 규정을 열거하여 준용하고 있으나, 실질적인 재산의 무상이전 없이도 상증세법 규정에 의하여 증여로 의제되는 '명의신탁 증여의제'에 관한 규정은 준용하지 않는다(제3항). 위와 같은 법률 규정의 문언과 체계 등을 종합하면, 상증세법 규정에 따라 비로소 증여로 의제되는 명의신탁은 구 국제조세조정법 제21조의 특례규정에 따라 증여세 과세대상이 되는 국외 증여에 포함되지 않는다고 보아야 한다. 따라서 구 국제조세조정법 제21조 제1항을 적용하여 명의신탁에 대한 증여세를 부과할 수는 없다.

【해설】

I. 들어가는 말

대상판결의 쟁점은 상속세 및 증여세법(이하 '상증세법'이라 한다) 규정에 따라 증여로 의제되는 명의신탁이 쟁점 조항의 특례규정에 따라 증여세 과세대상이 되는 국외 증여에 포함되는지 여부이다.

이외에 소득의 귀속 명의자와 사실상 귀속되는 자가 다른 경우 납세의무를 부담하는 자가 누구인지 여부, 세금부과처분의 취소소송에서 과세요건 사실에 대한 증명책임이 과세관청에 있는지 여부 및 이는 소득의 귀속 명의와 실질 귀속의 괴리 여부가 다투어지는 경우에도 마찬가지인지 여부 등에 관한 쟁점도 있었는데, 이는 국제 조세와 관련된 직접적인 쟁점은 아니므로 여기서는 소개를 생략한다.

II. 거주자가 비거주자에게 명의신탁한 경우 증여로 의제하여 과세할 수 있는지 여부

1. 쟁점 조항의 의의

구 국제조세조정법 제21조 제1항은 "거주자가 비거주자에게 국외에 있는 재산을 증여(증여자의 사망으로 인하여 효력이 발생하는 증여는 제외한다)하는 경우에는 상속세 및 증여세법 제4조제2항에도 불구하고 증여자는 이 법에 따라 증여세를 납부할 의무가 있다. 다만, 해당 재산에 대하여 외국의 법령에 따라 증여세(실질적으로 이와 같은 성질을 가지는 조세를 포함한다)가 부과되는 경우(세액을 면제받는 경우를 포함한다)에는 그러하지 아니하다"라고 규정하고 있다.

쟁점 조항은 각국 증여세 제도의 차이를 이용하여 증여세를 회피하면서 부를 이전하는 행위를 규제하기 위하여 도입된 것인데, 외국 법률에 의해 증여세 혹은 이와 유사한 과세가 이루어지는 경우에는 이중과세가 발생할 수 있으므로 이를 방지하기 위하여 단서 규정을 두고 있다.

2. 1심 및 원심의 판단

피고는 이 사건 증여세 부과처분의 ① 주위적 처분사유로 갑, 을이 원고로부터 자금을 증여받아 이 사건 주식을 취득한 것이라고 주장하였고, ② 예비적 처분사유로 설령 갑과 을이 아니라 원고가 세지의 실질주주라고 하더라도, 원고가 갑과 을에게 이 사건 주식을 명의신탁하였고, 미국 세법은 주식의 명의신탁에 관하여 증여세를 부과하는 규정을 두고 있지 않아 쟁점 조항의 단서 규정이 적용되지 않으므로, 이 사건 증여세 부과처분은 적법하다고 주장하였다.

이에 대하여, 제1심(서울행정법원 2016. 11. 11. 선고 2014구합74558 판결)은 주위적 처분사유에 대하여, 쟁점 조항은 단서에서 국외 소재 재산에 대하여 외국의 법령에 따라 증여세가 부과되는 경우 또는 증여세가 부과되나 세액을 면제받은 경우에는 쟁점 조항에 따른 증여세 납부의무를 면제한다는 단서를 두고 있는데, 원고가 미국 영주권을 취득하였기 때문에 원고는 미국 세법에 따른 증여세 납세의무가 있으므로, 설령 원고가 갑과 을에게 이 사건 주식을 증여하였다는 사실이 인정되더라도 우리나라 과세관청이 원고에게 증여세를 부과할 수는 없다고 판단하였다. 또한, 예비적 처분사유에 대하여는, 피고가 제출한 증거들만으로는 원고가 세지의 실질주주임을 인정할 수 없으므로 더 나아가 살필 필요 없이 위법하다고 판단하였다.

원심(서울고등법원 2018. 1. 11. 선고 2016누78051 판결)은 1심 판결을 인용하면서, 예비적 처분사유에 관하여, 쟁점 조항의 증여는 상속세 및 증여세법(2007.

12. 31. 법률 제8828호로 개정되기 전의 것, 이하 '구 상증세법'이라 한다) 제2조 제3항에 따른 증여를 의미할 뿐, 구 상증세법 제41조의2에 의하여 비로소 증여로 의제되는 명의신탁은 쟁점 조항의 증여 범위에 포함되지 않는다고 판시하며 피고의 항소를 기각하였다.

3. 대법원의 판단

대법원은 쟁점조항이 거주자가 비거주자에게 국외에 있는 재산을 증여하는 경우 증여자에게 증여세 납세의무를 지우면서, 증여세 과세대상, 증여세 과세가액, 세율 등에 관한 상증세법의 여러 규정을 열거하여 준용하고 있으나, 실질적인 재산의 무상 이전 없이도 상증세법 규정에 의하여 증여로 의제되는 '명의신탁 증여의제'에 관한 규정은 준용하지 않으므로, 위와 같은 법률 규정의 문언과 체계 등을 종합하면, 상증세법 규정에 따라 비로소 증여로 의제되는 명의신탁은 구 국제조세조정법 제21조의 특례규정에 따라 증여세 과세대상이 되는 국외 증여에 포함되지 않는다고 보아야 한다고 판시하였다.

Ⅲ. 대상판결의 의의

세법상 '증여'는 '그 행위 또는 거래의 명칭·형식·목적 등에 불구하고 경제적 가치를 계산할 수 있는 유·무형의 재산을 타인에게 직·간접적인 방법에 의해 무상으로 이전하는 것 또는 기여에 의하여 타인의 재산가치를 증가시키는 것'을 말한다(상증세법 제4조의2 제1항, 제2항). 그런데 명의신탁은 실질적으로 수탁자에게 부의 이전이 되는 것이 아니므로, 세법상 증여의 개념에 포함된다고 보기 어렵다. 대법원도 명의신탁 증여의제 규정은 실질이 증여가 아닌 것을 증여세 과세대상으로 취급하는 것이라고 판시함으로써 우리 세법이 명의 신탁 증여의제 규정을 두어 특별히 증여세를 부과하는 것일 뿐, 그 본래적 의미가 '증여'인 것은 아니라고 판시하고 있다(대법원 2004. 9. 24. 선고 2002두12137 판결 참조).

구 국제조세조정법 제21조 제3항은 쟁점 조항에 따라 증여세를 과세하는 경우에는 구 상증세법 제2조, 제47조, 제53조, 제56조부터 제58조까지, 제68조, 제69조제2항, 제70조부터 제72조까지, 제76조, 제78조제1항·제2항 및 제81조제1

항만을 준용한다고 규정하고 있다. 즉, 쟁점 조항에 따라 증여세를 과세함에 있어 필수적인 요소인 증여세 과세대상, 세율 등에 관한 상증세법의 여러 규정들을 개별적으로 준용하고 있으나, 증여추정 및 증여의제에 관한 규정은 준용하지 않고 있다. 이와 같은 쟁점 조항의 문언에 비추어 볼 때, 명의신탁에 대하여 쟁점 조항을 적용하여 증여세를 부과할 수는 없다고 판단되고, 그러한 점에서 대상판결은 타당하다고 사료된다.

대상판결에 따르면, 거주자가 비거주자에게 국외 재산을 증여하는 경우에는 거주자인 증여자에게 증여세 부과를 할 수 있지만, 우리 상증세법이 정하는 증여추정 및 의제 규정에 따른 증여세는 부과할 수 없다고 보아야 한다. 이러한 점에서, 대상판결은 쟁점 조항을 적용하여 증여세를 과세할 수 있는 범위를 제시하였다는 점에서 그 의의가 있다.

[필자: 법무법인 화우 변호사 이준일]

【대상판결】 대법원 2018. 11. 29. 선고 2018두38376 판결

【사실관계】 甲 주식회사가 그 지분의 50%를 보유하고 있는 헝가리국 소재 법인인 乙 외국회사에 배당금을 6차례 지급하면서, 한·헝 조세조약 제10조 제2항 (가)목에 정한 5%의 제한세율에 따른 법인세를 원천징수하여 납부하였는데, 과세관청이 위 회사들이 속한 다국적기업그룹의 최종 모회사인 미국의 丙 외국회사가 배당 소득의 수익적 소유자라고 보아, 한·미 조세조약 제12조 제2항 (a)목에 정한 15%의 제한세율을 적용하여 갑 회사에 원천징수분 법인세를 경정·고지하였다.

【판결요지】 1. 한·헝 조세조약 제10조 제2항 (가)목은 수령인이 상대방 국가의 거주자인 수익적 소유자로서, 배당을 지급하는 법인의 지분 25% 이상을 직접 소유하는 법인인 경우에는 배당에 대한 원천지국 과세가 총 배당액의 5%를 초과할 수 없도록 규정하고 있다. 이에 따라 우리나라 법인이 헝가리의 수익적 소유자인 법인주주에게 배당금을 지급하는 경우에는 위 지분 조건 등을 충족하면 배당 소득에 대한 우리나라의 원천징수 법인세는 법인세법 규정에 불구하고 최대 5% 세율로 제한된다. 위 조약 규정의 도입 연혁과 문맥 등을 종합할 때, 수익적 소유자는 당해 배당 소득을 지급 받은 자가 타인에게 이를 다시 이전할 법적 또는 계약상의 의무 등이 없는 사용·수익권을 갖는 경우를 뜻한다. 이러한 수익적

소유자에 해당하는지는 해당 소득에 관련된 사업활동의 내용과 현황, 소득의 실제 사용과 운용 내역 등 제반 사정을 종합하여 판단하여야 한다. 2. 국세기본법 제14조 제1항에서 규정하는 실질과세의 원칙은 법률과 같은 효력을 가지는 조세조약의 해석과 적용에 있어서도 이를 배제하는 특별한 규정이 없는 한 그대로 적용된다. 그러므로 배당 소득의 수익적 소유자에 해당한다고 할지라도 국세기본법상 실질과세의 원칙에 따라 조약 남용으로 인정되는 경우에는 그 적용을 부인할 수 있다. 즉, 재산의 귀속명의자는 재산을 지배·관리할 능력이 없고 명의자에 대한 지배권 등을 통하여 실질적으로 이를 지배·관리하는 자가 따로 있으며 그와 같은 명의와 실질의 괴리가 조세를 회피할 목적에서 비롯된 경우에는 명의에 따른 조세조약 적용을 부인하고 재산에 관한 소득은 재산을 실질적으로 지배·관리하는 자에게 귀속된 것으로 보아 과세한다. 그러나 그러한 명의와 실질의 괴리가 없는 경우에는 소득의 귀속명의자에게 소득이 귀속된다.

【해설】

Ⅰ. 들어가는 말

종래 소득의 귀속명의자 지위를 부인하여 조세조약 적용이 배제된 사례는, 대부분 우리나라 조세를 회피하기 위한 목적으로 유리한 조세조약이 체결된 국가에 인적·물적 실체가 없는 이른바 명목회사(paper company)가 설립되어 그 법인 형식만을 이용한 투자 형태(대법원 2012. 4. 26. 선고 2010두15179 판결, 대법원 2012. 10. 25. 선고 2010두25466 판결 등)에 관한 것이었다. 이와 관련하여, 대법원은 국세기본법상 실질과세원칙이 법률과 같은 효력을 가지는 조세조약 해석 및 적용에도 (이를 배제하는 특별한 규정이 없는 한) 그대로 적용될 수 있다고 보아 왔다.

그런데 대상판결 및 대상판결보다 며칠 앞서 선고된 대법원 2018. 11. 15. 선고 2017두33008 판결("CJ E&M 판결")부터, 대법원은 조세조약상 수익적 소유자와 국세기본법상 실질귀속자의 의미를 구분하여 접근하고 있다. 이에 따르면 조세조약상 '수익적 소유자'는 소득을 지급받은 자가 타인에게 이를 다시 이전할 법적 또는 계약상 의무 등이 없는 사용·수익권을 갖는 경우를 뜻하므로, 배당금

수취인이 그 배당금을 타인에게 이전할 법적 또는 계약상 의무를 부담하지 아니한다면 그 배당금의 수익적 소유자로서 조세조약상 혜택을 받을 수 있다. 이는 국제적 기준인 OECD 모델조세협약 제10조에 대한 주석서(이하 "OECD 주석서")의 '수익적 소유자'에 관한 해석을 수용한 것인데, OECD 주석은 "이러한 유형의 의무에는 수취한 대가와 독립된 별도의 의무, 즉 수취인이 채무자나 금융거래당사자로서 가지는 지급의무는 포함되지 않는다"고 하였다(OECD 주석서 문단 12.4).

Ⅱ. 대상판결의 구체적 함의 및 평가

대상판결은 배당금을 수취한 모회사가 오로지 자회사 주식 보유 기능만 있는 순수지주회사가 아니라, 그룹 내 다른 사업지원활동도 수행하는 회사였고 이를 위하여 인적·물적 실체를 충분히 보유하였던 것이 특징이다. 이러한 배경에서 대상판결은 (1) 수익적 소유자 판단과 관련하여, 乙 회사는 배당 소득을 丙 회사 등 타인에게 이전할 법적 또는 계약상의 의무를 부담한 바 없이 그에 대한 사용·수익권을 향유하고 있으므로 한·헝 조세조약의 거주자로서 위 조약 제10조 제2항에서 말하는 수익적 소유자에 해당한다고 볼 여지가 충분하다고 보았다. (2) 실질귀속자 판단과 관련하여는, 乙 회사는 다국적기업그룹의 전 세계적 구조 개편이라는 독립된 사업목적에 따라 헝가리에서 설립되어 오랜 기간 정상적으로 중간지주회사 및 공동서비스센터로서 역할과 업무를 수행하는 충분한 실체를 갖춘 법인으로서, 다른 보유 자산들과 마찬가지로 甲 회사에 대한 지분과 그에 따른 배당 소득을 실질적으로 지배·관리하였다고 봄이 타당하다고 보았다.

위 (1)과 관련해서는 乙 회사의 설립 경위, 사업활동 현황, 배당 소득이 실제 사용된 지출처 및 자금 운용 내역 및 사용·수익 관계 등 제반 사정이 검토되었고, (2)와 관련해서는 乙 회사의 설립 경위, 중간지주회사 겸 공동서비스센터로서 사업 연혁과 사업부문 구성 및 활동, 임직원 고용과 관리를 비롯한 인적·물적 설비의 현황, 갑 회사를 비롯한 자회사들에 대한 주주로서 권한 행사, 증자대금의 출처, 지분 관리와 배당금 수령, 자금 사용과 투자 내역 등을 비롯한 배당 소득의 지배·관리·처분 내역 등이 검토되었다. 이에 기초하여, 국내원천소득을 수취한 외국법인이 조세조약을 유효하게 적용받을 수 있는지의 판단기준을 정리해 보자면, (i) 자신의 직간접 상위 모회사와 구분되는 별도의 인적·물적 설비를 갖추고 있는지, (ii) 정당한 사업목적에서 설립·운영되었다고 볼 수 있는지, (iii) 자신이 조달한 자금으로 국내 법인의 주식을 취득하였다고 볼 수 있는지, (iv) 주주로서의 권한을 행사하여 국내 법인으로부터 소득을 수취하였다고 볼 수 있는지, (v) 위 소득을 자체적으로 사용하거나 수익한 내용이 있다고 볼 수 있는지 등의 사정을 종합적·구체적으로 살펴보아야 한다. 과세관청의 주장에 따른 결과와 비교했을 때 조세조약 적용에 따른 조세절감 가능성이 존재한다는 사정만으로 수익적 소유자 및 실질귀속자로서 지위가 부인될 수 없다.

다만 결국 위 수익적 소유자의 요건 내지 표지에 비추어 조세조약 적용을 배제할 수 있는 사유가 실질과세원칙의 그것보다 좁기 때문에 과세관청 입장에서는 여전히 실질귀속자를 판단하기 위한 요소만 조사하여 결론을 내리면 충분한 것 아닌가 하는 의문, 또는 결국 수익적 소유자의 개념을 실질귀속자와 별도로 구분한 의미가 크지 않다는 지적이 제기될 수 있다. 그러나 대상판결은 수익적 소유자 해당 여부를 순서상 먼저 판단하였다는 점에서 충분한 의의가 있고, 그에 따라 쟁점 소득의 실제 사용·수익관계나 소득 수취자의 사업활동이 다른 판단 요소보다 더 중요해졌다는 점에서 상당한 의미가 있다고 본다. 그에 기초하여 소득을 타인에게 이전할 법적 또는 계약상의 의무를 부담하는지 여부가 확인되면, 별도로 실질귀속자 판단으로 나가지 않더라도 조세조약의 적용이 부인될 수 있는 것이다.

한편 대상판결의 검토 내용 및 증명책임의 분배 법리에 따르면, 직접 모회사가 순수지주회사에 그치지 않고 별도의 정당한 사업목적을 가지고 정상적인 사업활동을 하고 있는 경우, 그 실질귀속자 지위를 부인하기 더 어려울 것으로 보인다.

III. 대상판결의 의의

대상판결은 (CJ E&M 판결과 함께) 실질귀속자와 구분되는 조세조약상 수익적 소유자의 의미 및 판단기준을 밝히면서, 조세조약 적용을 배제하는 판단 근거가 구체적으로 어떤 것이 있는지를 폭넓게 제시하고, 검토의 순서를 정립하였다는 점에서 중요한 의미가 있다.

〔참고문헌〕 김동욱, 국내세법상 실질과세원칙과 조세조약상 수익적 소유자 개념의 해석과 적용, 조세학술논집 제35집 제2호, 2019.

[필자: 김·장 법률사무소 변호사 이은총]

[40] 기지회사에 대한 실질과세원칙의 적용 및 한·미 조세조약상 거주자

【대상판결】 대법원 2018. 12. 13. 선고 2018두128 판결

【사실관계】 1. 원고는 1987년경 국내에 봉제완구 제조업체를 설립하여 운영해 오다가, 1996년경 홍콩에 원고가 실질적으로 1인 주주인 법인(이하 '홍콩법인')을 설립하여 봉제인형 수출업을 영위하였다. 원고는 1991. 1.경 영국령 버진아일랜드(이하 'BVI')에 특수목적법인(Special Purpose Company, 이하 'SPC')인 A 법인을, 2000. 3.경 BVI에 SPC인 B 법인을 각각 설립하였고, 1999년 ~ 2002년 사이에 홍콩법인의 매출액 중 약 15%를 판매·검사수수료 또는 감사료 등의 명목으로 A, B법인 명의의 계좌에 송금하였다. 2. 피고는 위와 같이 홍콩법인에서 검사수수료 등의 명목으로 BVI 소재 SPC인 A, B 법인에 지급된 소득의 경우 사실은 원고 개인에게 귀속된 소득임에도 불구하고 원고가 홍콩법인의 자금을 BVI에 설립한 법인들에 송금하거나 차명주주가 배당소득을 대신 수령하는 등 사기나 그 밖의 부정한 방법으로 소득세를 포탈하였다고 보아 10년의 부과제척기간을 적용하여 원고에게 1999년 내지 2008년 귀속 종합소득세 과세처분을 하였다.

【판결요지】 1. 국세기본법 제14조 제1항은 실질과세 원칙을 정하고 있는데, 소득이나 수익, 재산, 거래 등 과세대상에 관하여 그 귀속명의와 달리 실질적으로 귀속되는 사람이 따로 있는 경우에는 형식이나 외관에 따라 귀속명의자를 납세의무자로 삼지 않고 실질적으로 귀속되는 사람을 납세의무자로 삼겠다는 것이다.

따라서 재산 귀속명의자는 이를 지배·관리할 능력이 없고 명의자에 대한 지배권 등을 통하여 실질적으로 이를 지배·관리하는 사람이 따로 있으며 그와 같은 명의와 실질의 괴리가 조세 회피 목적에서 비롯된 경우에는, 그 재산에 관한 소득은 재산을 실질적으로 지배·관리하는 사람에게 귀속된 것으로 보아 그를 납세의무자로 보아야 한다. 실질과세 원칙은 비거주자나 외국법인이 원천지국인 우리나라의 조세를 회피하기 위하여 조세조약상 혜택을 받는 나라에 명목회사를 설립하여 법인 형식만을 이용하는 국제거래뿐만 아니라, 거주자나 내국법인이 거주지국인 우리나라의 조세를 회피하기 위하여 소득세를 비과세하거나 낮은 세율로 과세하는 조세피난처에 사업활동을 수행할 능력이 없는 외형뿐인 이른바 '기지회사(base company)'를 설립하고 법인 형식만을 이용함으로써 실질적 지배·관리자에게 귀속되어야 할 소득을 부당하게 유보해 두는 국제거래에도 마찬가지로 적용된다. 2. 위와 같은 사안에서, 원고는 1999년·2000년에 우리나라 세법상 거주자인 동시에 미국 세법상 거주자에 해당하나 가족과 함께 거주한 항구적 주거는 미국에 있었던 점, 한·미 조세조약 제3조 제3항은 같은 조 제2항의 규정에 의한 사유로 인하여 일방체약국의 거주자로 간주되는 개인은 제4조를 포함하여 한·미 조세조약의 모든 목적상 일방체약국의 거주자로서만 간주된다고 정하고 있으므로 한·미 조세조약 제3조 제2항에 따라 미국의 거주자로 간주되는 원고는 한·미 조세조약 제4조 제4항에서 말하는 우리나라의 '거주자'에 해당하지 않는 점, 우리 소득세법은 거주자인지 여부에 따라 과세되는 소득의 범위를 구분하면서 우리나라 거주자가 아닌 자에게는 국내원천소득에 대하여만 과세하도록 정하는데 우리나라의 국민인지 여부는 이러한 과세대상 소득의 범위에 영향이 없는 점을 종합하면, 원고가 1999년·2000년에 한·미 조세조약 제3조 제2항에 따라 미국의 거주자로 간주되므로 홍콩 법인들로부터 차명주주 명의로 1999년·2000년에 지급받은 배당금은 국외원천소득에 해당하여 과세할 수 없다고 본 원심판단을 정당하다고 한 사례.

【해설】

Ⅰ. 들어가는 말

이 사건에서 홍콩법인은 1999년경부터 2002년까지 매출액의 약 15%를 수수료 명목으로 BVI에 소재한 SPC인 A, B에게 송금하였다. 이렇게 수수료 명목으로 송금된 돈이 원고와 A, B중 누구에게 귀속되는지 여부(원고를 실질귀속자로 볼 수 있는지 여부)가 문제되었다(쟁점 ①). 한편, 원고는 위와 같이 송금된 돈 이외에도 홍콩법인으로부터 차명주주 명의로 배당금을 지급받았는데, 이는 국외원천소득에 해당하므로, 우리나라에서 과세할 수 있기 위해서는 원고가 대한민국의 거주자에 해당하여야 한다. 그런데 원고는 1999, 2000년 우리나라 세법상 우리나라의 거주자임과 동시에 미국 세법상 미국의 거주자인 이중거주자에 해당하였으므로, 원고를 한·미 조세조약상 우리나라의 거주자로 볼 수 있는지 여부가 문제되었다(쟁점 ②).

Ⅱ. 기지회사에 대한 실질과세원칙의 적용 가부(쟁점 ①)

기지회사(base company)란 거주자 또는 내국법인에게 귀속될 소득(특히, 이자, 배당, 사용료 등 수동적 소득)에 대한 거주지국에서의 과세를 회피하거나 이연시키기 위하여 제3국(일반적으로 세율이 낮거나 정보제공이 제한되는 조세피난처)에 설립된 회사를 지칭한다. 이러한 기지회사는 주로 거주지국의 과세권을 침해한다는 점에서 소득원천지국의 과세권을 침해하는 도관회사(paper company)와 구분된다. 이 사건에서는 원고가 거주지국인 우리나라에서의 과세를 회피하기 위하여 조세피난처인 BVI에 기지회사인 A, B를 설립한 후 돈을 송금하여 소득을 유보시킨 것으로 볼 수 있는지 여부가 문제되었다.

종래 대법원은 2012. 1. 19. 선고 2008두8499 전원합의체 판결을 통하여, 도관회사가 개입한 거래에서 실질과세 원칙에 관한 국세기본법 제14조 제1항을 적용하여 소득, 재산, 행위 또는 거래의 실질적인 귀속자를 판단하는 기준을 정립하였다. 그리고 대법원 2015. 11. 26. 선고 2014두335 판결에서 최초로 도관회사뿐 아니라 조세피난처에 기지회사를 설립하여 두고 그 법인형식만을 이용함으로써 실질적 지배·관리자에게 귀속되어야 할 소득을 부당하게 유보하여 두는 국제거래에도 실질과세원칙이 적용될 수 있다고 판시하였다(대법원 2015. 11. 26. 선고 2013두25399 판결도 같은 취지). OECD 기지회사 보고서(OECD Double taxation Conventions and the Use of Base Companies)에서도 기지회사에 대한 대응방안 중 하나로 실질과세원칙의 적용을 언급하면서, 그 통상적인 모습 중 하나로 '기지회사의 활동이나 그러한 활동으로 말미암은 소득을 납세의무자 자신의 활동이나 소득으로 간주하여, 소득의 이전·은닉을 부인하는 방법'을 기재하고 있는데, 위 판례는 OECD 보고서의 이러한 접근과 유사한 입장을 취한 것으로 보인다.

대상판결도 같은 취지에서, (i) A, B 법인의 주식 모두를 원고가 직접 소유하고 있거나 BVI에 설립된 다른 지주회사를 통해 최종적으로 원고가 소유하였던 점, (ii) 원고는 A, B 법인 명의 계좌의 인출서명권을 보유하였고 입금된 돈의 출금 및 관리 등에 관하여 아무런 제약을 받지 않았던 점, (iii) A, B 법인이나 그 상위 지주회사의 소재지로 등록되어 있는 장소에서는 어떠한 영업행위나 의사결정 등 경영활동이 이루어지지 않았고, 중요 의사결정에서 이사회나 주주총회 또는 이와 유사한 경영진 회의 등이 개최된 사실이 없으며, 투자 의사결정의 주체는 원고뿐이었던 점, (iv) 원고가 세무조사 당시 '홍콩법인이 A와 B에 송금한 돈은 원고에게 귀속되는 소득이며, 그 중간의 BVI 법인들은 원고의 사업, 재산, 은행계좌의 일부로서 존재하는 법인'이라는 취지의 확인서를 작성한 점 등을 종합하여, 홍콩법인으로부터 송금된 돈의 귀속 명의자인 A, B 법인은 이를 지배, 관리할 능력이 없고 원고가 위 법인들에 대한 지배권을 통하여 돈을 실질적으로 지배·관리하였으며, 이와 같은 명의와 실질의 괴리는 소득세를 회피하기 위하여 비롯된 것이므로, 위 수수료 등 명목의 돈은 원고에게 실질적으로 귀속되었다고 판단하였다.

Ⅲ. 한·미 조세조약상 거주자 해당 여부(쟁점 ②)

한·미 조세조약 제3조 제2항은 대한민국의 거주자인 동시에 미국의 거주자로 인정되는 경우, 이중거주자 판정기준으로 ① 항구적 주거(permanent home), ② 중대한 이해관계의 중심지(center of vital interests), ③ 일상적 거소(habitual abode), ④ 국적(citizen), ⑤ 상호합의(mutual agreement)를 순차적으로 고려하여 거주지국을 판정하도록 규정하고 있다. OECD 모델조세협약 주석서는 항구적 주거를 단기체류 목적이 아니라 항속적으로 사용하기 위한 목적에서 마련된 곳으로, 개인이 언제든지 계속적으로 사용할 수 있는 주거의 형태가 갖추어진 곳을 의미한다고 설명한다(OECD 모델조세협약 제4조 주석 12, 13문단). 다만, 한·미 조세조약은 OECD 모델조세조약이나 우리나라가 체결한 다른 조세조약과는 달리, 제3조 제2항 (e)목에서 "본 항의 목적상 주거는 어느 개인이 그 가족과 함께 거주하는 장소(the Place where an individual dwells with his family)를 말한다"고 규정하여, 항구적 주거의 개념적 요건으로 가족과 함께 거주하는 장소라는 추가적인 요소를 명시하였다.

이 사건에서 원고의 경우 통상적인 조세조약에서 말하는 항구적 주거는 미국과 우리나라 모두에 있었지만, 원고는 가족과 1992년경 미국으로 이주하여 가족과 함께 거주한 항구적 주거는 미국에만 있었다. 이에 원심은 한·미 조세조약 제3조 제2항 (e)목에 따라 원고를 미국의 거주자로 판단하였고, 대상판결은 이를 수긍하였다.

한편 한·미 조세조약 제4조 제4항은 이중과세 등 문제가 발생하지 않는 범위에서는 조약의 효력에도 불구하고 각 체약국이 해당 체약국의 '시민' 또는 '거주자'에 대하여 과세권을 행사할 수 있도록 하는 유보조항(saving clause)을 두고 있다. 피고는 위 조항을 근거로 한·미 조세조약의 규정에 불구하고 국내 세법에 따라 거주자인 원고에 대해 과세권을 허용할 수 있다고 주장하였다. 이에 대해, 대상판결은 한·미 조세조약 제3조 제3항에서 '이중거주자 판정 조항(제3조 제2항)에 따라 일방체약국의 거주자로 간주되는 개인은 제4조를 포함하여 한·미 조세조약의 모든 목적상 일방체약국의 거주자로서만 간주된다'고 정하고 있으므로, 제3조 제2항에 따라 미국의 거주자로 간주되는 원고는 위 유보조항에서 말하는 우리나라의 '거주자'에 해당하지 않는다고 판단하였다.

Ⅳ. 대상판결의 의의

대상판결은 조세피난처에 설립된 기지회사를 이용한 역외탈세가 문제된 사안에서, 기지회사에 대해서도 실질과세원칙을 적용하여 조세피난처에 설립된 기지회사에 송금된 돈이 실질적으로 원고에게 귀속되었다고 판단하고, 한·미 조세조약상 이중거주자의 항구적 주거를 판단함에 있어 가족과 함께 거주한 주거를 기준으로 거주지를 판단하였다는 점에 의의가 있다.

[필자: 대법원 재판연구관 방진영]

> ## [41] 국내 미등록 특허 사용료의 국내원천소득 해당 여부에 관한 문제
>
> **【대상판결】** 대법원 2018. 12. 27. 선고 2016두42883 판결

【사실관계】 A는 2010. 6. 21. 아일랜드 법률에 따라 설립된 법인이다. B는 2010. 5. 21. 미국 델라웨어주 법률에 따라 설립된 특허관리전문기업으로 여러 펀드들이 보유한 특허권의 관리 권한을 위임받았다. A는 2010. 11. 8. B와 특허권의 재허여 계약을 체결하였다. 대한민국 법률에 따라 설립된 법인인 원고는 2010. 11. 11. A와 32,819개의 특허권(이하 '이 사건 특허권')의 침해에 따른 손해배상 및 허여에 관한 계약을 체결하였다. 이 사건 특허권 중 1,902개만이 국내에 등록된 특허권으로 그 비율은 약 5.7%였다. 원고는 A에게 계약 체결일 전까지의 특허권 침해 및 사용 대가로 3억 7천만 미국달러(이하 '이 사건 사용료 소득')를 지급하였다. A는 지급받은 이 사건 사용료 소득의 대부분을 B에게 지급하였다. 피고는, A는 도관회사에 불과하여 이 사건 사용료 소득의 실질귀속자가 아니라서 원천지국의 사용료 소득에 대한 과세권을 배제하는 한·아 조세조약이 적용될 수 없다고 보아, 국내원천소득에 해당하는 이 사건 사용료 소득에 대한 법인세를 원천징수해야 함에도 하지 않았다는 이유로 원고에게 법인세 및 원천징수불이행가산세를 부과했다(이하 '이 사건 처분').

【판결요지】 1. A의 설립목적과 운영현황, 인적·물적 설비, 거래에 관한 의사결정 과정, 사용료 소득의 지배·관리 등 그 판시와 같은 사정에 비추어 보면, A는 형

식상 거래당사자의 역할만을 수행하였을 뿐 이 사건 사용료 소득의 실질귀속자는 B이다. 이러한 형식과 실질의 괴리는 오로지 한·아 조세조약을 적용받아 조세를 회피하기 위한 목적에서 비롯된 것으로 볼 수 있으므로 이 사건 사용료 소득에 대해서는 위 조세조약을 적용할 수 없다.

2. 한·미 조세조약의 해석상 특허권이 등록된 국가 외에서는 특허권의 침해가 발생할 수 없어 이를 사용하거나 사용의 대가를 지급한다는 것을 관념할 수도 없다. 따라서 미국법인이 특허권을 국외에서 등록하였을 뿐 국내에는 등록하지 아니한 경우에는 미국법인이 그와 관련하여 지급받는 소득은 그 사용의 대가가 될 수 없으므로 이를 국내원천소득으로 볼 수 없다.

【해설】

Ⅰ. 들어가는 말

대한민국 세법은 국내사업장이 없는 외국법인 또는 비거주자가 법에 열거된 국내원천소득을 지급받는 경우, 국내원천소득을 지급하는 자가 세금을 원천징수한다고 규정하였다(법인세법 제98조 제1항, 소득세법 제156조 제1항). 해당 국내원천소득의 실질귀속자인 외국법인 또는 비거주자의 거주지국과 대한민국이 조세조약을 체결하고 있다면, 외국법인 또는 비거주자는 조세조약상 비과세, 면제 또는 제한세율 적용을 신청할 수 있다(법인세법 제98조의4, 제98조의6, 소득세법 제156조의2, 제156조의6). 이와 같이 국내원천소득의 실질귀속자가 누구인지에 따라 적용되는 조세조약이 달라진다. 대상판결에서는 이 사건 사용료 소득의 실질귀속자가 아일랜드 법인인 A이라서 한·아 조세조약이 적용되는지 여부가 쟁점이 되었다(쟁점 ①).

한편, 소득의 실질귀속자와 그에 따라 적용되는 조세조약을 정한 후에는, 조세조약상 어떤 소득으로 구분되는지, 원천지국이 어디인지, 비과세, 면제 또는 제한세율 적용 대상인지 등을 검토하여 과세권의 행사 또는 제한 여부를 판단한다. 대상판결에서는 이 사건 사용료 소득의 실질귀속자가 미국법인 B인 경우, 한·미 조세조약상 이 사건 사용료 소득이 대한민국의 국내원천소득에 해당하여 법인세 원천징수 대상인지 여부가 쟁점이 되었다(쟁점 ②).

II. 이 사건 사용료 소득에 대한 실질귀속자 판단(쟁점 ①)

1. 의의

대상판결 사안의 경우, 원고는 아일랜드 법인 A에게 이 사건 사용료 소득을 지급하였으나, A는 미국법인 B에게 그 대부분을 지급하였기에, 이 사건 사용료 소득의 실질귀속자가 A와 B 중 누구인지가 문제되었다. 한·아 조세조약 제12조 제1항은 사용료 소득에 관하여 원천지국은 과세권을 행사할 수 없고 거주지국만이 과세권을 행사할 수 있다고 정하고 있다. 따라서 이 사건 사용료 소득의 실질귀속자가 아일랜드 법인 A라서 한·아 조세조약이 적용되는 경우, 대한민국은 이 사건 사용료 소득의 원천지국이라 하더라도 한·아 조세조약 제12조 제1항으로 인해 과세권을 행사할 수 없다.

2. 대법원의 태도

실질과세의 원칙에 의하여, (i) 재산의 귀속 명의자는 이를 지배·관리할 능력이 없고, 그 명의자에 대한 지배권 등을 통하여 실질적으로 이를 지배·관리하는 자가 따로 있으며, (ii) 그와 같은 명의와 실질의 괴리가 조세를 회피할 목적에서 비롯된 것인 경우에는, 그 재산에 관한 소득은 그 재산을 실질적으로 지배·관리하는 자에게 귀속된 것으로 보아 그를 납세의무자로 삼아야 하고, 이러한 원칙은 법률과 같은 효력을 가지는 조세조약의 해석과 적용에 있어서도 이를 배제하는 특별한 규정이 없는 한 그대로 적용된다는 입장이다(대법원 2012. 10. 25. 선고 2010두25466 판결 등 참조).

대상판결은 (i) 아일랜드 법인인 A의 설립목적과 운영현황, 인적·물적 설비, 거래에 관한 의사결정 과정, 사용료 소득의 지배·관리 등의 사정에 비추어 A는 형식상 거래당사자이고 미국법인 B가 이 사건 사용료 소득의 실질귀속자이며, (ii) 이러한 형식과 실질의 괴리는 오로지 한·아 조세조약을 적용받아 조세를 회피할 목적에서 비롯된 것이라는 이유로, A가 이 사건 사용료 소득의 실질귀속자가 아니므로 한·아 조세조약이 적용될 수 없다고 판단한 원심 판결의 결론이 정당하다고 했다.

III. 한·미 조세조약상 국내 미등록 특허 사용료의 국내원천소득 해당 여부(쟁점 ②)

1. 의의

대법원은 국내 미등록 특허 사용료는 국내원천소득에 해당하지 않아서 과세할 수 없다고 일관되게 판단하였다(대법원 1992. 5. 12. 선고 91누6887 판결 등 참조). 한·미 조세조약은 특허권이 사용된 국가가 사용료 소득의 원천지국이라고 정하고 있는데(한·미 조세조약 제6조 제3항, 제14조 제4항), 특허권이 등록되어야만 특허실시권이 인정되고 사용도 가능하므로, 대한민국에 등록되지 않은 특허권은 사용될 수 없어 대한민국이 사용료 소득의 원천지국이 될 수 없다는 취지이다.

법인세법이 2008. 12. 26. 법률 제9267호로 개정됨에 따라 제93조 제9호 단서 2문이 신설되어 특허권 등이 국외에서 등록되었고 국내에서 제조·판매 등에 사용된 경우에는 국내 등록 여부와 관계없이 국내에서 사용된 것으로 본다고 규정하였다. 그러나 대법원 2014. 11. 27. 선고 2012두18356 판결은, 국제조세조정법 제28조에 따라 조세조약의 적용과 관련하여 소득의 원천지국 판단에는 조세조약이 국내 세법에 우선하여 적용되므로, 신설된 법인세법 규정에도 불구하고 한·미 조세조약에 따라 국내 미등록 특허 사용료는 여전히 대한민국의 국내원천소득이 될 수 없다고 판단하였다.

대상판결 사안의 경우, 개정된 법률이 적용된 후속 사건으로서 국내 세법의 개정으로 특허권 사용의 의미와 국내 미등록 특허 사용료의 원천지국이 변경되는지 여부가 다시 한번 문제되었다.

2. 대법원의 태도

대법원은 기존 판례들과 동일하게 국내 미등록 특허 사용료는 대한민국에서 등록된 특허권의 사용료가 아니라서 국내원천소득이 아니라는 일반 법리를 판시한 후, 이 사건 사용료 소득 중 국내에 등록된 특허권의 사용료에 해당하는 부분을 제외한 나머지 사용료는 국내원천소득에 해당하지 않는다고 판단했다.

Ⅳ. 대상판결의 의의

대상판결 원심은 실질귀속자 판단의 일반 법리에 따라 아일랜드 법인 A가 이 사건 사용료 소득의 실질귀속자가 아니라서 한·아 조세조약이 적용될 수 없다고 판단했고, 대상판결은 그 결론이 정당하다고 했다.

한편, 국내 미등록 특허 사용료가 국내원천소득에 해당하는지 여부는 반복적으로 문제되고 있는데, 대상판결은 국내원천소득에 해당하지 않음을 다시 한 번 확인했다. 대상판결의 판단은 후속 판결(대법원 2022. 2. 10. 선고 2019두50946 판결 등 참조)에서도 이어지고 있다.

[필자: 법무법인 광장 변호사 김민구]

[42] 한·일 조세조약상 이중거주자의 거주지 판단기준

【대상판결】 대법원 2019. 3. 14. 선고 2018두60847 판결

【사실관계】 원고인 갑은 2007년부터 줄곧 일본 프로축구리그에서 활동한 프로축구선수로서, 일본의 을 주식회사와 계약기간을 2012년부터 2014년까지 3년으로 하여 계약을 체결한 다음, 일본 축구구단에서 프로축구선수로 활동하며 위 회사로부터 매년 수억 원의 연봉을 지급받았다. 을 주식회사는 원고와의 계약에 따라 위 3년의 기간 동안 일본에서 가구와 세간이 갖추어진 주거를 제공하였고, 원고는 위 기간 대부분의 시간을 일본 주거에 머물렀다. 원고의 국외 체류일수는 평균 337일에 이르는 반면, 국내 체류일수는 평균 28일에 불과하였다. 피고는 원고가 한국 거주자임을 전제로, 원고가 일본 프로축구구단으로부터 받은 국외원천소득에 대하여 원고에게 2014년 귀속 종합소득세 부과처분을 하였다.

【판결요지】 1. 구 소득세법 시행령(2015. 2. 3. 대통령령 제26067호로 개정되기 전의 것, 이하 같다) 제2조 제1항이 국내에 주소를 가진 것으로 보는 요건으로 들고 있는 '국내에 생계를 같이하는 가족'이란 우리나라에서 생활자금이나 주거장소 등을 함께하는 가까운 친족을 의미하고, '직업 및 자산상태에 비추어 계속하여 1년 이상 국내에 거주할 것으로 인정되는 때'란 거주자를 소득세 납세의무자로 삼는 취지에 비추어 볼 때 1년 이상 우리나라에서 거주를 요할 정도로 직장관계 또는 근무관계 등이 유지될 것으로 보이거나 1년 이상 우리나라에 머물면서 자산의

관리·처분 등을 하여야 할 것으로 보이는 때와 같이 장소적 관련성이 우리나라와 밀접한 경우를 의미한다. 2. 한·일 조세조약 제4조는 제1항 본문에서 "이 협약의 목적상 '일방체약국의 거주자'라 함은 그 체약국의 법에 따라 주소·거소·본점 또는 주사무소의 소재지 또는 이와 유사한 성질의 다른 기준에 따라 그 체약국에서 납세의무가 있는 인을 말한다"라고 정하고 있다. 또한 같은 조 제2항은 "이 조 제1항의 규정에 의하여 어느 개인이 양 체약국의 거주자가 되는 경우, 그의 지위는 다음과 같이 결정된다"라고 정하면서, (a)호에서 "그는 그가 이용할 수 있는 항구적 주거(permanent home)를 두고 있는 체약국의 거주자로 본다. 그가 양 체약국 안에 이용할 수 있는 항구적 주거를 가지고 있는 경우, 그는 그의 인적 및 경제적 관계가 더 밀접한 체약국(중대한 이해관계의 중심지, centre of vital interests)의 거주자로 본다"라고 규정하고, 나아가 (b)호, (c)호 및 (d)호에서 순차적으로 (a)호에 의하여 결정할 수 없는 경우에 한·일 조세조약상 거주자의 지위를 결정하는 기준을 마련하고 있다. 여기서의 항구적 주거란 개인이 여행 또는 출장 등과 같은 단기체류를 위하여 마련한 것이 아니라 그 이외의 목적으로 계속 머물기 위한 주거장소로서 언제든지 계속 사용할 수 있는 모든 형태의 주거를 의미하는 것이므로, 그 개인이 주거를 소유하거나 임차하는 등의 사정은 항구적 주거를 판단하는 데 고려할 사항이 아니다. 이러한 항구적 주거가 양 체약국에 모두 존재할 경우에는 한·일 조세조약상 이중거주자의 거주지국에 대한 다음 판단 기준인 중대한 이해관계의 중심지, 즉 양 체약국 중 그 개인과 인적 및 경제적으로 더욱 밀접하게 관련된 체약국이 어디인지를 살펴보아야 하고, 이는 가족관계, 사회관계, 직업, 정치·문화 활동, 사업장소, 재산의 관리장소 등을 종합적으로 고려할 때 양 체약국 중 그 개인의 관련성의 정도가 더 깊은 체약국을 의미한다. 3. 프로축구선수인 갑이 일본의 을 주식회사가 운영하는 축구구단에서 활동하면서 지급받은 연봉에 대하여 종합소득세 확정신고를 하고 이를 납부하였는데, 과세관청이 종합소득세를 증액하여 경정·고지한 사안에서, 갑은 고등학교를 졸업한 직후 줄곧 일본 프로축구리그에서 활동하다가 을 회사와 계약기간을 3년으로 하여 계약을 체결한 다음 일본 축구구단에서 프로축구선수로 활동한 점, 갑이 을 회사로부터 계약기간 동안 제공받은 일본에서의 주거는 갑의 단기체류를 위한 곳이 아니라 갑이 을 회사와의 계약기간 동안 계속 머물기 위한 주거장소로서 갑과 가족이 장기간 계속하여 실제 사용하기도 한 점, 국내에서 체류한 기간은 갑이 축구국가대표로 선발되어 일시적으로 방문한 것에 불과하고, 달리 우리나라에서 사회활동이나 사업활동을 하였다고 볼 자료도 없는 점 등에 비추어, 갑은 우리나라와 일본 모두에 항구적 주거를 두고 있으나, 갑과 인적·경제적 관계가 더욱 밀접하게 관련된 체약국은 우리나라가 아닌 일본이므로 한·일 조세조약상 일본의 거주자로 보는 것이 옳은데도, 위 조약에 따라 국내 거주자로 취급되어야 하므로 위 처분이 적법하다고 본 원심판단에 법리오해 등의 잘못이 있다고 한 사례.

【해설】

Ⅰ. 들어가는 말

대상판결의 쟁점은 원고가 한국 거주자에 해당하는지 여부(쟁점 ①), 그리고 원고가 한국 거주자이면서 일본 거주자인 이중거주자일 경우 한·일 조세조약에 따른 최종거주지국이 한국 또는 일본인지 여부이다(쟁점 ②).

Ⅱ. 소득세법상 '거주자' 해당 여부(쟁점 ①)

1. 의의

구 소득세법 제1조의2(2014. 12. 23. 법률 제12852호로 개정되기 전의 것, 이하 같다) 제1항 제1호는 '거주자'란 국내에 주소를 두거나 1년 이상의 거소를 둔 개인을 말한다고 규정하고, 구 소득세법 시행령 제2조 제1항은 국내에 주소를 가진 것으로 보는 요건으로 들고 있다. 소득세법은 국내 거주자에 대하여는 국내외의 모든 소득에 대하여 과세를 하는 반면(제3조 제1항), 비거주자에 대하여는 국내원천소득에 대해서만 과세를 하고 있는데(같은 조 제2항), 대상판결에서는 원고가 소득세법상 '거주자'에 해당하는지 여부가 문제되었다.

2. 대법원의 판단

대법원은, 구 소득세법 시행령 제2조 제1항이 국내에 주소를 가진 것으로 보는 요건으로 들고 있는 '국내에 생계를 같이하는 가족'이란 우리나라에서 생활자금이나 주거장소 등을 함께하는 가까운 친족을 의미하고, '직업 및 자산상태에 비추어 계속하여 1년 이상 국내에 거주할 것으로 인정되는 때'란 거주자를 소득세 납세의무자로 삼는 취지에 비추어 볼 때 1년 이상 우리나라에서 거주를 요할 정도로 직장관계 또는 근무관계 등이 유지될 것으로 보이거나 1년 이상 우리나라에 머물면서 자산의 관리·처분 등을 하여야 할 것으로 보이는 때와 같이 장소적 관련성이 우리나라와 밀접한 경우를 의미한다(대법원 2014. 11. 27. 선고 2013두16876 판결 등)는 기존 대법원 판례를 재차 확인하면서, 원고는 소득세법상 '거주자'에 해당한다고 판시하였다.

III. 조세조약에 따른 이중거주자의 거주지국 판단기준(쟁점 ②)

1. 의의

어느 개인이 소득세법상의 국내 거주자인 동시에 외국의 거주자에도 해당하여 그 외국법상 소득세 등의 납세의무자에 해당하는 경우에는 하나의 소득에 대하여 이중으로 과세될 수 있다. 이를 방지하기 위하여 우리나라가 체결한 조세조약은 대개 최종거주지국을 판단할 때 항구적 주거, 중대한 이해관계의 중심지 등을 순서대로 적용하고 있고, 한·일 조세조약의 경우도 마찬가지이다. 대상판결에서 원고는 2014년도에 소득세법상 거주자일 뿐만 아니라 일본세법상 거주자이므로, 한·일 조세조약에 따라 원고의 최종거주지국이 한국 또는 일본인지 여부에 따라 원고가 일본에서 얻은 소득에 관하여 한국의 과세권이 미치는지 여부가 결정된다.

2. 대법원의 판단

(1) 한·일 조세조약의 판단 기준인 '항구적 주거'의 소재지

'항구적 주거'란 어느 개인이 계속 머물기 위하여 언제든지 계속 사용할 수 있는 모든 형태의 주거를 뜻하고, 주거의 소유 또는 임차 여부는 항구적 주거 여부의 판단에서 고려되지 않는다. 대상판결에서 원고는 한국에서 아파트를 소유하는 한편, 일본에서는 프로축구구단이 제공한 아파트에서 계속 생활하였으므로,

한국 및 일본 양국에 항구적 주거를 두었다고 볼 수 있다. 결국 원고의 최종거주지국은 '중대한 이해관계의 중심지' 기준에 따라 판단하여야 한다.

  (2) 한·일 조세조약의 판단 기준인 '중대한 이해관계의 중심지'의 소재지

  '중대한 이해관계의 중심지'는 양 체약국 중 그 개인과 인적 및 경제적으로 더욱 밀접하게 관련된 체약국, 즉 가족관계, 사회관계, 직업, 정치·문화 활동, 사업장소, 재산의 관리장소 등을 종합적으로 고려할 때 양 체약국 중 그 개인의 관련성의 정도가 더 깊은 체약국을 말한다. 대상판결에서 대법원은 관련 사실관계를 종합하면 원고에 대한 '중대한 이해관계의 중심지'는 일본이고, 원고의 최종거주지국이 일본인 이상 원고는 국외원천소득에 대하여 우리나라에서 종합소득세 납세의무를 부담하지 않는다고 판시하였다. 즉, 원고를 한국 거주자로 본 원심의 판단에는 한·일 조세조약에서 정한 거주자 판정 기준에 관한 법리를 오해한 위법이 있다고 판단하였다.

IV. 대상판결의 의의

  대상판결은 어느 개인이 한국과 외국의 이중거주자인 경우에 조세조약에 따른 최종거주지국을 판단하는 구체적인 기준을 제시한 판결이다. 특히 한·일 조세조약의 최종거주지국 판단기준인 '항구적 주거' 및 '중대한 이해관계의 중심지'에 관하여 그 의미를 명확히 밝혔다는 점에서 의미가 있다.

[필자: 법무법인 태평양 변호사 안현국]

[43] 독일 투과과세단체의 실질귀속자 판단 기준 및 한·독 조세조약상 제한세율의 적용요건(2)

【대상판결】 대법원 2019. 6. 27. 선고 2016두841 판결

【사실관계】

A법인은 독일 유한합자회사로서 일본, 호주, 싱가포르, 태국, 중국, 홍콩, 말레이시아, 대한민국, 인도 등 아시아 국가의 부동산, 부동산에 관한 권리, 부동산회사 등에 투자하는 것을 주된 목적으로 설립되어, 2003. 5.경부터 2009. 10.경까지 아시아 각국에서 총 29건의 투자를 진행하여 2010. 12. 31. 당시 1,980,000,000유로의 자산을 보유하였다. A법인은 2003. 6.경 투자위원회의 결정으로 서울시티타워빌딩을 소유한 원고의 주식을 취득하기로 하였고, 독일의 유한회사인 B법인과 C법인을 설립한 다음 이들로 하여금 원고의 발행주식 전부를 50%씩 취득하도록 하였다. B, C법인은 원고의 발행주식을 보유하는 것 외에는 별다른 사업활동이 없었고, A법인과 소재지, 연락처, 이사가 동일하며 독립된 인적 구성원이 없었을 뿐 아니라, 원고의 발행주식을 취득하는 데 필요한 자금을 모두 A법인으로부터 제공받았다. B, C법인은 원고로부터 이 사건 배당소득을 받은 다음, 독일의 자본이득세를 제외한 금액 전부를 곧바로 A법인에 지급하였다. A법인은 2007. 7.경 투자위원회의 결정으로 서울시티타워빌딩을 매각하기로 하였고, 이에 따라 B, C법인이 곧바로 원고의 주주총회에서 위 빌딩을 매각하기로 의결한 다음, 원고는 이를 매각하였다.

【판결요지】 1. 이 사건 배당소득 지급 당시 A법인의 구성원 중 독일에서 포괄적인 납세의무를 부담하는 독일 거주자와 그렇지 않은 오스트리아와 룩셈부르크 거주자 범위를 구분하여 이 사건 배당소득 중 독일 거주자인 구성원의 비율에 해당하는 금액에 대해서는 한·독 조세조약 제10조 제2항 (나)목에 따라 15% 제한세율을, 다른 구성원의 비율에 해당하는 금액에 대해서는 구 법인세법(2008. 12. 26. 법률 제9267호로 개정되기 전의 것) 제98조 제1항 제3호에 따라 25% 세율을 적용해야 한다.

2. 이 사건 배당소득의 실질귀속자인 A법인이 귀속명의자에 불과한 B, C법인을 설립하여 원고의 발행주식을 취득하였더라도 관련 사업운영에 대한 적정한 경제적 이유 없이 한·독 조세조약 제10조 제2항 (나)목의 15% 제한세율 적용을 주요한 목적으로 삼은 것이라고 보기 어렵다. 따라서 A법인에 대하여 한·독 조세조약 제27조 제2항을 이유로 위 15% 제한세율의 적용을 배제할 수는 없다.

【해설】

I. 들어가는 말

대상판결의 쟁점은 독일의 투과과세 단체가 국내에서 얻은 소득의 실질귀속자(쟁점 ①)와 한·독조세조약에 따라 배당소득에 관하여 15%의 제한세율이 적용되기 위한 요건(쟁점 ②)이다.

대상판결은 대법원 2015. 5. 28. 선고 2013두7704 판결(이하 '환송 전 판결'이라 한다) 사건의 재상고심 판결이다. 위 판결에 대해서는 이 책에 별도의 평석(제23번 판례평석)이 있으므로 필요한 범위 내에서만 언급하고, 가능한 환송 후 판결에 대해서만 소개한다.

II. 독일의 투과과세 단체가 국내에서 얻은 소득의 실질귀속자(쟁점 ①)

환송 전 판결은 B, C법인의 설립경위와 목적, 위 각 법인의 인적·물적 조직과 사업활동 내역, A, B, C법인의 소득에 대한 지배·관리 정도 등에 비추어 보면, B, C법인은 원고의 발행주식이나 이 사건 배당소득을 지배·관리할 능력이 없고 A법인이 B, C에 대한 지배권 등을 통하여 실질적으로 이를 지배·관리하였으며, 그와 같은 명의와 실질의 괴리가 오로지 조세를 회피할 목적에서 비롯된 것으로 볼 수 있으므로, 이 사건 배당소득의 실질귀속자는 B, C법인이 아니라 A법인이라고 보아야 한다고 판단하였다.

파기환송심 법원은 위 판결의 취지에 따라 이 사건 배당소득 지급 당시 A법인의 구성원 중 독일에서 포괄적인 납세의무를 부담하는 독일 거주자와 그렇지 않은 오스트리아와 룩셈부르크 거주자 범위를 거주자증명서 등에 기초하여 심리한 다음, 이 사건 배당소득 중 독일 거주자인 구성원의 비율에 해당하는 금액에 대해서는 한·독 조세조약 제10조 제2항 (나)목에 따라 15% 제한세율을, 다른 구성원의 비율에 해당하는 금액에 대해서는 구 법인세법(2008. 12. 26. 법률 제9267호로 개정되기 전의 것) 제98조 제1항 제3호에 따라 25% 세율을 적용해야 한다고 판단하였고, 대상판결은 이러한 판단이 '환송 전 판결'의 취지에 따른 것으로 적법하다고 판시하였다.

이 부분은 환송 전 판결에 대한 평석에서 다루었으므로 보충적인 설명은 생략한다.

Ⅲ. 배당소득에 관하여 15%의 제한세율이 적용되기 위한 요건(쟁점 ②)

1. 환송 전 판결의 요지

환송 전 판결은 A법인이 독일의 투과과세 단체로서 독일에서 포괄적인 납세의무를 부담하지 않는 이상 한·독 조세조약상 '법인'으로 볼 수 없어 이 사건 배당소득에 대하여는 한·독 조세조약에 따른 5%의 제한세율을 적용할 수 없고, 그 구성원이 독일에서 포괄적인 납세의무를 부담하는 범위에서만 한·독 조세조약상 '거주자'로서 15%의 제한세율을 적용할 수 있을 뿐이라고 판단하였다.

2. 파기환송 후 원심 판결 및 대상판결의 요지

원심은 이 사건 배당소득의 실질귀속자인 A법인이 귀속명의자에 불과한 B, C법인을 설립하여 원고의 발행주식을 취득하였더라도 관련 사업운영에 대한 적정한 경제적 이유 없이 한·독 조세조약 제10조 제2항 (나)목의 15% 제한세율 적용을 주요한 목적으로 삼은 것이라고 보기 어렵다고 보고, A법인에 대하여 한·독 조세조약 제27조 제2항을 이유로 위 15% 제한세율의 적용을 배제할 수는 없다고 판단하였고, 대상판결은 원심판단이 옳다고 판단하였다.

3. 평석

한·독 조세조약은 관련 사업운영에 대한 적정한 경제적 이유 없이 주식 등 권리 등을 설정하거나 양도함으로써 제한세율을 이용하는 것이 관계인의 주요 목적일 경우에는 한·독 조세조약상 제한세율의 적용을 배제하고 있다(한·독 조세조약 제27조 제2항). 대상판결은 그 취지에 대해, "관련 사업운영에 대한 적정한 경제적 이유 없이 주식 등의 권리를 설정하거나 양도하는 방법으로 한·독 조세조약 제10조, 제11조, 제12조와 제21조에 규정된 제한세율 적용 요건을 충족한 것과 같은 외관을 만들어 부당하게 조세를 감소시키는 것이 주요 목적인 조약 남용행위에 대처하기 위한 것으로, 그와 같은 조약 남용행위에 대해서는 한·독 조세조약상 혜택이라고 할 수 있는 제한세율을 적용하지 않도록 한 것이다"고 밝히고 있다.

나아가 대상판결은 "배당·이자·사용료·기타소득의 지급에 관한 권리 등을 설정하거나 양도한 경위, 관련 사업의 목적과 활동 내역, 관계인의 사업운영에 관한 역할과 해당 소득에 대한 지배·관리 여부 등"을 조세조약상 제한세율 적용의 기준으로 제시하고 있다. 대상판결에서 명시적으로 설시하고 있지는 않으나, 대상판결의 의미는 이 사건과 같이 하나의 경제적 목적을 위해 여러 법인이 '동원'되었더라도 각 법인에 대해 위 기준이 개별적·구체적으로 적용·판단되어야 한다는 데에도 의미가 있다.

대상판결의 위와 같은 취지는 A법인이 오직 원고 주식 취득을 위해 B, C법인을 설립하였고, B, C법인은 원고의 발행주식을 보유하는 것 외에는 별다른 사업활동이 없었으며, A법인과의 관계에서 독립된 인적·물적 설비를 갖추고 있지도 않아 일견 A법인과 B, C법인이 경제적 일체로서 한·독조세조약상 제한세율의 적용을 받기 위해 거래구조를 설계한 것이라 볼 여지가 있음에도 불구하고, A법인과 B, C법인에 대한 제한세율의 적용여부를 달리 판단한 데에서 확인할 수 있다. 즉, 대상판결은 A법인에 대해 경제적 이유 없이 한·독 조세조약상 제한세율 적용을 주요한 목적으로 삼고 있는 것이라 볼 수 없다는 이유로 위 제한세율의 적용을 인정한 반면, B, C법인에 대해서는 한·독 조세조약에 따른 제한세율을 적용하여야 한다고 주장하는 것은 같은 조약 제27조 제2항에 의하여 허용될 수 없다고 판단하였다. A법인은 이 사건 거래 이전부터 부동산 회사 등에 대한 투자를 목적으로 설립되어 여러 투자를 진행하였던 반면, B, C법인은 오직 원고 회사 주식 투자를 목적으로 설립되어 독립된 인적·물적 설비를 갖추지 못한 상태였으므로 이러한 대상판결의 결론은 수긍할 수 있다.

대상판결의 법리는 대법원 2019. 7. 11. 선고 2016두865 판결을 통해 재확인되었다. 위 판결에 대한 평석은 아래에서 별도로 소개한다(제44번 판례평석).

[필자: 법무법인 화우 변호사 이정렬]

[**44**] 외국의 혼성단체(Hybrid Entity)에 대한 조세조약의
적용(2)

【대상판결】 대법원 2019. 7. 11. 선고 2016두865 판결

【사실관계】

1. 독일의 유한합자회사인 A는 독일의 유한회사인 B를 설립하여 발행주식 전부를 보유하였고, B는 우리나라의 유한회사인 원고를 설립하여 발행주식 전부를 보유하였다. 원고는 우리나라의 부동산을 매수한 후 2006년부터 2008년까지 B에 임대수익과 양도차익 등으로 발생한 소득금액을 배당금(이하 '이 사건 배당소득'이라 한다)으로 지급하면서 한·독 조세조약 제10조 제2항 (가)목에 따른 5%의 제한세율을 적용하여 원천징수한 법인세를 피고에 납부하였다. 피고는 2011. 3. 2. 원고에 대하여, 이 사건 배당소득의 실질귀속자는 A이고, A가 한·독 조세조약의 제한세율을 적용받을 목적으로 B를 설립하였다는 이유로, 한·독 조세조약의 적용을 배제하고 구 법인세법 제98조 제1항 제3호에서 정한 25%의 세율을 적용하여 2006~2008 각 사업연도 원천징수 법인세를 경정·고지하였다(이하 '이 사건 처분'이라 한다).

2. 대상판결은 대법원 2015. 3. 26. 선고 2013두7711 판결(이하 '이 사건 환송판결'이라 한다)에 따른 파기환송 후 재상고심 판결이다.

【판결요지】

1. 환송 후 원심은 이 사건 배당소득 중 독일 거주자인 구성원의 비율에 해당

하는 금액에 대해서는 한·독 조세조약 제10조 제2항 (나)목에서 정한 15% 제한세율을, 나머지 구성원의 비율에 해당하는 금액에 대해서는 구 법인세법에 정한 25% 세율을 각 적용하여야 한다고 판단하였다. 원심의 위와 같은 판단은 환송판결의 취지에 따른 것으로 정당하다.

2. 관련 법령의 문언, 내용, 체계, 목적 등을 종합하면, 한·독 조세조약 제27조 제2항이 한·독 조세조약의 해석과 적용에서 실질과세 원칙을 배제하는 특별한 규정은 아니라고 할 것이다. 그리고 한·독 조세조약 제27조 제2항에 따라 같은 조약 제10조 제2항, 제11조 제2항, 제12조 제2항, 제21조에 정해진 제한을 적용할지 여부는 배당 등의 지급에 관한 권리 등을 설정 또는 양도한 경위, 관련 사업의 목적과 내용, 관계인의 사업운영에 관한 역할과 해당 소득에 대한 지배관리 여부 등 여러 사정을 종합적으로 고려하여 판단하여야 한다.

【해설】

Ⅰ. 들어가는 말

환송 전 원심은 '이 사건 배당소득의 실질귀속자는 B라고 보아야 하고, B는 한·독 조세조약상 '거주자'인 '법인'으로서 원고의 발행주식 전부를 직접 보유하고 있으므로, 이 사건 배당소득에 대하여 한·독 조세조약 제10조 제2항 (가)목에 따른 5%의 제한세율이 적용된다'는 이유로, 이 사건 처분이 위법하다고 판단하였다.

이 사건 환송판결은 실질과세 원칙상 이 사건 배당소득의 실질귀속자는 A라고 보아야 한다는 이유로 위 판결을 파기하면서 "독일의 투과과세단체가 독일에서 포괄적인 납세의무를 부담하지 않는다고 하더라도 구성원이 위 단체가 얻은 소득에 관하여 독일에서 포괄적인 납세의무를 부담하는 범위에서는 조세조약상 독일의 거주자에 해당하여 한·독 조세조약의 적용을 받을 수 있고, 단체가 우리나라에서 얻은 소득 중 구성원이 '독일'에서 포괄적인 납세의무를 부담하지 않는 범위에서는 한·독 조세조약의 적용을 받을 수 없다고 보아야 한다. 그리고 독일의 투과과세단체가 우리나라 법인세법상 '외국법인'에 해당하더라도 독일 세법에 따라 법인세와 같은 포괄적인 납세의무를 부담하지 않는다면 한·독 조세조약상

'법인'으로 볼 수는 없으므로, 이 사건 배당소득에 대하여는 구성원이 독일에서 포괄적인 납세의무를 부담하는 범위 안에서 한·독 조세조약 제10조 제2항 (나)목에 따른 15%의 제한세율이 적용될 수 있을 뿐이다"라는 법리를 설시하였다.

환송 후 원심은 이 사건 환송판결에 따라, 이 사건 배당소득 중 독일 거주자인 구성원의 비율에 해당하는 금액에 대해서는 한·독 조세조약 제10조 제2항 (나)목에서 정한 15% 제한세율을(쟁점 ②), 나머지 구성원(오스트리아 및 룩셈부르크 거주자)의 비율에 해당하는 금액에 대해서는 구 법인세법 제98조 제1항 제3호에서 정한 25% 세율(쟁점 ①)을 각 적용하여야 한다고 하였다.

II. 한·룩 조세조약 및 한·오 조세조약의 적용 여부(쟁점 ①)

환송 후 원심에서, 원고는 이 사건 배당소득 중 룩셈부르크 및 오스트리아 거주자인 구성원의 비율에 해당하는 금액에 대해서는 한·룩 조세조약 및 한·오 조세조약에 따라 각 15%의 제한세율이 적용되어야 한다고 주장하였으나, "B의 구성원 중 룩셈부르크 및 오스트리아 거주자가 '독일'에서 포괄적인 납세의무를 부담한다고 볼 수 없다"는 이유로 배척되었다.

대상판결의 설시만으로는 한·룩 조세조약 및 한·오 조세조약의 적용 여부가 쟁점이 되었는지 분명하지 않으나, 대상판결에서 원고의 상고를 기각하면서 "나머지 구성원의 비율에 해당하는 금액에 대해서는 구 법인세법에서 정한 25% 세율을 적용하여야 한다고 판단한 것이 정당"하다고 설시한 것으로 보아 일응 환송 후 원심의 위 쟁점에 관한 판단을 수긍한 것으로 보인다.

III. 한·독 조세조약 제27조 제2항과 15%의 제한세율의 적용 배제 여부(쟁점 ②)

한·독 조세조약 제27조 제1항 (가)목은 '한·독 조세조약은 일방체약국이 자국의 국내법 규정이 한·독 조세조약에 포함된 원칙과 부합하는 한 탈세나 조세회피의 방지에 관한 이들 규정을 적용하지 않는다고 의미하는 것으로 해석되지 않는다'고 정하고 있고, 같은 조 제2항은 '제1항의 규정에 따를 것을 조건으로

제10조 제2항의 제한세율 등은 배당 지급에 관한 주식 또는 기타 권리의 설정이나 양도 등에 있어서 관련 사업운영에 대한 적정한 경제적 이유 없이 그 설정이나 양도에 의하여 제10조 등을 이용하는 것이 관계인의 주요한 목적일 경우에는 적용하지 아니한다'고 정하고 있다.

환송 후 원심에서, 피고는 A가 B를 설립한 것은 조세회피를 위한 것이었으므로 한·독 조세조약 제27조 제2항에 따라 한·독 조세조약 제10조 제2항 (나)목의 15% 제한세율 역시 적용이 배제되어야 한다고 주장하였으나, 받아들여지지 않았다.

대상판결은, 한·독 조세조약 제27조 제2항이 한·독 조세조약의 해석과 적용에서 실질과세 원칙을 배제하는 특별한 규정이 아니라고 하여, 실질과세 원칙에 따라 이 사건 배당소득의 실질귀속자를 A라고 보는 전제하에, '한·독 조세조약 제27조 제2항에 따라 같은 조약 제10조 제2항 등에 정해진 제한을 적용할지는 배당 등의 지급에 관한 권리 등을 설정 또는 양도한 경위, 관련 사업의 목적과 내용, 관계인의 사업운영에 관한 역할과 해당 소득에 대한 지배관리 여부 등 여러 사정을 종합적으로 고려하여 판단하여야 한다'면서 'A가 귀속명의자에 불과한 B를 설립하여 원고 발행주식을 취득하였더라도 관련 사업운영에 대한 적정한 경제적 이유 없이 한·독 조세조약 제10조 제2항 (나)목의 15% 제한세율 적용을 주요한 목적으로 삼은 것이라고 보기 어렵다'고 판단하였다.

Ⅳ. 대상판결의 의의

대상판결은 이 사건 환송판결의 의미를 구체화하는 동시에, 실질과세 원칙과 한·독 조세조약 제27조 제2항의 관계를 밝히고, 한·독 조세조약 제27조 제2항의 판단기준을 구체적으로 설시하였다는 점에 의의가 있다.

이 사건 환송판결의 기속력에 따라 이 사건 배당소득의 실질귀속자를 외국의 혼성단체(Hybrid Entity)인 A로 보는 이상, A에게 그 배후에 있는 (독일이 아닌) 룩셈부르크 및 오스트리아 출자자의 거주지국과 체결한 조세조약에 따른 제한세율을 적용할 수는 없다(쟁점 ①)는 대상판결의 결론은 일응 타당하다고 생각된다. A는 B를 설립하지 않고도 구성원이 독일에서 포괄적인 납세의무를 부담하는 범위 안에서 한·독 조세조약 제10조 제2항 (나)목의 15% 제한세율을 적용받을 수 있었으므로, A가 귀속명의자에 불과한 B를 설립하여 원고 발행주식을 취득하였다는 사정만으로 한·독 조세조약 제27조 제2항에 따라 15%의 제한세율 적용이 배제된다고 볼 수는 없다(쟁점 ②)는 대상판결의 결론 역시 일응 타당하다고 생각된다.

다만, 이 사건 환송판결에 대한 집필 부분에서 언급한 바와 같이 대상판결은 외국의 혼성단체 소재지국이 아닌 다른 나라(룩셈부르크 및 오스트리아)의 거주자의 출자를 더 불리하게 취급하게 되어 조세중립성에 반하므로, OECD의 입장처럼 혼성단체 소재지국 밖에 거주지를 둔 출자자들에게 소득을 귀속시켜 조세조약을 적용시켜 주는 방향으로 가야 하며, 이를 위해서는 이른바 론스타 판결(대법원 2012. 1. 27. 선고 2010두5950 판결) 등 외국단체의 국내법상 구분은 사법(私法)상 성질에 따른다고 본 대법원 판결을 변경할 필요가 있다는 비판적 견해가 제시되었다.

이와 관련하여 2018. 12. 말경 신설된 소득세법 제119조의2 및 법인세법 제93조의2는, '국외투자기구에 대한 실질귀속자 특례'라는 표제 아래 "비거주자 또는 외국법인이 국외투자기구를 통하여 국내원천소득을 지급받는 경우에는 그 비거주자 또는 외국법인을 국내원천소득의 실질귀속자로 본다. 다만, 국외투자기구가 투자자를 입증하지 못하는 경우(투자자가 둘 이상인 경우로서 투자자 중 일부만 입증하지 못하는 경우에는 입증하지 못하는 부분으로 한정한다) 등 일정 요건을 충족하는 경우에는 그 국외투자기구를 실질귀속자로 본다. 국외투자기구가 투자자를 입증하지 못하여 그 국외투자기구를 실질귀속자로 보는 경우에는 그 국외투자기구에 대하여 조세조약에 따른 비과세, 면제 및 제한세율의 규정을 적용하지 않는다"라고 정하고 있다.

[필자: 서울남부지방법원 판사 김영완]

[45] 독일 펀드 투자에 대한 조세조약 적용의 문제

【대상판결】 대법원 2019. 12. 24. 선고 2016두35212 판결

【사실관계】 갑 유한회사는 집합투자기구에 관한 독일 투자법에 따라 설립된 자산운용사이고 갑 유한회사가 독일 투자법에 따라 설정한 상장·공모형 투자펀드인 을 펀드는 전 세계 부동산에 투자하여 얻은 수익을 일반투자자들에게 배당하는 펀드이다. 갑 유한회사가 100% 소유한 국내법인인 병 주식회사는 서울에 소재한 빌딩을 취득하여 부동산임대업을 영위하였는데, 병 주식회사사는 위 건물 등의 임대 등으로 발생한 소득 약 1,245억 원을 갑 유한회사에게 배당금으로 지급하면서(이하 '이 사건 배당소득') 한·독 조세조약 제10조 제2항 (가)목의 5% 제한세율을 적용하여 원천징수한 법인세를 피고에게 납부한 후, 그 나머지 금액을 갑 유한회사가 개설한 은행계좌로 송금하였다. 피고는 조약 제10조 제2항 (가)목의 5% 제한세율 요건을 갖추지 못하였다는 이유로 같은 항 (나)목의 15% 제한세율을 적용하여 국내법인인 병 주식회사에게 원천징수 법인세를 고지하는 각 징수처분(이하 '이 사건 처분')을 하였다.

【판결요지】 독일 법인인 갑 유한회사가 독일 투자법에 따라 설정한 상장·공모형 투자펀드인 을 펀드의 투자자금으로 부동산임대업을 하는 대한민국 법인인 병 주식회사의 발행주식 100%를 취득하였고, 병 회사는 건물의 임대 등으로 발생한 소득을 갑 회사에 배당금(이하 '배당소득')으로 지급하면서 한·독 조세조약 제

10조 제2항 (가)목의 5% 제한세율을 적용하여 원천징수한 법인세를 과세관청에 납부한 후, 나머지 금액을 갑 회사가 을 펀드를 위하여 개설한 계좌로 송금하였는데, 과세관청이 배당소득의 수익적 소유자가 을 펀드임을 전제로 한·독 조세조약 제10조 제2항 (나)목의 15% 제한세율을 적용하여 병 회사에 해당 사업연도 원천징수 법인세를 고지하는 징수처분을 하였고, 갑 회사를 병 회사의 제2차 납세의무자로 지정하여 위 법인세를 납부하라는 통지를 한 사안에서, 갑 회사의 설립 목적과 사업 연혁, 을 펀드의 투자자와 투자대상, 을 펀드 계좌의 개설 경위, 갑 회사의 을 펀드에 관한 업무수행 내역, 그에 따른 병 회사의 배당소득 지급 등을 비롯한 여러 사정들과 갑 회사 및 을 펀드에 관한 독일 법령 등을 종합적으로 고려하면, 독일 거주자인 갑 회사는 을 펀드와 함께 하나의 집합투자기구로 기능하였고, 배당소득을 을 펀드의 일반투자자 등 타인에게 이전할 법적 또는 계약상의 의무를 부담하지 않은 채 수익적 소유자로서 그에 대한 사용·수익권을 향유하고 있었다고 보아야 하므로, 이와 같은 경위로 갑 회사에 지급된 배당소득은 병 회사의 주식을 직접 보유한 수익적 소유자인 독일 법인에 지급된 것이어서 한·독 조세조약 제10조 제2항 (가)목의 5% 제한세율이 적용되어야 한다

【해설】

Ⅰ. 들어가는 말

국내법인이 해외에 있는 모회사에 지급하는 배당소득에 대해서는 조세조약상의 제한세율의 적용을 받기 위해서는 모회사가 배당소득의 수익적 소유자에 해당하여야 하고, 한·독 조세조약상 수익적소유자가 25% 이상을 직접 보유하고 있으면 배당총액의 5%의, 그 외에는 배당총액의 15%의 세율이 적용된다(한·독 조세조약 제10조 제2항).

그런데 갑 유한회사는 독일의 자산운용사로서 갑 유한회사가 조성한 을 펀드는 법인격이 없고 다만 독일세법상으로는 법인으로 취급되었다. 을 펀드는 법인격이 없으므로 직접 국내법인 지분을 취득할 수 없었고 자산운용사인 갑 유한회사가 위 지분을 보유하고 있었는데 갑 유한회사가 배당소득의 수익적 소유자인

지, 을 펀드가 수익적 소유자인지가 문제되었다.

Ⅱ. 수익적 소유자의 판단 기준

1. 대법원 판결의 태도

과거 대법원은 수익적 소유자를 조약남용과 세법상 실질과세원칙을 고려하여 명의와 실질의 괴리가 있는지, 그것이 조세회피목적에서 비롯되었는지를 주된 기준으로 판단하였다(대법원 2012. 1. 19. 선고 2008두8499 판결 등). 그러나 최근 대법원은 OECD의 입장을 수용하여(OECD 모델조세협약 주석서 제10조 문단 12.4.) 당해 소득을 타인에게 다시 이전할 법적 또는 계약상 의무가 있는지를 주된 판단기준으로 제시함으로써 수익적 소유자의 인정범위를 넓혔다(대법원 2018. 11. 15. 선고 2017두33008 판결, 대법원 2018. 11. 29. 선고 2018두38376 판결). 즉, 대법원은 "위 조약 규정의 도입 연혁과 문맥 등을 종합할 때, 수익적 소유자는 당해 사용료 소득을 지급 받은 자가 타인에게 이를 다시 이전할 법적 또는 계약상의 의무 등이 없는 사용·수익권을 갖는 경우를 뜻한다"라고 하여 '법적 또는 계약상 의무'를 중요한 판단기준으로 제시함과 동시에 "사용료 소득의 수익적 소유자에 해당한다고 할지라도 국세기본법상 실질과세의 원칙에 따라 조약 남용으로 인정되는 경우에는 그 적용을 부인할 수 있다"라고 하여 수익적 소유자로 인정되더라도 여전히 조약남용 등 조세회피목적이 있는 경우에는 실질과세원칙에 따라 조세조약의 적용을 부인하는 것을 인정하였다.

2. 이 사건의 경우

자산운용사인 갑 유한회사는 실체가 있고 실제 영업을 하는 회사로서 도관이 아니고 국내법인 주식의 인수, 경영, 매각에 관한 모든 의사결정을 갑 유한회사가 하였으므로 조약남용과도 무관하다. 따라서 기존 대법원 판결의 기준으로는 갑 유한회사가 수익적 소유자로 인정되는 것이 타당하지만, 갑 유한회사는 자산운용사로서 펀드 투자로 발생한 수익을 자신의 수익으로 인식하지 않는다는 점에서 수익적 소유자가 될 수 있을지 의문이 있었다.

을 펀드의 특성을 살펴보면, 합자조합 등 조합을 구성하는 것이 아니라 갑 유한회사와 개별투자자들 간의 투자약정만 존재하므로 우리 자본시장법상 조합형 펀드와는 법률관계가 다르고 회사형태도 아니므로 회사형 펀드로 보기 어렵다. 을 펀드는 신탁형 펀드와 유사한 것으로 볼 수 있는데, 독일의 신탁제도 하에서 수탁자는 신탁재산을 완전한 형태로 권리를 취득하고 신탁재산을 특정의 방법으로 사용할 채권적 의무만을 부담한다. 갑 유한회사 역시 투자자들과의 합의에 따라 재산에 대한 완전한 소유권을 취득하였고, 투자대상이나 수익배분을 결정하는 주체(자산운용사의 지위)와 투자대상 재산에 대한 완전한 소유권을 취득한 주체(독일 신탁 법률관계에서의 수탁자)가 동일하다는 특성이 있었다. 이 점에서 갑 유한회사는 단순한 자산운용사로 볼 수는 없었다. 배당금을 어떻게 운용할지, 투자자에게 바로 귀속할지는 전적으로 갑 유한회사가 결정하였으므로 배당금을 투자자들에게 이전할 법적 또는 계약상 의무를 인정하기 어렵다.

나아가 OECD 모델조세협약 주석서는 신탁의 경우에도 스스로 수탁자산을 어떻게 운용할지에 대한 재량권이 있다면 수익적 소유자로 인정하고 있고(OECD 모델조세협약 주석서 제10조 문단 12.1), 집합투자기구에서 투자자들이 아닌 집합투자기구 자체를 수익적 소유자로 봄이 타당한데, 을 펀드는 투자자산의 집합(investment asset pool)이고 법인격이 없으므로 법률적으로 소유한 자(갑 유한회사)를 수익적 소유자로 봄이 합리적인 해석이고, 이러한 펀드 투자구조에서 조세회피목적이 관여하지 않았다는 점에서도 타당한 해석이다.

대법원 역시 이러한 특성을 고려하여 자산운용사인 갑 유한회사를 수익적 소유자로 인정하면서도 독자적으로 수익적 소유자로 인정하기 보다는 펀드와 일체화 되어 수익적 소유자로 기능한다고 판단하였는데, 이는 펀드와 자산운용사가 사실상 불가분의 하나의 주체로서 투자자산을 취득하고 운용하였다는 실질에 부합하는 판단이다.

만약 피고의 주장대로 을 펀드가 수익적 소유자라고 한다면 을 펀드가 한·독 조세조약상 거주자이자 외국법인으로 인정될 수 있는지가 문제되었다. 조세조약은 이중과세를 방지하기 위한 것이므로 독일 거주자인지 여부는 독일에서 무제한적 납세의무를 부담하는지에 따라 판단되어야 하므로, 독일 세법상 법인으로 의제되는 을 펀드는 독일 거주자이자 법인으로 봄이 타당하고 독일에서 세금을 면제 받는다고 하더라도 동일하게 보아야 하고, 다른 판결에서 이러한 법리가 확인되었다(서울고등법원 2016. 2. 24. 선고 2015누36876 판결).

Ⅳ. 대상판결의 의의

대상판결은 독일의 자산운용사가 조성한 펀드 자체는 법인격이 없으나 세법상 법인으로 취급되고, 자산운용사가 직접 국내법인 주식을 취득하는 독특한 구조에서 누가 수익적 소유자인지가 문제되었다. 대법원은 이러한 펀드투자 구조의 특성을 고려하여 펀드와 자산운용사가 일체화되어 집합투자기구로서 국내법인 주식을 취득하였으므로 5%의 제한세율이 적용될 수 있다고 보았다. 이는 기존의 수익적 소유자에 관한 대법원의 판단기준을 유지하면서도 개별 사건의 특성을 고려한 것으로 볼 수 있다. 또한, 독일에서 조성된 펀드가 다른 국가를 거치지 않고 직접 국내에 투자하였으므로 5%의 제한세율을 적용하는 것이 제한세율을 적용하는 조세조약의 취지에도 부합한다고 본다.

[필자: (주)엔씨소프트 변호사, 법학박사 김해마중]

【사실관계】 룩셈부르크의 집합투자기구에 관한 법에 의하여 설립된 회사 형태의 집합투자기구들인 SICAV 또는 SICAF(이하 위 두 집합투자기구를 통틀어 '이 사건 SICAV')는 국내 상장 주식 또는 채권에 투자하면서 원고들을 보관기관으로 선임하여 원고들로부터 배당과 이자(이하 '이 사건 배당 등')를 수취하였다. 원고들은 이 사건 SICAV에 이 사건 배당 등을 지급하면서, 한·룩 조세조약 (1986. 12. 26. 발효) 제10조 제2항 (나)목의 15% 제한세율과 같은 조약 제11조 제2항에 의한 10% 제한세율을 각 적용하여 법인세를 원천징수한 다음 이를 피고들에게 납부하였다. 그런데 피고들은 이 사건 SICAV는 한·룩 조세조약 제28조에 따라 조세조약상 제한세율을 적용받을 수 없다는 이유로 국내 세법상 세율을 기준으로 원천징수의무자인 원고들에 대하여 법인세 및 지방소득세를 추징과세하였다(이하 '이 사건 처분').

【판결요지】 1. 한·룩 조세조약은 제1조에서 "이 협약은 일방 또는 양 체약국의 거주자인 인에게 적용한다"라고 규정하면서, 제4조 제1항 본문에서 "이 협약의 목적상 '일방체약국의 거주자'라 함은 주소, 거소, 본점이나 주사무소의 소재지, 경영장소 또는 이와 유사한 성질의 다른 기준에 의하여 그 국가의 법에 따라 그

국가에서 납세의무가 있는 인을 의미한다"라고 규정하고 있다. 여기서 '룩셈부르크의 거주자'라 함은 룩셈부르크 법에 의하여 포괄적인 납세의무가 인정되는 자를 말하고, 그와 같은 납세의무가 인정되는 이상 법정 요건을 갖춘 면세혜택 등에 따라 실제로 과세되지 않았더라도 납세의무가 없다고 할 수 없다. 2. 한·룩 조세조약 제10조 제2항 (나)목은 수취인이 상대방 국가의 거주자인 수익적 소유자로서, 배당을 지급하는 법인의 지분 25% 이상을 직접 소유하는 법인이 아닌 경우에는 배당에 대한 원천지국 과세가 총배당액의 15%를 초과할 수 없도록 정하고 있다. 또한 같은 조약 제11조 제2항은 수취인이 상대방 국가의 거주자인 수익적 소유자인 경우에는 이자에 대한 원천지국 과세가 총이자액의 10%를 초과할 수 없도록 정하고 있다. 수익적 소유자에 해당하는지는 해당 소득에 관련된 사업활동의 내용과 현황, 소득의 실제 사용과 운용 내역 등 여러 사정을 종합하여 판단하여야 한다. 3. 한·룩 조세조약 제28조는 "이 협약은 룩셈부르크의 특별법, 현행 1929. 7. 31.자 법 및 1938. 12. 17.자 법령, 또는 이 협약 서명 후 룩셈부르크에 의하여 제정될 유사한 법에서 의미하는 지주회사에는 적용되지 아니한다"라고 규정하고 있다. 그중 1929. 7. 31.자 법은 '다른 룩셈부르크 또는 외국회사의 주식 또는 기타 유가증권을 취득하여 운용하는 것을 유일한 사업목적으로 하되 산업활동과 영업활동을 하지 않는 룩셈부르크 회사'를 지주회사로 정의하면서, 이와 같은 지주회사에 법인세 등을 면제하는 과세특례를 정하고 있다. 한편 1938. 12. 17.자 법령은 최소 10억 프랑의 외국회사 자산이 출자된 지주회사의 경우 지주회사가 납부할 법인세를 지주회사가 지급한 이자, 배당, 이사 급여의 일정 비율로 제한하는 과세특례를 정하고 있다. 위와 같은 조약 규정 및 룩셈부르크 관련 법령의 문언과 내용을 종합하여 볼 때, 한·룩 조세조약 제28조에서 정하고 있는 '이 협약 서명 후 룩셈부르크에 의하여 제정될 유사한 법에서 의미하는 지주회사'는 '주식 등 증권의 취득을 통해 자회사를 지배하는 것을 유일한 사업목적으로 하고 1929. 7. 31.자 법 또는 1938. 12. 17.자 법령과 유사한 룩셈부르크 법에 의하여 과세특례를 받는 지주회사'를 뜻하며, 이러한 목적 없이 단지 투자수익을 얻기 위하여 주식 등 증권을 취득하는 자는 특별한 사정이 없는 한 이러한 지주회사에 해당하지 않는다.

【해설】

I. 들어가는 말

대상판결의 쟁점은 이 사건 SICAV가 ① 룩셈부르크의 거주자에 해당하는지 여부, ② 이 사건 배당 등의 수익적 소유자에 해당하는지 여부, ③ 한·룩 조세조약 제28조의 지주회사에 해당하는지 여부이다.

II. 이 사건 SICAV가 룩셈부르크의 거주자에 해당하는지 여부

1. 의의

한·룩 조세조약 제4조는 "일방체약국의 거주자"란 주소, 거소, 본점이나 주사무소의 소재지, 경영장소, 또는 이와 유사한 성질의 다른 기준에 의하여 그 국가의 법에 따라 그 국가에서 납세의무가 있는 인을 의미한다고 정하고 있다. OECD 모델조세협약 제4조에 관한 주석 8.6은 체약상대국에서 실제로 세금을 부과하지 않는 경우에도 '과세의무가 있는 인'으로 평가될 수 있다고 서술하고 있으며, 특정 요건을 충족하는 경우에 세금을 면제해주는 경우에도 조약의 목적상 거주자로 볼 수 있다고 설명하고 있다.

2. 대법원의 판단

대법원은 한·미 조세조약상 거주자가 문제된 사안에서 구성원들이 미국에서 납세의무를 부담하는지 여부는 현실적으로 과세되는지 여부가 아니라 추상적·포괄적 납세의무가 성립하는지 여부에 따라 판단하여야 한다고 판시하였다(대법원 2017. 7. 11. 선고 2015두55134, 55141 판결). 대상판결도 이 사건 SICAV는 룩셈부르크에서 포괄적인 납세의무를 부담하는 룩셈부르크의 거주자에 해당하고, 룩셈부르크 법에 의하여 법인세가 면제된다는 이유로 룩셈부르크의 거주자가 아니라고 할 수 없다고 판단하였다.

Ⅲ. 이 사건 SICAV가 이 사건 배당 등의 수익적 소유자에 해당하는지 여부

1. 의의

한·룩 조세조약 제10조는 배당소득의 수취인이 동 배당의 수익적 소유자인 경우에는 제한세율을 적용하도록 정하고 있으며, 이자소득에 관한 제11조 역시 동일하다. OECD 모델조세협약 제10조에 관한 주석 12.4는 배당을 직접 수령하는 자의 배당을 사용하고 향유할 권리가 그 수령금을 다른 자에게 이전하여야 하는 계약상·법상 의무에 의해 제약될 경우에는 그 자는 수익적 소유자가 되지 않지만, 집합투자기구의 정형적 분배의무와 같이 직접 수령자의 해당 금원의 수령에 의존하지 않는 계약상 또는 법적 의무는 이러한 의무에 해당하지는 않는다고 설명하고 있다.

2. 대법원의 판단

대법원은 수익적 소유자가 문제된 사안에서 조약 규정의 도입 연혁과 문맥 등을 종합할 때, 수익적 소유자는 당해 사용료 소득을 지급받은 자가 타인에게 이를 다시 이전할 법적 또는 계약상의 의무 등이 없는 사용·수익권을 갖는 경우를 뜻하며, 이러한 수익적 소유자에 해당하는지는 해당 소득에 관련된 사업활동의 내용과 현황, 그 소득의 실제 사용과 운용 내역 등 제반 사정을 종합하여 판단하여야 한다고 판시하여 왔다(대법원 2018. 11. 15. 선고 2017두33008 판결, 대법원 2019. 12. 24. 선고 2016두35212 판결 등). 대상판결도 이 사건 SICAV의 설립 목적과 사업 내역, 투자자와 투자대상, 관련 룩셈부르크 법령 등을 종합적으로 고려하면, 이 사건 SICAV는 이 사건 배당 등에 대하여 수익적 소유자가 되었다고 보아야 한다고 판단하였다.

IV. 이 사건 SICAV가 한·룩 조세조약 제28조의 지주회사에 해당하는지 여부

1. 의의

한·룩 조세조약 제28조는 1929년 7월 31일자 및 1939년 12월 17일자 법령(이하 '1929년법'), 또는 이 협약서명후 룩셈부르크에 의하여 제정될 유사한 법률에서 의미하는 지주회사에는 적용되지 않는다고 하여 조세조약 배제 대상을 정하고 있다. 그런데 1929년법에 따른 지주회사는 그룹의 자회사 주식을 보유·관리하며 경영참가하는 것을 목적으로 직접투자 하는 것인 반면, 1983년에 제정된 집합투자기구(UCITS)에 관한 법률(이하 '1983년법')에 따른 집합투자기구인 이 사건 SICAV는 다수의 투자자들로부터 펀드 혹은 회사형태로 자금을 모아서 전문 운용인력이 운용하는 간접투자이다. 유럽연합 집행위원회가 1929년법에 따른 세제 혜택은 국가보조금에 해당된다는 판정을 함에 따라, 해당 세제 혜택은 2006. 12. 22.자로 폐지되었는데, 1983년법에 근거하여 이 사건 SICAV에게 주어지는 세제 혜택은 현재까지 유효하게 활용되고 있다. 한편, 2013. 9. 4. 발효된 개정의정서에 따르면, 한·룩 조세조약 제28조가 삭제되었다.

2. 대법원의 판단

대법원은 1929년법의 도입 및 폐지 경위, 이 사건 SICAV 설립의 근거 법령 및 사업목적, 한·룩 조세조약 제28조의 문구 및 삭제 경위 등에 비추어볼 때 이 사건 SICAV는 '이 협약 서명 후 룩셈부르크에 의하여 제정될 유사한 법에서 의미하는 지주회사'로 보기 어렵다고 판단하였다.

V. 대상판결의 의의

대상판결은 국외공모펀드가 조세조약상 거주자이자 국내원천소득의 수익적 소유자 지위가 인정됨을 명확히 확인하여 주었다. 또한 대상판결은 한·룩 조세조약 제28조의 지주회사에 관한 최초의 판결로, 대법원은 관련 법령의 연혁과 구체적인 내용, 과세면제의 취지 등을 종합적으로 고려하여 이 사건 SICAV가 한·룩 조세조약 제28조의 지주회사에 해당하지 않는다고 판단하였다. 대상판결은 앞으로 다른 국가와 체결한 조세조약의 문언을 해석함에 있어서도 중요한 기준이 될 것이라 생각된다.

[필자: 김·장 법률사무소 변호사 윤여정]

[47] 반도체 장비의 설치 및 유지보수 거래에 있어 정상 가격 산출 문제

【대상판결】 대법원 2020. 10. 29. 선고 2018두53221 판결

【사실관계】 원고는 노광장비를 제조·판매하는 네덜란드 법인의 한국 자회사이고, 원고의 홍콩 관계사는 국내 반도체 제조사에게 노광장비를 직접 판매하였다. 원고는 홍콩 관계사의 노광장비 판매에 대한 판매지원서비스(한국 고객과의 커뮤니케이션 지원 등)를 홍콩 관계사에게 제공하였고, 자신이 보유 중인 부품을 이를 필요로 하는 다른 해외 관계사들에게 재판매하였다(이하 '쟁점거래1'). 원고는 원고가 쟁점거래1에 대해 Berry Ratio(매출총이익을 판매관리비로 나눈 비율) 127%를 달성할 수 있도록 홍콩 관계사로부터 판매지원수수료를 수취하였다. 또한, 원고는 한국 고객을 위해 설치 및 보증서비스를 제공하였는데, 설치 및 보증서비스 제공에 필요한 유지보수 부품은 표시가격(List Price)의 60%로 홍콩 관계사로부터 구매하였다. 원고의 설치 및 보증 서비스는 무상과 유상 서비스로 나눠지는데, 무상 서비스의 경우 원고는 홍콩 관계사로부터 서비스 수수료를 수취하였고, 유상 서비스의 경우 고객으로부터 서비스 대가를 수취하였다. 원고가 홍콩 관계사로부터 수취하는 수수료는 유·무상 서비스를 결합하여 원고에게 발생한 총원가(부품 구매 대가 포함)에 대비해 6%의 이익을 얻을 수 있도록 산정되었다(이하 '쟁점거래2'). 피고는 상기 가격 책정 방식이 국제조세조정법에 위배된다고 보아 쟁점거래1 수수료의 정상가격을 노광장비에 대해 관련 판매가격의 1%(그 외 부품은 4% 또는 5~10%)로 보아 원고의 소득금액을 조정하고, 쟁점거래2 수수료의 정

상가격은 총원가에 6%의 이익을 가산하여 계산하되, 총원가를 부품 표시가격의 60%가 아닌 100%로 계산해야 한다고 보아 그 차액(표시가격의 40%에 6%를 곱한 금액)만큼 소득금액을 조정하여 법인세를 부과하였다(이하 '이 사건 처분').

【판결요지】 1. 과세처분 취소소송에서 정당한 세액이 산출되는 때에는 그 정당한 세액을 초과하는 부분만 취소하여야 하고 그 전부를 취소할 것은 아니다. 2. 원고가 부품을 표시가격의 100%로 구매하여 설치 및 유지보수 서비스를 제공한다고 보아 그 차액을 부과한 처분은 위법하다.

【해설】

Ⅰ. 들어가는 말

과세관청은 거주자(내국법인과 국내사업장을 포함)와 국외특수관계인 간의 국제거래에서 그 거래가격이 정상가격보다 낮거나 높은 경우에는 정상가격을 기준으로 거주자의 과세표준 및 세액을 결정하거나 경정할 수 있다(국제조세조정법 제7조 제1항). 또한, 이러한 과세관청의 정상가격 조정이 있기 전에 거주자는 일정기간의 과세연도에 자신이 선택한 정상가격 산출방법에 대하여 국세청장으로부터 사전승인을 받을 수 있다(국제조세조정법 제14조 제1항, 이하 'APA'). 이 사건 처분 과세기간 동안 원고가 국세청장으로부터 사전에 받은 APA는 없지만, 이 사건 처분 과세기간 이전에 원고는 쟁점거래1과 쟁점거래2에 대해 APA를 받았다. 과거 APA에 따르면 쟁점거래1 수수료의 정상가격은 판매가격의 1%(혹은 4~10%)로 책정되었고, 쟁점거래2 수수료의 정상가격은 원고가 총원가 대비 6%의 이익을 인식하도록 결정되었다. 원고가 그 당시 제출한 APA 신청서에 따르면 여기서 총원가에 포함되는 부품 금액은 표시가격의 60%로 계산된다. 원고는 과거 APA 적용기간이 종료된 이후 이 사건 처분 대상이 된 거래가격으로 정책을 변경하였다.

II. 정당세액 산출이 어려운 경우의 과세처분 적법성(쟁점 ①)

1. 의의

쟁점거래1은 원고가 홍콩 관계사의 노광장비 판매에 대해 판매지원서비스를 제공하는 거래와 다른 해외관계사들에 부품을 재판매하는 거래로 구분되는데, 사실 쟁점거래1의 주된 쟁점은 판매지원서비스 거래의 정상가격을 어떻게 산정할 것인지 여부였고, 부품 재판매거래는 주된 쟁점이 아니었다. 그러나, 과세처분 취소소송에서 처분의 적법 여부는 정당한 세액을 초과하는지 여부에 따라 판단하는 것이고, 당사자가 사실심 변론종결 시까지 객관적인 과세표준과 세액을 뒷받침하는 주장과 자료를 제출하지 아니하여 정당한 세액을 산출할 수 없는 경우에 법원은 과세처분 전부를 취소할 수밖에 없으므로(대법원 1995. 4. 28. 선고 94누13527 판결 등) 정당 세액이 산출되지 않으면 과세처분 전체가 취소될 수 있다. 대상판결에서 쟁점거래1 중 부품 재판매 거래의 정당 세액이 산출되지 않아 전체 과세처분이 취소되어야 하는지가 문제가 되었다.

2. 대법원의 태도

과세처분 취소소송의 소송물은 정당한 세액의 객관적 존부이므로 사실심 변론종결 시까지 제출된 자료에 의하여 정당한 세액이 산출되는 경우에는 그 정당한 세액을 초과하는 부분만 취소하여야 하고 그 전부를 취소할 것은 아니다(대법원 1997. 3. 28. 선고 96누15022 판결 등). 정당 세액이 산출되지 않아 과세처분이 전부 취소된 경우 과세관청은 그 판결 확정일로부터 1년 이내에 정당 세액을 산출하여 다시 처분할 수 있고(국세기본법 제26조의2 제6항 제1호), 납세자는 이에 대해 다시금 불복을 해야 하는 문제가 생긴다. 이런 점에서 당초 과세처분에 대한 소송 과정에서 정당 세액에 필요한 자료를 제출하고 적극적으로 석명하는 것이 과세관청, 납세자, 그리고 법원 입장에서 효율적이다. 대상판결은 원심이 정당 세액 산출에 대해 필요한 심리를 다하지 않았음을 지적하며 피고의 주장은 이유 있다고 판단하였다.

Ⅲ. 표시가격의 100%에 기초한 쟁점거래2의 정상가격 산출(쟁점 ②)

1. 의의

국제조세조정법상 정상가격은 비교가능제3자가격방법, 재판매가격방법, 원가가산방법, 거래순이익률방법, 이익분할방법, 그 밖에 합리적인 방법에 따라 산출되며(국제조세조정법 제8조 제1항), 그중 거래순이익률방법을 적용할 때에는 매출액에 대한 거래순이익 비율, 자산에 대한 거래순이익 비율, 매출원가 및 영업비용에 대한 거래순이익 비율, 영업비용에 대한 매출총이익 비율, 그 밖에 합리적인 비율을 기준으로 한다(국제조세조정법 시행령 제8조 제1항). 원고는 여기서 매출원가 및 영업비용에 대한 거래순이익 비율을 기준으로 쟁점거래2의 정상가격을 산출하였다. 원고는 홍콩 관계사로부터 유지보수용 부품을 표시가격의 60%로 구매하였으며, 서비스 제공 과정에서 관련 인력의 인건비, 임차료 등을 지출하였다. 유지보수용 부품 금액은 매출원가에 반영되어 있으며, 그 외 인건비, 임차료 등은 판매관리비에 반영되어 있다. 원고는 고객에게 유상 서비스를 제공하는 경우에만 대가를 수취하였고 무상 서비스에 대해서는 별도 대가를 수취하지 않았는데, 원고가 유·무상 서비스 전체에 대해 총원가(부품금액 포함) 대비 6%의 이익을 인식할 수 있도록 홍콩 관계사로부터 서비스 수수료를 수취하였다.

이론적으로 거래순이익률방법을 적용할 때 '거래순이익'을 '매출, 자산, 총원가 등'으로 나눈 비율을 기준으로 정상가격 여부를 판단하는데, 여기서 분자에 해당하는 거래순이익은 특수관계자와의 거래에서 발생한 금액이지만, 분모에 있는 '매출, 자산, 총원가 등'은 원칙적으로 제3자와의 거래에 따른 금액이어야 한다(OECD 이전가격지침 2.94 문단). 예를 들어, 납세자가 특수관계자로부터 제품을 구매하여 제3자 고객에게 판매하는 경우, 납세자가 적정한 순이익을 인식하였는지 여부는 제3자 매출액 대비 얼마만큼의 순이익을 얻었는지를 기준으로 판단한다. 원고는 쟁점거래2의 거래순이익을 관련 총원가로 나눈 비율을 기준으로 거래가격을 산정하였는데, 총원가의 구성 항목 중에 특수관계인으로부터 구매하는 부품 금액이 포함되어 있기 때문에 객관적인 비율이라고 보기 어렵다. 만약 원고가 제3자에 대해 발생한 총원가를 기준으로 6%의 이익을 가산하여 수수료를 결정했으면 객관적 시장 가격을 반영했다고 볼 수 있으나, 총원가에 포함된 부품 금액이 특수관계자 사이에 표시가격의 일정 비율(60%)로 결정되고 여기에 6%의 이익을 가산하기 때문에 기준 자체가 객관적이지 않다. 따라서, 쟁점거래2의 이전가격 정책은 근본적으로 합리적이지 않은 측면이 있다.

2. 대법원의 태도

쟁점거래2에 대한 원고의 이전가격 정책에 근본적인 문제가 있다는 점은 원심에서도 제기된 것으로 보인다. 그러나, 원심은 원고가 표시가격의 100%로 판매하는 부품이 일부 있으나 대부분의 경우 표시가격의 70~80% 판매하고 있어 표시가격의 100%로 구매한다고 보는 것은 실질과 맞지 않고, 정상가격 제도의 취지와도 맞지 않는다고 판단했다. 대법원은 이러한 원심의 판단이 정당하고 국제조세조정법상 정상가격에 관한 법리를 오해한 부분도 없다고 판단하였다.

IV. 나오는 말

대상판결에서 명시적으로 다루지 않았지만, 과거기간에 대한 APA 내용이 현재 시점의 과세에도 적용될 수 있는지 여부가 문제가 될 수 있다. 대상판결에서 대법원은 결과적으로 과거기간 APA와 동일하게 쟁점거래1에 대해 판매가격의 일정 비율로 정상가격을 산출해야 한다고 보았고, 쟁점거래2에 있어서도 부품금액을 표시가격의 60%로 하여 총원가를 계산해야 한다고 보았다. 비록 과거기간에 대한 APA가 현재 시점 과세의 정당성을 판단하는 기준이 될 수 없으나, 중요한 참고자료로는 사용될 수 있는 것으로 보인다.

[필자: 김·장 법률사무소 공인회계사 강영균]

[48] 미국 등록 특허권 및 특허권 외 지식재산 사용대가의 국내원천소득 해당 여부

【대상판결】 대법원 2022. 2. 10. 선고 2018두36592 판결

【사실관계】 미국법인인 원고는 2014. 11. 30. 삼성전자 주식회사(이하 '삼성전자')와 사이에, 원고가 미국에 등록하였으나 국내에는 등록되지 않은 특허(이하 '이 사건 특허권'), 미국에서 특허출원 상태에 있는 발명, 미국에서 가출원된 발명, 그 외 법적 상태가 명확하지 않은 기술 등(이하 총칭하여 '이 사건 특허권 외 지식재산')을 삼성전자가 제품에 결합하여 제조·판매하는 등으로 사용하는 것을 허용하고, 삼성전자로부터 위 소프트웨어 등이 결합된 제품의 판매 수량대로 그 사용대가(이하 '이 사건 사용료')를 지급받기로 하는 내용의 소프트웨어 라이센스 계약(이하 '이 사건 계약')을 체결하였다. 삼성전자는 2015. 1. 12. 이 사건 계약에 따라 원고에게 이 사건 사용료를 지급하고, 2015. 2. 10. 피고에게 그에 따른 원천징수분 법인세를 납부하였다. 이후 원고는, 이 사건 사용료가 미국에서 등록되었으나 국내에는 등록되지 않은 특허권에 대한 사용대가로서 원천징수대상이 되는 국내원천소득이 아니라는 이유로, 2015. 9. 1. 피고에게 삼성전자가 납부한 원천징수분 법인세의 환급을 구하는 경정청구를 하였다. 그러나 피고는 2016. 3. 3. 원고의 경정청구를 거부하였다.

【판결요지】 1. 한·미 조세조약 제6조 제3항, 제14조 제4항은 특허권의 속지주의 원칙상 특허권자가 특허물건을 독점적으로 생산, 사용, 양도, 대여, 수입하거나

전시하는 등의 특허실시에 관한 권리는 특허권이 등록된 국가의 영역에서만 그 효력이 미친다고 보아 미국법인이 국내에 특허권을 등록하여 국내에서 특허실시권을 가지는 경우에 특허실시권의 사용대가로 지급받는 소득만을 국내원천소득으로 정하였을 뿐이고, 특허권이 등록된 국가 외에서는 특허권의 침해가 발생할 수 없어 이를 사용하거나 그 사용의 대가를 지급한다는 것을 상정할 수 없다. 따라서 미국법인이 특허권을 국외에서 등록하였을 뿐 국내에는 등록하지 않은 경우에는 미국법인이 그와 관련하여 지급받는 소득은 그 사용의 대가가 될 수 없으므로 이를 국내원천소득으로 볼 수 없다. 2. 구 법인세법(2015. 12. 15. 법률 제13555호로 개정되기 전의 것, 이하 같다) 제93조 제8호 (나)목은 산업상·상업상·과학상의 지식·경험에 관한 정보 또는 노하우를 국내에서 사용하는 대가를 국내원천소득으로 정한다. 이는 지식재산권의 대상이 될 수 있는지 여부와 관계없이 발명, 기술, 제조방법, 경영방법 등에 관한 비공개 정보를 사용하는 대가를 말한다. 그리고 한·미 조세조약 제6조 제3항, 제14조 제4항 제a호에 따르면 저작권, 비밀공정, 비밀공식 또는 기타 이와 유사한 재산이나 권리, 지식, 경험, 기능 등의 사용 또는 사용할 권리에 대한 사용료가 어느 체약국 내의 동 재산의 사용 또는 사용할 권리에 대하여 지급되는 경우 동 체약국 내에 원천을 둔 소득으로 취급된다. 따라서 국내회사가 특허권자인 미국법인과 체결한 계약상 사용료 지급대상에 포함된 무형자산 중 발명, 기술 등에 관한 비공개 정보를 국내에서 사용하고 미국법인에 그 대가를 지급하였다면, 그와 관련한 미국법인의 사용료소득은 원천징수대상이 되는 국내원천소득에 해당한다고 보아야 한다.

【해설】

Ⅰ. 들어가는 말

대상판결에서 문제된 이 사건 사용료에는 이 사건 특허권에 대한 대가뿐만 아니라 이 사건 특허권 외 지식재산에 대한 대가까지 포함되어 있었다. 이에 대상판결에서는 '이 사건 특허권'에 대한 사용대가가 국내원천 사용료소득에 해당하는지의 여부(쟁점 ①)와, '이 사건 특허권 외 지식재산'에 대한 사용대가가 국내원천 사용료소득에 해당하는지의 여부(쟁점 ②)가 쟁점이 되었다.

Ⅱ. 이 사건 특허권 사용대가의 국내원천소득 해당 여부(쟁점 ①)

1. 기존 대법원 판례의 태도

대법원이 1992. 5. 12. '특허권의 사용 혹은 침해문제는 특허권을 가진 외국법인이 그 특허권의 효력이 미치는 외국 내에서 가지는 특허실시권의 사용·침해에 관한 문제일 뿐 대한민국 내에서의 특허제품 사용 자체에 관한 문제와는 관계가 없는 것'이라고 하며 국내 미등록 특허권 사용대가가 국내원천소득에 해당하지 않는다고 판단한 이후(대법원 1992. 5. 12. 선고 91누6887 판결), 이와 관련하여 국내에서 많은 논의가 있었다.

기존 논의는 대부분 한·미 조세조약 제14조 제4항 (a)호의 '특허권의 사용(the use of patents)'이라는 문언이 무엇을 의미하는지에 대한 것이었는데, 이와 관련하여 특허법상 속지주의에 부합하게 위 문언을 '특허권이 등록된 국가 내에서의 실시'로 해석하여야 한다는 입장과 속지주의와 무관하게 사용지주의에 따라 이를 '사실상의 사용'으로 해석하여야 한다는 입장이 대립하여 왔다.

이에 과세당국은, 국내 미등록 특허권 사용대가의 과세권을 확보하고자 2008. 12. 26. 법인세법을 개정함으로써, 특허권 등 권리의 행사에 등록이 필요한 권리는 해당 권리가 국외에서 등록되었다 하더라도 해당 권리가 국내에서 제조·판매 등에 사용된 경우에는 국내 등록 여부에 관계없이 국내에서 사용된 것으로 본다는 내용의 구 법인세법 제93조 제8호 단서 후문을 신설하였다.

2. 대상판결의 요지

그러나, 대상판결은 구 법인세법 제93조 제8호 단서 후문의 신설에도 불구하고, 구 국제조세조정법 제28조가 "비거주자 또는 외국법인의 국내원천소득의 구분에 관하여는 소득세법 제119조 및 법인세법 제93조에도 불구하고 조세조약이 우선하여 적용된다"고 정하고 있는 점 등을 근거로 하여, 이 사건 특허권 사용대가의 국내원천 사용료소득 해당 여부에는 한·미 조세조약이 구 법인세법에 우선하여 적용된다고 판단하였다.

그리고, 대상판결은 위와 같은 전제하에, 한·미 조세조약의 문맥과 그 문언의 통상적 의미를 고려할 때, 한·미 조세조약 제6조 제3항, 제14조 제4항은 특허권의 속지주의 원칙상 특허권자가 특허물건을 독점적으로 생산, 사용, 양도, 대여, 수입하거나 전시하는 등의 특허실시에 관한 권리는 특허권이 등록된 국가의 영역에서만 그 효력이 미친다고 보아 미국법인이 국내에 특허권을 등록하여 국내에서 특허실시권을 가지는 경우에 특허실시권의 사용대가로 지급받는 소득만을 국내원천소득으로 정하였을 뿐이고, 특허권이 등록된 국가 외에서는 특허권의 침해가 발생할 수 없어 이를 사용하거나 그 사용의 대가를 지급한다는 것을 상정할 수 없다고 하며, 이 사건 특허권 사용대가가 국내원천 사용료소득에 해당하지 않는다고 보았다.

3. 대상판결에 대한 검토

한·미 조세조약 제6조 제3항에 따르면, 해당 규정이 사용료소득의 원천 판단을 '사용대상인 재산'의 소재지에 따라 판단하고 있으므로, 결국 특허권의 소재지는 그 등록지로 볼 수밖에 없는 것인바, 기존 대법원 판결에 따라 국내 미등록 특허권의 사용대가의 원천이 국내에 있지 않다고 판단한 대상판결의 입장은 타당한 것으로 생각된다.

Ⅲ. 이 사건 특허권 외 지식재산 사용대가의 국내원천소득 해당 여부 (쟁점 ②)

1. 대상판결의 요지

한·미 조세조약 제6조 제3항, 제14조 제4항 (a)호에 따르면 저작권, 비밀공정, 비밀공식 또는 기타 이와 유사한 재산이나 권리, 지식, 경험, 기능 등의 사용 또는 사용할 권리에 대한 사용료가 어느 체약국 내의 동 재산의 사용 또는 사용할 권리에 대하여 지급되는 경우 동 체약국 내에 원천을 둔 소득으로 취급된다. 대상판결은 이 사건 특허권 외 지식재산이 모두 위 한·미 조세조약 규정의 "지식, 경험, 기능 등"에 해당한다고 본 다음, 위 지식재산의 사용대가의 원천지를 사용지에 따라 판단한 것으로 보인다.

2. 대상판결에 대한 검토

한·미 조세조약의 문언에 따르면 특허권은 등록지에 따라 소재지가 결정되는 반면, 특허권 외 지식재산의 경우 그 특성상 사용지에 따라 소재지가 결정되므로, 특허권과 특허권 외 지식재산 사용대가의 원천을 구분하여 판단한 대상판결은 타당한 것으로 생각된다. 다만, 판결문상으로는 삼성전자가 이 사건 특허권을 어떤 방법으로 어디에서 사용하여 제품을 생산하였는지를 확인할 수 없는데, 만약 이 사건 특허권의 실질적인 사용지가 국내가 아닌 해외라는 점 등이 확인된다면, 이와 관련된 사용료는 국외원천 사용료소득으로 분류되는 것이 타당할 것으로 생각된다.

[필자: 법무법인 세종 변호사 허민도]

【대상판결】 대법원 2022. 2. 10. 선고 2019두50946 판결

【사실관계】 미국법인인 원고들(원고 A사가 원고 B사의 지분 100%를 보유)은 내국법인인 C사에 스마트폰과 태블릿 사업 등을 위하여 필요한 특허의 사용권을 부여하고, C사로부터 그 사용료를 받았다. C사는 원고 B사의 계좌로 위 사용료를 지급하면서 위 사용료가 국내원천소득이라고 보아 한·미 조세조약 제14조 제1항의 제한세율 15%로 산정한 법인세를 원천징수해서 납부했다. 원고들은 위 사용료 중 국내에 등록되지 않은 특허권에 대한 사용 대가 부분(이하 '이 사건 사용료'라 한다)은 국내원천소득이 아니라는 이유로 그에 관한 원천징수세액의 환급을 구하는 취지의 경정청구를 하였다.

【판결요지】 1. 구 국세기본법(2018. 12. 31. 법률 제16097호로 개정되기 전의 것, 이하 같다) 제45조의2 제1항, 제4항 제3호는 '법인세법 제93조 제8호 등에 해당하는 국내원천소득이 있는 원천징수대상자는 원천징수의무자가 원천징수한 법인세를 납부하고 그에 따른 지급명세서를 제출기한까지 제출한 경우 원천징수영수증에 기재된 과세표준 및 세액의 경정을 청구할 수 있다.'고 정한다. 그런데 원천징수의무자는 특별한 사정이 없는 한 실질과세의 원칙에 따라 국내원천소득의 실질귀속자를 기준으로 해당 소득에 대한 법인세를 원천징수할 의무가 있으므로, 소득의 실질귀속자는 위 규정에 따라 과세표준과 세액의 경정을 청구할 수 있다고

보아야 한다. 2. 구 법인세법(2015. 12. 15. 법률 제13555호로 개정되기 전의 것) 제93조 제8호 단서 후문은 외국법인이 특허권 등을 국외에서 등록하였을 뿐 국내에서 등록하지 않은 경우라도 특허권 등이 국내에서 제조·판매 등에 사용된 때에는 사용의 대가로 지급받는 소득을 국내원천소득으로 보도록 정한다. 그러나 구 국제조세조정법(2018. 12. 31. 법률 제16099호로 개정되기 전의 것) 제28조는 "비거주자 또는 외국법인의 국내원천소득의 구분에 관하여는 소득세법 제119조 및 법인세법 제93조에도 불구하고 조세조약이 우선하여 적용된다."라고 정한다. 따라서 국외에서 등록되었을 뿐 국내에는 등록되지 않은 미국법인의 특허권 등이 국내에서 제조·판매 등에 사용된 경우 미국법인이 사용의 대가로 지급받는 소득을 국내원천소득으로 볼 것인지는 한·미 조세조약에 따라 판단해야 한다. 한·미 조세조약의 문맥과 문언의 통상적 의미를 고려할 때, 한·미 조세조약 제6조 제3항, 제14조 제4항은 특허권의 속지주의 원칙상 특허권자가 특허물건을 독점적으로 생산, 사용, 양도, 대여, 수입하거나 전시하는 등의 특허실시에 관한 권리는 특허권이 등록된 국가의 영역에서만 효력이 미친다고 보아 미국법인이 국내에 특허권을 등록하여 국내에서 특허실시권을 가지는 경우에 특허실시권의 사용대가로 지급받는 소득만을 국내원천소득으로 정하였을 뿐이고, 특허권이 등록된 국가 외에서는 특허권의 침해가 발생할 수 없어 이를 사용하거나 사용의 대가를 지급한다는 것을 상정할 수 없다. 따라서 미국법인이 특허권을 국외에서 등록하였을 뿐 국내에는 등록하지 않은 경우에는 미국법인이 그와 관련하여 지급받는 소득은 그 사용의 대가가 될 수 없으므로 이를 국내원천소득으로 볼 수 없다.

【해설】

Ⅰ. 들어가는 말

대상판결의 쟁점은 소득의 실질귀속자도 원천징수세액에 관한 경정청구권을 행사할 수 있을지(쟁점 ①)와 국내 미등록 특허권에 대한 사용 대가가 국내원천소득에 해당하는지(쟁점 ②)이다. 이외에 경정거부처분 취소소송에서 처분 사유의 교환이나 변경이 허용되는 범위에 관한 쟁점도 있는데, 국제 조세와 관련된 직접적인 쟁점은 아니므로 여기서는 그 소개를 생략한다.

II. 소득의 실질귀속자의 경정청구권(쟁점 ①)

1. 의의

구 국세기본법 제45조의 제1항, 제4항 제4호에 따르면, 국내원천소득이 있는 원천징수대상자는 일정한 요건을 갖출 경우 원전징수영수증에 기재된 과세표준 및 세액의 경정을 청구할 수 있다. 종래 판례는 소득의 형식적 귀속자라 하더라도 그 소득의 실질적 귀속 여부는 실체적 심리를 거쳐서 판명되므로, 소득의 실질적 귀속자임을 전제로 위 경정청구권을 행사할 수 있다고 판시한 바 있다(대법원 2017. 7. 11. 선고 2015두55134, 55141 판결 참조). 그런데 대상판결에서는 소득의 실질적 귀속자도 위 경정청구권을 행사할 수 있을지 문제되었다.

2. 1심 및 원심의 판단

1심(수원지방법원 2019. 1. 24. 선고 2017구합69411 판결)과 원심(수원고등법원 2019. 7. 24. 선고 2019누10395 판결)은 원고 B사에 대한 경정청구권을 인정하는 이상, 경정청구권 행사에 따른 환급 세액의 귀속은 원고들 사이의 내부적인 분배 문제라는 이유로 원고 A사의 경정청구권을 인정하지 않았다. 다만, 지급명세서나 원천징수영수증이 증거로 제출되지 않았고(1심 판결 이유 참조), 원고들 중 누가 이 사건 사용료 소득의 실질적 귀속자인지 여부에 대해 심리도 이루어지지 않았다.

3. 대법원의 판단

원천징수의무자는 특별한 사정이 없는 한 그 소득에 관하여 귀속 명의와 달리 실질적으로 귀속되는 자가 있는지를 조사하여 실질적인 귀속자를 기준으로 그 소득에 대한 법인세를 원천징수할 의무가 있다(대법원 2013. 4. 11. 선고 2011두3159 판결 참조). 따라서 원천징수의무자가 소득의 실질적 귀속자를 기준으로 그 소득에 대한 법인세를 원천징수했다면, 소득의 실질적 귀속자는 원천징수대상자로서 구 국세기본법 제34조 제1항, 제4항 제4호에 따른 경정청구권을 행사할 수 있다. 그런데 원심은 원고 A사가 이 사건 사용료 소득의 실질적 귀속자인지 여부에 관하여 필요한 심리를 다하지 않은 위법이 있다고 판단했다.

Ⅲ. 국내 미등록 특허권에 대한 사용 대가가 국내원천소득에 해당하는지(쟁점 ②)

1. 의의

외국법인은 국내원천소득이 있는 경우에만 납세의무를 부담한다(법인세법 제3조 제1항 제2호). 법인세법 제93조 제8호는 해당 특허권 등이 국외에서 등록되었고 국내에서 제조판매 등에 사용된 경우에는 국내 등록 여부에 관계없이 국내에서 사용된 것으로 본다고 규정하고 있다. 그런데 구 국제조세조정법 제28조는 외국법인의 국내원천소득의 구분에 관하여는 법인세법 제93조에도 불구하고 조세조약이 우선하여 적용된다고 규정하고 있었다. 따라서 이 사건 사용료가 국내원천소득에 해당하는지 여부에 대해서 한·미 조세조약에 따라 구 법인세법 제93조 제8항과 다르게 판단할 여지가 있을지 문제된다.

2. 대법원의 판단

대법원은 종래 외국법인이 국내에 특허권을 등록하여 국내에서 특허실시권을 가지는 경우에 그 특허실시권의 사용대가로 지급받는 소득을 국내원천소득으로 볼 수 있고, 이와 달리 국내 미등록 특허권의 사용료는 국내원천소득으로 볼 수 없다고 판단했다(대법원 1992. 5. 12. 선고 91누6887 판결, 대법원 2007. 9. 7. 선고 2005두8641 판결). 그 후 2008. 12. 26. 법률 제9267호로 개정된 법인세법 93조 제8호 단서 후문에 '국내 등록 여부에 관계없이' 해당 특허권 등이 국내에서 사용된 것으로 본다는 문구가 추가되었지만, 위 개정 이후에도 대법원은 구 국제조세조정법 제28조에 따라 한·미 조세조약이 법인세법보다 우선한다는 전제에서 종전의 입장에 따라 국내 미등록 특허권에 대한 사용 대가는 국내원천소득이 아니라고 판단했다(대법원 2014. 11. 27. 선고 2012두18356 판결, 대법원 2018. 2. 27. 선고 2016두42883 판결 등). 대상판결 역시 기존 입장을 따랐다.

Ⅳ. 대상판결의 의의

대상판결은 소득의 실질적 귀속자도 경정청구권을 행사할 수 있음을 판시한 최초의 판결이다.

또 대상판결은 국내 미등록 특허권에 대한 사용 대가는 국내원천소득이 아니라는 기존 대법원의 입장을 다시 한번 확인했다. 그런데 대법원이 국내원천소득 여부를 판단함에 있어 법인세법을 배제하는 근거로 삼은 구 국제조세조정법 제28조가 2018. 12. 31. 법률 제16099호로 삭제되었으므로, 위 규정 삭제 이후에도 기존 입장을 고수할 수 있을지에 대해서는 향후 선고될 판결을 살펴봐야 할 것이다.

[필자: 수원지방법원 성남지원 판사, 법학박사 윤준석]

> [50] 국내 지점에 대한 과소자본세제 적용으로 손금 부인된 금액이 외국법인의 배당소득을 구성하는지 여부 및 한·호 조세조약 제11조 제6항 단서가 정한 "이 자가 고정사업장에 의하여 부담되는 경우"의 의미
>
> 【대상판결】 대법원 2022. 5. 12. 선고 2018두58332 판결

【사실관계】 원고는 호주국에 본점을 두고 국내에 지점(이하 '원고 지점'이라고 한다)을 개설하여 금융업을 영위하고 있다. 원고 지점은 2007, 2008, 2009 사업연도 및 2011 사업연도의 각 소득금액을 계산하면서 원고 본점으로부터 차입한 금원 중 원고 본점의 출자지분의 6배를 초과한 부분에 대한 각 지급이자(이하 '이 사건 지급이자'라고 한다)를 손금불산입하고 그 상당액을 '기타 사외유출'로 소득처분하였다. 피고는 이 사건 지급이자 상당액을 각 해당 사업연도의 원고 본점에 대한 '배당'으로 소득처분하고, 2012. 10. 22. 원고에게 그에 따른 소득금액변동통지를 하였다.

【판결요지】 1. 원고 지점이 그 국외지배주주인 원고 본점으로부터 차입한 돈에 대하여도 구 국제조세조정법(2013. 1. 1. 법률 제11606호로 개정되기 전의 것) 제14조의 과소자본세제가 적용되고, 구 국제조세조정법 제14조에 따라 배당으로 처분된 이 사건 지급이자 상당액은 구 법인세법(2018. 12. 24. 법률 제16008호로 개정되기 전의 것, 이하 같다) 제93조 제2호에 따라 원고 본점의 소득을 구성한다.

  2. 이 사건 지급이자는 원고 지점이 차입금에 대한 이자로 원고 본점에 지급

한 것으로서 외국법인의 국내 고정사업장인 원고 지점에 의하여 부담되는 것이어서 과소자본세제의 적용으로 원고 지점의 손금에 산입되지 않았더라도 한·호 조세조약 제11조 제6항 단서에 따라 국내원천소득에 해당한다.

【해설】

Ⅰ. 들어가는 말

구 국제조세조정법 제14조에서 규정하고 있는 과소자본세제란, 내국법인(내국법인의 국내사업장 포함)이 국외지배주주로부터 차입하거나 국외지배주주의 지급보증 등에 의하여 제3자로부터 차입한 금액이 해당 국외지배주주가 출자한 금액의 일정 배수를 초과하는 경우 그 초과분에 대한 차입금이자를 손금불산입하고 배당(국외지배주주로부터 차입한 경우) 또는 기타사외유출(국외지배주주의 지급보증 등에 의하여 제3자로부터 차입한 경우)로 처분하는 제도이다. 이는 내국법인이 국외지배주주로부터 차입한 경우 그 이자에 대해서는 손금산입하나, 국외지배주주의 출자금에 대하여 지급하는 배당에 대해서는 손금산입할 수 없다는 점을 이용하여 외국법인이 국내투자형식을 인위적으로 조정하여 조세를 회피하는 것을 방지하려는 것이다.

한편 한·호 조세조약은 제11조 제6항에서 이자지불인이 일방체약국의 거주자인 경우 그 이자는 해당 체약국에서 발생한 것으로 보되, 다만 그러한 이자가 이자지불인의 고정사업장(조약상 고정사업장은 법인세법의 국내사업장과 유사한 개념이다)에 의하여 부담되는 경우에는 동 고정사업장이 소재하는 국가에서 발생한 것으로 보도록 규정하고 있다.

대상판결의 쟁점은 외국법인의 국내 지점(국내사업장)이 지급한 이자에 대하여 과소자본세제가 적용되는 경우 그 손금부인액이 외국법인의 배당소득을 구성하는지 여부(쟁점 ①)와 한·호 조세조약 제11조 제6항 단서가 정한 "이자가 고정사업장에 의하여 부담되는 경우"의 의미와 관련하여 과소자본세제의 적용으로 외국법인의 고정사업장의 손금에 산입되지 않은 이자도 고정사업장에 의하여 부담되는 경우에 해당하여 외국법인의 국내원천소득인지(쟁점 ②)이다.

II. 국내 지점에 대한 과소자본세제 적용으로 손금 부인된 금액이 외국법인의 배당소득을 구성하는지 여부(쟁점 ①)

1. 의의

대상판결 사안의 경우 원고가 국내에 법인이 아닌 지점(국내사업장) 형태로 진출한 경우이다. 국내사업장은 법인격이 없으므로 독립된 납세의무의 주체가 아니고, 국내사업장에서 귀속되는 사업소득에 대하여 외국법인에게 법인세 납세의무가 성립할 뿐이다. 문제는 국내사업장이 외국법인에 지급한 이자에 대하여 과소자본세제를 적용할 경우 해당 이자를 손금부인하여 외국법인의 사업소득을 증가시켜서 그에 대한 법인세를 과세하는 데에서 나아가 다시 그 금액 상당을 외국법인의 국내원천 배당소득으로 보아 과세할 수 있는가 하는 점이다. 이는 외국법인과 그 국내사업장이라는 동일한 법인격 내부의 거래를 외국법인의 소득으로 볼 수 있는가 하는 문제와 하나의 거래에 대하여 외국법인의 사업소득으로 과세함과 동시에 배당소득으로 과세할 수 있는가 하는 문제로 귀결된다.

2. 대법원의 태도

이미 대법원은 2018. 2. 28. 선고 2015두2710 판결에서, 싱가포르국에 본점을 두고 국내에 지점을 개설하여 금융업을 영위하는 납세의무자가 국내 지점으로부터 지급받은 이자에 과소자본세제기 적용된 사안에서 구 국제조세조정법 제14조의 의하여 배당으로 간주되는 이상 외국 본점의 배당소득에 해당한다고 판시한 바 있다.

대상판결은 그 연장선상에서, 구 국제조세조정법 제14조 제1항이 내국법인뿐만 아니라 '외국법인의 국내사업장'에 대하여도 과소자본세제를 적용하도록 정하고 있고, 구 국제조세조정법 제2조 제1항 제11호 (나)목이 '외국법인의 국내사업장을 실질적으로 지배하는 외국법인의 본점'을 '국외지배주주'의 하나로 정하고 있으므로, 외국법인의 국내사업장인 지점이 그 국외지배주주인 외국법인의 본점으로부터 차입한 돈에 대하여도 과소자본세제가 적용된다고 전제한 다음, 구 국제조세조정법 제14조에 따라 배당으로 처분된 이 사건 지급이자 상당액은 구 법인세법 제93조 제2호에 따라 원고 본점의 소득을 구성한다고 판단하였다.

III. 한·호 조세조약 제11조 제6항 단서가 정한 "이자가 고정사업장에 의하여 부담되는 경우"의 의미(쟁점 ②)

1. 의의

법인세법의 특별법적 지위에 있는 한·호 조세조약은 제11조 제6항에서 이자지불인이 일방체약국의 거주자인 경우 그 이자는 해당 체약국에서 발생한 것으로 보되, 다만 그러한 이자가 이자지불인의 고정사업장에 의하여 부담되는 경우에는 동 고정사업장이 소재하는 국가에서 발생한 것으로 보도록 규정하고 있다. 여기서 말하는 '이자지불인'은 독립된 법인격을 갖춘 외국법인인 원고일 수 밖에 없으므로 그 이자가 원고의 국내 지점(고정사업장)에 의하여 부담되는 경우에만 국내원천소득에 해당하게 된다.

따라서 '이자가 이자지불인의 고정사업장에 의하여 부담되는 경우'를 경제적 관점에서 고정사업장이 해당 이자를 부담한 경우를 의미하는 것으로 해석할 경우에는 과소자본세제에 의하여 손금부인된 금액도 국내원천소득에 해당하는 반면, 세법적 관점에서 그 이자를 손금산입하여 그 고정사업장 소재지국의 과세권을 축소시킨 경우를 의미하는 것으로 해석할 경우에는 과소자본세제에 의하여 손금부인된 금액은 국내원천소득에 해당하지 않게 된다.

2. 대법원의 태도

대법원은 한·호 조세조약 제11조 제6항 단서가 정한 '이자가 고정사업장에 의하여 부담되는 경우'란 통상적으로 고정사업장이 경제적 관점에서 이자에 대한 부담을 지는 경우를 의미한다는 등의 이유로, 원고 지점이 차입금에 대한 이자로 원고 본점에 지급한 것은 외국법인의 국내 고정사업장인 원고 지점에 의하여 부담되는 것이어서 과소자본세제의 적용으로 원고 지점의 손금에 산입되지 않았더라도 한·호 조세조약 제11조 제6항 단서에 따라 국내원천소득에 해당한다고 판단하였다.

Ⅳ. 대상판결의 의의

대법원은 법인세법의 법문언에 따라 국내 지점이 외국 본점에 지급한 이자 중 과소자본세제 적용으로 손금 부인된 금액은 외국법인의 배당소득을 구성한다는 점을 다시 한번 확인하였다.

또한 해당 금액이 국내원천에 해당하는지에 관하여는, 한·호 조세조약 제11조 제6항 단서의 '이자가 고정사업장에 의하여 부담되는 경우'를 경제적 관점에서 해석하여 국내 지점(고정사업장)이 이자를 지급한 이상 그 금액의 손금산입 여부에 관계 없이 국내원천소득에 해당한다고 보았다.

[필자: 김·장 법률사무소 변호사 박재찬]

【사실관계】 미국법에 따라 설립된 법인이자 미국세법의 납세의무자이고, 미국 증권거래위원회에 등록되어 감독을 받는 집합투자기구인 원고는 2013. 4. 2. ~ 2013. 4. 15. 기간동안 지급된 배당에 대해서 국외투자기구 신고서를 국내은행에게 제출하지 않았다. 이에 국내은행은 쟁점배당에 대하여 한·미 조세조약의 15% 제한세율 대신에 구 법인세법 제98조 제1항 제2호의 20% 일반세율을 적용하여 법인세를 원천징수하였다. 원고는 구 법인세법(2016. 12. 20. 법률 제14386호로 개정되기 전의 것, 이하 '구 법인세법'이라 한다) 제98조의6 제4항(이하 '쟁점조항'이라 한다)을 근거로 피고에게 '쟁점 배당에 대한 법인세를 환급하라'는 경정청구를 하였다. 원고의 경정청구 사유는 '쟁점 배당 중 미국 거주자인 실질귀속자 596,638명의 귀속분에 대하여 15% 제한세율을 적용한 다음, 15% 제한세율과 20% 일반세율 간 차이에 해당하는 법인세 258,089,370원을 환급하라'는 것이었다. 그러나 피고는 원고의 경정청구를 거부하였다.

【판결요지】 구 법인세법 제98조의6 제1항, 제4항의 내용과 입법 취지 및 관련 규정과의 관계 등에 비추어 보면, 국외투자기구도 구 법인세법 제98조의6 제1항에서 정한 '국내원천소득을 실질적으로 귀속받는 외국법인'에 해당하면 구 법인세법 제98조의6 제4항에 따라 조세조약에 따른 제한세율을 적용받기 위한 경정청

구를 할 수 있다고 보아야 한다. 1. 구 법인세법 제98조의6 제1항은 '국내원천소득을 실질적으로 귀속받는 외국법인'을 같은 조에서 '실질귀속자'로 부르기로 하였고, 구 법인세법 제98조의6 제4항은 '실질귀속자'에 대하여 조세조약에 따른 제한세율을 적용받기 위한 경정청구권을 부여하고 있다. 따라서 '국내원천소득을 실질적으로 귀속받는 외국법인'은 구 법인세법 제98조의6 제4항에 따른 경정청구를 할 수 있다. 그런데 ① 국외투자기구는 '투자권유를 하여 모은 금전 등을 재산적 가치가 있는 투자대상자산을 취득, 처분 또는 그 밖의 방법으로 운용하고 그 결과를 투자자에게 배분하여 귀속시키는 투자행위를 하는 기구로서 국외에서 설립된 것'을 말하는데, 법적 형태나 투자금의 모집 방식 등에 따라 그 종류가 다양하고 ② 국외투자기구도 설립된 국가의 법에 따라 법인격이 부여되거나 구성원과 독립하여 직접 권리·의무의 주체가 되는 경우 등에는 법인세법상 외국법인에 해당할 수 있으며 ③ 국내 원천소득과 관련하여 법적 또는 경제적 위험을 부담하고 그 소득을 처분할 수 있는 권리를 가지는 등 그 소득에 대한 소유권을 실질적으로 보유하는 경우에는 해당 국내원천소득이 국외투자기구에 실질적으로 귀속된다고 볼 수 있으므로(구 법인세법 시행령 제138조의5 제2항 제1호, 제138조의7 제1항 참조) 국외투자기구도 '국내원천소득을 실질적으로 귀속받는 외국법인'에 해당할 수 있다. 2. ① 구 법인세법 제98조의6 제2항은 국외투자기구가 아니라 실질귀속자가 조세조약에 따른 제한세율을 적용받기 위한 절차를 정한 규정일 뿐이고, ② 구 법인세법 제98조의6 제3항 규정은 구 법인세법 제98조의6 제1항 및 제2항에 따라 제한세율 적용신청서를 실질귀속자가 제출하여야 하는 경우도 있고 국외투자기구가 제출하여야 하는 경우도 있음을 전제로, 실질귀속자 또는 국외투자기구가 그러한 서류 등을 제출하지 않은 경우 등에는 조세조약에 따른 제한세율을 적용받을 수 없다는 것을 정하고 있을 뿐이다. ③ 따라서 구 법인세법 제98조의6 제2항 및 제3항이 국외투자기구와 실질귀속자를 구별하고 있다고 하여 국외투자기구는 구 법인세법 제98조의6 제4항이 정한 실질귀속자에 해당할 수 없다고 볼 수는 없다. 위 각 규정이 국외투자기구에는 구 법인세법 제98조의6 제4항에 따른 경정청구권을 부여하지 않으려는 취지라고 볼 근거도 없다.

【해설】

I. 들어가는 말

대상판결의 쟁점은 쟁점조항의 경정청구권자가 오직 최종투자자인지, 원고와 같은 국외공모투자기구도 쟁점조항에 따라 경정청구를 할 수 있는지 여부이다.

II. 쟁점조항에 따른 국외공모투자기구의 경정청구권 인정 여부

1. 의의

구 법인세법 제98조의6 제1항은 "제93조에 따른 국내원천소득을 실질적으로 귀속받는 외국법인(이하 이 조에서 "실질귀속자"라 한다)이 조세조약에 따른 제한세율(이하 이 조에서 "제한세율"이라 한다)을 적용받으려는 경우에는 대통령령으로 정하는 바에 따라 제한세율 적용신청서를 제98조제1항에 따른 원천징수의무자(이하 이 조에서 "원천징수의무자"라 한다)에게 제출하여야 한다"라고 규정하고 있고, 같은 조 제4항은 "제3항에 따라 제한세율을 적용받지 못한 실질귀속자가 제한세율을 적용받으려는 경우에는 실질귀속자 또는 원천징수의무자가 제3항에 따라 세액이 원천징수된 날이 속하는 달의 말일부터 5년 이내에 대통령령으로 정하는 바에 따라 원천징수의무자의 납세지 관할 세무서장에게 경정을 청구할 수 있다"라고 규정함으로써 국외원천소득에 대한 원천징수세액의 경정청구권자가 실질귀속자 또는 원천징수의무자라고 규정하고 있다.

2. 1심 및 원심의 판단

1심(서울행정법원 2017. 7. 12. 선고 2018구합84638 판결)과 원심(서울고등법원 2020. 7. 17. 선고 2019누52944 판결)은 아래와 같은 이유로 원고는 경정청구권이 없다고 판시하였다.

첫째, 원천징수는 신고 또는 부과처분이 아닌 사실행위이고, 국세기본법 제45조의2는 납세자 보호를 위하여 예외적으로 원천징수에 대한 경정청구를 허용하였는바, 쟁점조항의 경정청구도 같은 취지에 따른 특혜규정이어서 문언에 따라 엄격하게 해석해야 한다.

둘째, 구 법인세법 제98조의6 제1항과 제2항은 국외투자기구의 최종투자자를 실질귀속자로, 쟁점조항은 조세조약상 제한세율을 적용받기 위한 경정청구의 청구권자로 국내원천소득의 실질귀속자 또는 원천징수의무자를 각각 정하였다. 이는 원천징수에 경정청구를 허용하는 특혜규정이어서 문언대로 엄격하게 해석되어야 한다. 또한 수익적 소유자와 실질귀속자는 똑같은 개념이 아니고 수익적 소유자에게 반드시 경정청구권이 인정되어야 하는 것은 아니다.

셋째, 2018. 12. 24. 법률 제16008호로 개정된 법인세법 제93조의2는 원고처럼 설립지국에서 납세의무를 지는 국외투자기구를 국내원천소득의 실질귀속자로 정하였다. 그런데 위 규정은 쟁점배당에 대한 원천징수 이후에 입법된 것이므로, 이를 근거로 원고에게 경정청구권을 인정할 수 없다.

3. 대법원의 판단

대법원은 구 법인세법 제98조의6 제1항, 제4항의 내용과 입법 취지 및 관련 규정과의 관계 등에 비추어 보면, 국외투자기구도 구 법인세법 제98조의6 제1항에서 정한 '국내원천소득을 실질적으로 귀속받는 외국법인'에 해당하면 구 법인세법 제98조의6 제4항에 따라 조세조약에 따른 제한세율을 적용받기 위한 경정청구를 할 수 있다고 보아야 한다고 판단하였다.

대법원은 원심이 국외투자기구는 이 사건 규정에서 정한 실질귀속자에 해당할 수 없다는 잘못된 전제에서, 원고가 구 법인세법 제98조의6 제1항에서 정한 '국내원천소득을 실질적으로 귀속받는 외국법인'에 해당하는지를 제대로 심리하지 아니한 채, 원고에게는 이 사건 규정에 따른 경정청구권이 없다고 보고 이 사건 소를 부적법하다고 판단하였는바 원심의 이러한 판단에는 이 사건 규정에서 정한 실질귀속자의 의미 등에 관한 법리를 오해하여 필요한 심리를 다하지 않아 판결에 영향을 미친 잘못이 있다고 지적하며 원심판결을 파기·환송하였다.

Ⅲ. 대상판결의 의의

1심과 원심은 원천징수가 사실행위에 지나지 않음에도 납세자 권익보호를 위하여 예외적으로 쟁점조항을 통하여 경정청구를 허용하고 있으므로, 위 규정은 특혜규정이고 이에 따라 엄격·문언해석해야 한다는 입장이다. 하지만, 쟁점조항의 경정청구는 국세기본법상의 경정청구와 같이 납세자를 위한 원칙적인 수단이지 특혜가 아니므로, 쟁점조항이 특혜규정임을 전제로 엄격·문언해석을 해야하는 것이 아니라 체계적·합목적적으로 해석하는 것이 타당하다. 대상판결은 1심 및 원심과 달리 쟁점조항의 입법 취지와 관련 규정의 체계적인 관계에 비추어 쟁점조항을 해석하였다는 측면에서 타당하다고 생각된다.

또한, 1심 및 원심은 구 법인세법 제98조의6 제2항이 국외투자기구의 최종투자자를 실질귀속자로 규정하고 있고, 쟁점조항은 조세조약상 제한세율을 적용받기 위한 경정청구권자로 국내원천소득의 실질귀속자를 규정하고 있으므로, 구 법인세법 제98조의6을 문리해석하면 국외투자기구는 위 실질귀속자에 해당하지 않는다고 판단하고 있다. 그러나 구 법인세법 제98조의6 제2항은 국외투자기구가 아닌 실질귀속자가 해당 국내원천소득을 지급받는 경우에 조세조약에 따른 제한세율을 적용받기 위한 절차를 정한 규정일 뿐이고 쟁점조항에 따른 경정청구권을 부여하지 않으려는 취지의 규정이라고 볼 근거도 없다. 이러한 측면에서 대상판결이 원심판결을 파기·환송하고 국외투자기구의 쟁점조항에 따른 경정청구권을 인정한 것은 타당하다고 사료된다.

[필자: 법무법인 화우 변호사 이준일]

집 필 진

강영균 (김 · 장 법률사무소 공인회계사)
강지현 (법무법인 광장 변호사)
김경하 (한양사이버대 교수)
김민구 (법무법인 광장 변호사)
김세현 (부산지방법원 서부지원 부장판사)
김영완 (서울남부지방법원 판사)
김재원 (삼일회계법인 공인회계사)
김태형 (법무법인 율촌 미국회계사)
김해마중 ((주)엔씨소프트 변호사)
김현환 (김 · 장 법률사무소 변호사)
노혜영 (법무법인 세종 세무사)
박재찬 (김 · 장 법률사무소 변호사)
박종서 (삼정회계법인 미국회계사)
박창수 (법무법인 태평양 변호사)
방진영 (대법원 재판연구관)
성수현 (법무법인 율촌 변호사)
신상현 (법무법인 화우 미국회계사)
심창현 (서울지방국세청 국제거래조사국 변호사)
안현국 (법무법인 태평양 변호사)
오광석 (김 · 장 법률사무소 변호사)
오현지 (김 · 장 법률사무소 변호사)
윤여정 (김 · 장 법률사무소 변호사)
윤준석 (수원지방법원 성남지원 판사)
이 강 (법무법인 광장 변호사)
이은총 (김 · 장 법률사무소 변호사)
이정렬 (법무법인 화우 변호사)
이주헌 (김 · 장 법률사무소 변호사)
이준일 (법무법인 화우 변호사)
이진우 (법무법인 태평양 변호사)
이홍명 (삼일회계법인 공인회계사)
임재혁 (이화여대 교수)
장정문 (법무법인 세종 미국회계사)
정승영 (창원대 교수)
정일영 (법무법인 화우 변호사)
조서연 (법무법인 세종 변호사)
최선재 (서울행정법원 판사)
한병기 (김 · 장 법률사무소 변호사)
허민도 (법무법인 세종 변호사)
허시원 (법무법인 화우 변호사)
허 원 (고려사이버대 교수)

국제조세판례연구

초판발행   2024년 1월 30일

지은이   한국국제조세협회 YIN
펴낸이   안종만·안상준

편 집   윤혜경
기획/마케팅   조성호
표지디자인   BEN STORY
제 작   고철민·조영환

펴낸곳   ㈜ **박영사**
                서울특별시 금천구 가산디지털2로 53, 210호(가산동, 한라시그마밸리)
                등록 1959. 3. 11. 제300-1959-1호(倫)
전 화   02)733-6771
f a x   02)736-4818
e-mail   pys@pybook.co.kr
homepage   www.pybook.co.kr
ISBN   979-11-303-4618-2   93360

copyright©한국국제조세협회 YIN, 2024, Printed in Korea

* 파본은 구입하신 곳에서 교환해 드립니다. 본서의 무단복제행위를 금합니다.

정 가   22,000원